THE LAW OF CHRIST

40년 만에 완성된 인생설교

그리스도의 율법

변승우 지음

도서출판 거룩한진주

THE LAW OF CHRIST

40년 만에 완성된 인생설교

그리스도의 율법

변승우 지음

도서출판 거룩한진주

CONTENTS

유대인들에게 내가 유대인과 같이 된 것은
유대인들을 얻고자 함이요
율법 아래에 있는 자들에게는 내가 율법 아래에 있지 아니하나
율법 아래에 있는 자 같이 된 것은
율법 아래에 있는 자들을 얻고자 함이요
율법 없는 자에게는 내가 하나님께는 율법 없는 자가 아니요
도리어 그리스도의 율법 아래에 있는 자이나
율법 없는 자와 같이 된 것은
율법 없는 자들을 얻고자 함이라

고린도전서 9:20-21

너희는 자유의 율법대로
심판 받을 자처럼 말도 하고 행하기도 하라

야고보서 2:12

내가 율법이나 선지자를 폐하러 온 줄로 생각하지 말라
폐하러 온 것이 아니요 완전하게 하려 함이라

마태복음 5:17

성경에 "복음"이라는 단어가 굉장히 많이 나오고 "그리스도의 복음"이란 표현도 9번이나 나옵니다(막 1:1, 롬 15:19, 고전 9:12, 고후 2:12, 9:13, 10:14, 갈 1:7, 빌 1:27, 살전 3:2). 그러나 "그리스도의 율법"이라는 표현은 단 한 번 나옵니다(고전 9:21). 원어가 같은 갈라디아서 6장 2절을 포함해도 두 번입니다.

"너희가 짐을 서로 지라. 그리하여 **그리스도의 법**을 성취하라."

그래서인지 "그리스도의 복음"은 설교자들이 수없이 강조하지만 "그리스도의 율법"에 대해서는 거의 단체로 침묵하고 있습니다. 이것은 천하보다 귀한 영혼들의 안전을 생각할 때 안타까움을 넘어 참으로 끔찍한 일이 아닐 수 없습니다.

제가 "그리스도의 율법"에 대해 깨달은 것은 약 40년 전입니다. 신학생 때, 하루는 교내 써클 중 하나인 로고스회 회장이 저를 찾아와서 "이번 축제 때 로고스회 주최로 설교대회를 하는데, 설교대회에 참석하지 않는 것은 잘 알지만 이번만은 꼭 참가해서 대회의 수준을 높여 달라"고 간곡히 부탁했습니다. 그래서 처음으로 설교대회에 참가하게 되었습니다. 오래전 일이라 다 기억이 나진 않지만, 제가 그때 설교한 것을 요약해보면 다음과 같습니다.

제목: "세 가지 율법"

서론: 많은 이들이 율법이 모세의 율법밖에 없는 줄로 안다. 그런데 아니다. 성경에는 모두 세 가지 율법이 나온다.

1. 마음에 새긴 율법

로마서 2:14-16 "(율법 없는 이방인이 본성으로 율법의 일을 행할 때에는 이 사람은 율법이 없어도 자기가 자기에게 율법이 되나니 이런 이들은 그 양심이 증거가 되어 그 생각들이 서로 혹은 고발하며 혹은 변명하여 그 **마음에 새긴 율법**의 행위를 나타내느니라) 곧 나의 복음에 이른 바와 같이 하나님이 예수 그리스도로 말미암아 사람들의 은밀한 것을 심판하시는 그 날이라."

마음에 새긴 율법은 한마디로 양심이다. 이것은 이방인들에게 주신 율법이다. 구약시대의 이방인뿐 아니라 신약시대에 복음이 전파되기 전에 살았던 사람들도 이 안에 포함된다. 그들에게도 본성에 새겨져 있는 양심이라는 율법이 있었다.

2. 모세의 율법

모세의 율법은 구약시대의 하나님의 백성 유대인들에게 주신 것이다.

갈라디아서 3:19 "그런즉 **율법**은 무엇이냐? … 천사들을 통하여 한 중보자의 손으로 베푸신 것인데 **약속하신 자손이 오시기까지 있을 것이라.**"

구약시대에 유대인들은 모세의 율법에 의거해서 하나님을 섬겼다.

그런데, 모세의 율법은 종의 율법이다. 바울이 갈라디아서 4장에서 말한 대로 유대인들은 율법 아래서 종노릇했다.

갈라디아서 4:1-5 "내가 또 말하노니 유업을 이을 자가 모든 것의 주인이나 **어렸을 동안에는 종과 다름이 없어서 그 아버지가 정한 때까지 후견인과 청지기 아래에 있나니 이와 같이 우리도 어렸을 때에 이 세상의 초등학문 아래에 있어서 종노릇 하였더니** 때가 차매 하나님이 그 아들을 보내사 여자에게서 나게 하시고 율법 아래에 나게 하신 것은 **율법 아래에 있는 자들을 속량하시고** 우리로 아들의 명분을 얻게 하려 하심이라."

그래서 특징이 종이 주인을 두려워하듯이 하나님을 두려워하는 것이었다. 이것이 구약시대에 즉결심판이 많고, 하나님을 경외하라는 말씀이 많은 이유이다.

3. 그리스도의 율법

고린도전서 9:20-21 "유대인들에게 내가 유대인과 같이 된 것은 유대인들을 얻고자 함이요. 율법 아래에 있는 자들에게는 내가 율법 아래에 있지 아니하나 율법 아래에 있는 자 같이 된 것은 율법 아래에 있는 자들을 얻고자 함이요. 율법 없는 자에게는 내가 하나님께는 율법 없는 자가 아니요 도리어 **그리스도의 율법** 아래에 있는 자이나 율법 없는 자와 같이 된 것은 율법 없는 자들을 얻고자 함이라."

이것은 신약시대의 그리스도인들을 위해서 주신 율법이다. 수많은 이들이 우리에게는 복음만 있고 율법이 없는 줄로 안다. 그러나 그렇지 않다. 우리에게는 그리스도의 율법이 있다. 이 율법은 모세의 율법과 달리 자유의 율법이라 불린다.

야고보서 1:25 "**자유롭게 하는 온전한 율법**을 들여다보고 있는 자는 듣고 잊어버리는 자가 아니요 실천하는 자니 이 사람은 그 행하는 일에 복을 받으리라."

야고보서 2:12 "너희는 **자유의 율법**대로 심판 받을 자처럼 말도 하고 행하기도 하라."

왜냐하면 모세의 율법하에 종노릇하던 데서 자유케 된 하나님의 자녀들에게 주신 율법이기 때문이다.

물론 구약성경에도 하나님을 사랑하라는 계명이 있고, 그래야 당연했다. 그럼에도 불구하고 구약시대에는 율법을 통해 하나님의 뜻을 보여주셨고, 신약시대에는 십자가를 통해 하나님의 사랑을 온전히 보여주셨다. 그러므로 우리는 자녀가 부모를 사랑하고 복종하듯 하나님을 사랑하고 복종해야 한다. 바꾸어 말해서, 사랑으로써 역사하는 믿음을 가져야 한다(갈 5:6).

결론: '율법'이란 무엇인가? 거꾸로 말하면 '법률'이다. 한마디로 말하면 '법'이다!

그러면 '법'은 무엇인가? 우리가 지켜야 할 규범이고, 심판의 기준이다.

이것을 통해 우리는 인류에 대한 심판이 어떻게 이루어질 것인가를 알 수 있다.

먼저, 구약의 이방인들과 복음이 전파되기 전에 살았던 사람들은 양심을 기준으로 심판을 받는다. 그런데 온전히 양심대로 산 사람이 없다. 그러므로 그것으로 구원받을 수는 없으나 지옥

형벌의 경중이 결정된다.

또, 구약의 유대인들은 아브라함의 자손이라고 다 천국에 가는 것이 아니라 모세의 율법으로 심판을 받는다. 그러나 율법을 완벽하게 지켜야 구원받는 것은 아니다. 구약시대에도 자백에 해당되는 속죄제와 속건제가 있었기 때문이다. 그렇더라도 진심으로 하나님을 경외하고 그 말씀대로 살아야 했고 그런 이들만 궁극적인 구원을 받았다(참조. 히브리서 3-4장과 고전 10장).

또한, 신약시대의 그리스도인들은 그리스도의 율법으로 심판을 받는다. 속지 말라! 믿기만 하면 다 천국에 가는 것이 아니다. 왜냐하면 우리가 복음이 아니라 그리스도의 율법으로 심판을 받을 것이기 때문이다.

야고보서 2:12 **"너희는 자유의 율법대로 심판 받을 자처럼 말도 하고 행하기도 하라."**

그러므로 우리는 단지 복음을 믿을 뿐 아니라 예수님이 완전하게 한 율법의 계명들을 지켜야 한다. 물론 완벽하게 계명을 지킨 완전한 자만 천국에 들어가는 것은 아니다. 자백을 하면 죄 사함을 받을 수 있기 때문이다. 그러나 적어도 회개하고 죄를 끊음으로 습관적인 죄가 없어야 한다. 그런 의미에서 오직 아버지의 뜻대로 행하는 자만 천국에 들어갈 수가 있다(마 7:21).

이와 같이 저는 그리스도의 율법이 존재한다는 것을 신학생 때 깨달았고, 그 후로 줄곧 이것을 강조해왔습니다.

여러분, 혹여라도 그리스도의 율법에 대해 이상하게 생각하지 마십시오. 바울이 말한 대로, 우리는 모세의 율법 아래 있지 않습니다.

> 고린도전서 9:20 "율법 아래에 있는 자들에게는 **내가 율법 아래에 있지 아니하나** 율법 아래에 있는 자 같이 된 것은 율법 아래에 있는 자들을 얻고자 함이요."

그러나 우리는 율법 없는 자가 아닙니다. 바울처럼 그리스도의 율법 아래 있는 자들입니다.

> 고린도전서 9:21 "율법 없는 자에게는 **내가** 하나님께는 **율법 없는 자가 아니요 도리어 그리스도의 율법 아래에 있는 자이나** 율법 없는 자와 같이 된 것은 율법 없는 자들을 얻고자 함이라."

존 웨슬리는 이 구절에 근거해서 이렇게 말했습니다.

"이러한 의미에서 모든 그리스도인들은 영원히 율법 아래 있다."[1]

그런데 우리가 그리스도의 율법 아래 있다는 것은 첫째로, 우

---

1 존 웨슬리 『존 웨슬리 총서 6권』 김철손 · 정진경 옮김. 서울: 유니온, 1983. p. 51.

리에게 그리스도의 율법을 지켜야 할 의무가 있고 둘째로, 그리스도의 율법으로 심판을 받게 된다는 것을 뜻합니다. 야고보서 2장 12절도 이것을 뒷받침 해줍니다.

"너희는 '자유의 율법'(=그리스도의 율법)대로 심판 받을 자처럼 말도 하고 행하기도 하라."

또, 산상수훈의 문맥에 따르면, 마태복음 5장 20절과 7장 21절이 정확히 이와 같은 뜻입니다.

마태복음 5:20 "내가 너희에게 이르노니 **너희 의가 서기관과 바리새인보다 더 낫지 못하면 결코 천국에 들어가지 못하리라."**

왜냐하면 이 구절은 "내가 율법이나 선지자를 폐하러 온 줄로 생각하지 말라. 폐하러 온 것이 아니요 완전하게 하려 함이라."(마 5:17)라는 말씀에 근거한 것이고, 서기관과 바리새인보다 나은 의는 예수님이 그 의미를 온전히 드러낸 계명들을 단지 몸이 아니라 언행심사로 지키는 것을 뜻하기 때문입니다. 또한, 문맥에 의하면 마태복음 7장 21절의 "나더러 주여 주여 하는 자마다 다 천국에 들어갈 것이 아니요, 다만 하늘에 계신 내 아버지의 뜻대로 행하는 자라야 들어가리라" 역시 5장 20절의 반복이고 같은 뜻이기 때문입니다.

뿐만 아니라, 예수님은 연이어 이렇게 말씀하셨습니다.

> 마태복음 7:22-23 "그 날에 많은 사람이 나더러 이르되 주여 주여 우리가 주의 이름으로 선지자 노릇 하며 주의 이름으로 귀신을 쫓아내며 주의 이름으로 많은 권능을 행하지 아니하였나이까 하리니 그때에 내가 그들에게 밝히 말하되 내가 너희를 도무지 알지 못하니 **불법을 행하는 자들아 내게서 떠나가라** 하리라."

여기서 "불법"은 법을 어겼다는 뜻입니다. 이는 율법이 폐해졌어도 우리에게 지켜야 할 법이 있다는 것을 뜻합니다.

그렇다면 과연 그 "법"이 무엇일까요? 바로 그리스도의 율법입니다. 더 구체적으로는, 예수님이 그 뜻을 온전히 드러낸 그리스도의 율법의 계명들입니다(마 5:17, 고전 9:21). 구원받은 신자도 이것을 지키지 않으면 지옥행입니다(마 5:20, 7:21). 이것이 요한계시록에 다음과 같은 이상한 구절들이 있는 이유입니다.

> 요한계시록 12:17 "용이 여자에게 분노하여 돌아가서 그 여자의 남은 자손 곧 **하나님의 계명을 지키며** 예수의 증거를 가진 자들과 더불어 싸우려고 바다 모래 위에 서 있더라."

> 요한계시록 14:12 "성도들의 인내가 여기 있나니 그들은 **하나님의 계명**과 예수에 대한 믿음**을 지키는 자**니라."

이런 자들이 곧 참 신자입니다. 또, 여러분도 잘 아시겠지만, 예수님도 역시 대환난 때 끝까지 견디는 자가 구원을 얻으리라고 하셨습니다.

마태복음 24:13 "그러나 **끝까지 견디는 자는 구원을 얻으리라.**"

이 말씀이 누가복음의 병행구절에는 이렇게 쓰여 있습니다.

누가복음 21:19 "**너희의 인내로 너희 영혼을 얻으리라.**"

그런데 이것은 계시록 14장 12절이 보여주듯이 단지 박해를 당할 때 끝까지 믿음을 지키라는 뜻이 아닙니다. 이 안에 계명을 끝까지 지키라는 뜻도 들어 있습니다. 그 전에 나오는 구절들이 그 증거입니다.

마태복음 24:9-12 "**그 때에 사람들이 너희를 환난에 넘겨주겠으며 너희를 죽이리니 너희가 내 이름 때문에 모든 민족에게 미움을 받으리라. 그 때에 많은 사람이 실족하게 되어 서로 잡아 주고 서로 미워하겠으며** 거짓 선지자가 많이 일어나 많은 사람을 미혹하겠으며 불법이 성하므로 **많은 사람의 사랑이 식어지리라.**"

율법의 계명들의 골자가 하나님과 이웃 사랑이라는 것을 기억하십시오(마 22:37-40). 또 남을 사랑하는 자는 율법을 다 이루었고 사랑이 율법의 완성이라는 것을 기억하십시오(롬 13:8-10). 그러므로 마태복음 24장 13절에서 주님은 실제로 인내를 통해 믿음뿐 아니라 순종을 끝까지 고수해야 한다고 말씀하신 것입니다. 따라서 우리는 끝까지 둘 다 지켜야 합니다.

그런데, 「그리스도의 율법」이라는 설교 제목도 그렇지만, 특히 예수님이 온전케 한 율법의 계명들을 지켜야 천국에 간다는 말 때문에 다시 율법주의 이단이라는 공격을 받으면 어쩌나? 하고 우려하는 성도님들이 계실 수도 있습니다. 그러나 염려하지 마십시오. 저도 우리가 율법의 행위가 아니라 믿음으로 구원을 받는다고 믿습니다. 즉 사람의 공로가 아니라 하나님의 은혜로 구원받는다고 믿습니다. 그런데, 믿는 자에게 십자가를 통해 주어지는 우리를 구원하는 은혜가 두 가지입니다.

> 갈라디아서 3:13-14 "그리스도께서 우리를 위하여 저주를 받은 바 되사 율법의 저주에서 우리를 속량하셨으니 기록된 바 **나무에 달린 자**마다 저주 아래에 있는 자라 하였음이라. 이는 그리스도 예수 안에서 **아브라함의 복**이 이방인에게 미치게 하고 또 우리로 하여금 믿음으로 말미암아 **성령의 약속**을 받게 하려 함이라."

이처럼 "아브라함의 복"이 뜻하는 칭의뿐 아니라 성령이 은혜로 주어집니다. 같은 장 2절과 5절에도 이것이 나타나 있습니다. 우리는 오직 성령을 통해서만 그리스도의 율법을 지킬 수 있습니다.

> 에스겔 36:27 "또 **내 영을 너희 속에 두어 너희로 내 율례를 행하게 하리니 너희가 내 규례를 지켜 행할지라.**"

로마서 8:4 "육신을 따르지 않고 **그 영을 따라 행하는 우리에게 율법의 요구가 이루어지게 하려 하심이니라."**

그러므로 그리스도의 율법대로 살아야 천국에 갈 수 있는 것은 사실이지만, 성령을 힘입어 주님이 온전케 하신 계명들을 지키는 것은 율법의 행위와 전혀 다른 것입니다.

우리는 그리스도의 율법을 지키는 것을 믿음에 따르는 행함에 비할 수 있습니다. 실제로 둘은 같은 것입니다. 그 증거로, 성경에서 야고보는 그리스도의 율법에 대해 이렇게 말했습니다.

야고보서 2:12 **"너희는 자유의 율법대로 심판 받을 자처럼 말도 하고 행하기도 하라."**

그런데 이 말을 그 뒤 구절들과 함께 읽으면 의미가 더욱 선명해집니다.

야고보서 2:12-17 **"너희는 자유의 율법대로 심판 받을 자처럼 말도 하고 행하기도 하라. 긍휼**을 행하지 아니하는 자에게는 **긍휼** 없는 심판이 있으리라. **긍휼**은 심판을 이기고 자랑하느니라. **내 형제들아 만일 사람이 믿음이 있노라 하고 행함이 없으면 무슨 유익이 있으리요?** 그 믿음이 능히 자기를 구원하겠느냐? 만일 **형제나 자매가 헐벗고 일용할 양식이 없는데** 너희 중에 누구든지 그에게 이르되 평안히 가라, 덥게 하라, 배부르게 하라 하며 그 몸에 쓸 것을 주지 아니하면 무슨 유익이 있으리요? **이와 같이 행함이 없는 믿음은 그 자체가 죽은 것이라.**"

잘 보시면, "긍휼"과 "구제"가 서로 뜻이 통합니다. 그리고 각각 그 위에 "자유의 율법대로 심판을 받는다"는 것과 "행함이 없는 믿음으로는 구원받을 수 없다"는 것이 기록되어 있습니다. 자유의 율법대로 심판을 받는다는 말이 그 율법을 지켜 행하는 행함 있는 믿음이 없으면 유익이 없다는 뜻이 됩니다. 그러므로 그리스도의 율법을 지키는 것과 믿음에 따르는 행함은 서로 같은 것인 것입니다.

그런데, 생각해보십시오. 우리가 행함을 강조하는 것이 율법의 행위로 구원받는다는 뜻입니까? 아니지요! 당연히 믿음으로 구원받습니다. 그러나 믿음에는 행함이 따르기 때문에 심판은 행위심판일 수밖에 없습니다. 그래서 행함을 강조하는 것뿐입니다. 마찬가지로 그리스도의 율법을 지켜야 천국에 들어갈 수 있다는 것도 율법의 행위로 구원받는다는 뜻이 아닙니다. 믿음으로 구원받지만 참 믿음을 가졌고 뒤로 물러가지 않고 계속 믿음으로 사는 사람은 그리스도의 율법을 지킵니다. 그래서 그리스도의 율법을 지키는 사람만 천국에 들어갈 수가 있는 것입니다. 그러므로 이것은 율법주의나 행위구원과 전혀 무관하다는 것을 믿으시기 바랍니다.

한편, 그리스도의 율법은 모든 목회자와 신자들에게 꼭 필요한 사활적으로 중요한 진리입니다. 왜냐하면 하나님의 심판은 행위심판이고, 때문에 구원받은 신자들도 버림받을 수 있는 위험이 있기 때문입니다. 그러나 저는 그리스도의 율법에 대해 설교하고 가르치는 신학자나 설교자를 수십 년간 전혀 보지 못했습니다. 그래서 신자들이 '그리스도의 복음'만 알고 '그리스도의 율법'을 모른다는 것 때문에 오래도록 가슴앓이를 해왔습니다. 그러는 동안, 저는 그리스도의 율법을 설교하고 책으로 출판해야 할 절박한 필요성을 자주 느꼈습니다.

그런데 이상하게 그때마다 "아직은 때가 아니야. 뭔가가 부족하다."는 성령의 내적 증거를 느꼈습니다. 저는 자신이 그리스도의 율법에 대해 충분히 안다고 생각했습니다. 하지만 "아직은 뭔가가 미진하다. 완성이 안 됐다."는 느낌을 떨쳐버릴 수가 없었습니다. 그러나 그것이 구체적으로 무엇인지 도무지 알 수 없었습니다. 또, 제가 알기 원한다고 당장 깨달을 수 있는 것이 아니었습니다. 그래서 그 상태로 10년에서 20년이라는 세월이 흘러갔습니다.

그러다가 산상수훈에 대해 설교할 때 마태복음 5장 17-48절이 그리스도의 율법에 관한 내용이라 자연스럽게 그리스도의 율법을 연구하게 되었습니다. 저는 그때 처음으로 더글라스 무와 양용의 교수님을 비롯한 몇몇 학자들이 그리스도의 율법의 중요성을 깨닫고 강조했다는 것을 알았습니다. 그리고 그것을 통해 그리스도의 율법에 대한 이해가 증가했지만 여전히 성령님은 그리스도의 율법이라는 주제로 설교하고 책을 출판하는 것을 허용치 않으셨습니다.

그런데, 약 3년 전 그리스도의 율법에 대한 세밀하고 온전한 깨달음이 저에게 임했습니다. 그때 비로소 '이제 되었다! 그리스도의 율법에 대해서 설교하고 책으로 출판하라!'는 성령의 감동이 임했습니다. 그러나 당장 설교해야 할 것들이 밀려 있어서 바로 그 일을 할 수는 없었습니다. 그러다 약 10개월 전에, 그리스도의 율법에 대한 깨달음이 추가로 더 임하면서 저는 이것이 얼마나 보배롭고 중요한 진리인지 전보다 더 깊이 절감하게 되었고 급히 작업을 해서 원고를 끝냈습니다. 하지만 그 후에도 설교해야 할 것들이 쌓여있어서 설교하지 못하고 있었는데, 드디어 오늘부터 그것을 여러분과 나누고자 합니다.

사랑하는 성도 여러분, 저는 아무것도 아닌 저에게 하나님이 값없이 부어주신 은혜 때문에 장담할 수 있습니다. 여러분은 이 시리즈 설교를 통해 신학적인 대지각변동을 경험하게 되실 것입니다. 또, 그것이 여러분에게 무한한 복이 될 것입니다. 왜냐하면 신약성경 전체를 바르게 이해할 수 있는 새로운 눈이 열리고 진리를 더 온전히 분별하게 되고, 신앙생활에 큰 변화를 경험하게 되실 것이기 때문입니다. 여러분이 생전에 이 설교를 들을 수 있다는 것은 참으로 큰 복이고 특권입니다. 그러므로 하나님께 감사하는 마음을 가지시고 이 시리즈 설교를 매시간 사모하는 마음으로 초집중해서 들어주시기 바랍니다.

- 1 -

대성공을 거두고 있는 사탄의 전략: 무율법주의!

신약성경에 보면 '율법이 폐해졌다'는 말이 자주 나옵니다. 또 '율법 아래 있지 않다', '율법에서 자유케 되었다'는 표현들이 많이 나옵니다.

그런데 여러분은 이 말이 정확히 어떤 뜻인지 아시나요?

저는 이 질문을 여러 목회자에게 해보았습니다. 그러나 자신 있게 정확한 대답을 하는 사람을 한 명도 만나보지 못했습니다. 충격이지요!

우리는 오래도록 '율법 : 복음' 즉 복음과 율법이 반대된다고만 생각했습니다. 바울도 성경에서 율법과 복음을 반대되는 것으로 보았습니다. 그것이 가장 잘 나타나 있는 곳이 갈라디아서 3장입니다.

바울은 갈라디아서 3장 6절에서 창세기 15장 6절을 인용하며 아브라함이 믿음으로 의롭다함을 받았다고 했습니다. 또, 11-12

절에서는 각각 하박국 2장 4절과 레위기 18장 5절을 인용하며 율법과 복음은 사람을 구원할 수 있는 두 방법이나 율법으로는 구원받는 것이 불가능하다고 했습니다. 그러면서 율법과 복음을 각각 행위와 믿음과 연결시켰고 서로 반대되는 것으로 보았습니다.

이 설명을 할 때, 바울은 율법 안의 의식법에 복음이 들어있다는 사실에 주목하지 않았습니다. 의식법의 성취인 복음과 율법을 통째로 대조시켰습니다.

그럼 왜 이렇게 했을까요? 그것은 율법의 의식법이 그림자 복음으로 구약시대 사람들에게는 복음이었지만, 지나간 것이기 때문입니다. 우리는 의식법이 아니라 그것의 성취인 복음을 믿어야 합니다. 만약 그러지 않고 의식법을 지키면 율법주의가 됩니다. 당시 율법주의자들은 그런 자들이었고 그것이 가장 큰 문제였습니다. 그래서 바울은 율법과 복음이 통째로 반대되는 것으로 보았고 율법의 행위가 아니라 믿음으로 의롭다함을 받는다고 외쳤습니다. 그러므로 우리도 '율법이 폐해졌다'는 말을 '율법 : 복음'이라는 관점에서 이해해야 합니다. 그리하여 율법의 행위로 의롭다함을 받을 수 없다는 것과 믿음으로 의롭다함을 받는다는 것을 깨닫고 이신칭의의 진리를 고수해야 합니다.

지금까지 한 설명에는 전혀 문제가 없습니다. 하지만 우리가 '율법 : 복음'이라는 관점만 알거나 '복음진리를 정확히 이해하지 못하면'(믿음에는 회개가 전제되어 있고 회개가 필수적이라는 것. 믿음은 예수님을 임금과 구주로 모셔 들이는 것이라는 것. 십자가를 통해 아브라함의 복인 칭의뿐 아니라 거듭나게 성령이 주어진다는 것. 때문에 믿음에는 반드시 행함이 따르고 하나님의 심판은 행위심판이라는 것을 깨닫는 것 등) 율법이 폐해졌다는 말의 뜻을 오해할 수 있습니다. 율법주의 이단은 피할 수 있겠지만 무율법주의 이단이라는 함정에 빠지게 됩니다.

이 둘은 성경에 나오는 대표적인 이단입니다. 과거 유대인 중심이었던 초대교회는 율법주의가 가장 큰 골칫거리였습니다. 그러나 이방인 중심이 된 현대 교회는 더 이상 율법주의가 아니라 무율법주의가 가장 큰 문제입니다. 그러므로 조심해야 합니다.

실제로 교회사 내내, 수많은 신학자와 목회자들이 '율법 : 복음'이라는 관점에서만 율법이 폐해졌다는 말을 이해했습니다. 또, 복음을 정확히 이해하지 못해서 '율법이 폐해졌다'는 말을 이렇게 오해했습니다.

'하나님께서 구약시대에는 율법을 주셨고, 신약시대에는 복음을 주셨다. 우리는 율법에서 자유케 되었고 이제는 율법 아래 있지 않다. 그러므로 복음만 믿으면 된다.'

또, 단계적으로 다음과 같은 세 가지 착각에 빠졌습니다.

첫째, '우리는 율법 아래 있지 않으니 말씀대로 살지 못해도 된다.'

둘째, '우리는 율법 아래 있지 않으니 죄를 지어도 정죄 받지 않는다.'

셋째, '우리는 율법 아래 있지 않으니 말씀대로 살지 못해도 최소 천국에는 간다.'

저는 주일학교 때부터 이런 설교를 수없이 많이 들었습니다. 아마 여러분도 그러셨을 것입니다.

이처럼 우리가 율법이 폐해졌다는 말을 정확히 이해하지 못하면 치명적인 미혹이 발생합니다. 그것은 둘로 정리할 수 있습니다.

첫째로, 믿음만 강조하고 믿음에 따라야 할 행함을 율법의 행위와 혼동해서 부정적으로 보게 됩니다. 왜냐하면 율법은 폐해졌고, 복음은 믿어야 하는 것이고 율법은 행해야 하는 것이라고 단순히 생각하기 때문입니다.

둘째로, 한 번 구원은 영원한 구원이고 그렇기 때문에 자신이 안전하다고 착각하게 됩니다. 율법이 폐해졌다는 말을 오해하면 복음만 있고 지켜야 할 계명이 없어집니다. 그래서 자연스럽게 한 번 구원은 영원한 구원이 되어버리기 때문입니다.

나중에 자세히 설명해드리겠습니다만, 그러므로 우리는 '율법 : 복음'이라는 시각에서 멈추지 말고 '모세의 율법 : 그리스도의 율법'이라는 성경적인 시각을 가져야 합니다. 그것을 통해 율법이 폐해졌다는 말의 뜻을 정확히 파악해야 합니다.

그런데 많은 신학자와 목회자들이 그 일을 제대로 하지 못했습니다. 그래서 미혹이 교회들 안에 널리 퍼져서 구원파적인 구원론을 형성했고 오늘날도 수많은 영혼들을 속이고 있습니다. 그 결과 행위심판을 위해 준비하지 못한 헤아릴 수 없이 많은 목회자와 신자들이 지옥으로 갔고, 지금도 몰려가고 있는 중입니다. 여러분, 이것을 보고 어떻게 가만히 있을 수 있겠습니까? 가만히 있을 수가 없습니다. 그래서 저는 하나님의 은혜로 율법이 폐해졌다는 말의 뜻을 제가 정확히 깨닫게 된 것을 과정까지 포함해서 자세히 설명해드리고자 합니다.

(1) 선무당이 사람 잡는다!

루터와 칼빈의 영향을 깊이 받은 분들은 율법이 폐해졌다는 말이 정확히 어떤 뜻인지 별로 궁금해하지 않습니다. 이것 때문에 부대끼거나 고민할 일이 거의 없기 때문입니다.

'우리는 율법에서 벗어났어. 율법대로 살 필요가 없어. 율법은 폐해졌고 율법으로 심판받는 것이 아니야. 단지 복음만 믿으면 돼. 그러면 천국에 가고 설사 말씀대로 못 살아도 천국에는 가! 물론 우리는 말씀대로 살아야 해. 하지만 그것은 구원과는 무관하고 상급과만 관계가 있어!'

안타깝게도 많은 이들이 여전히 이렇게 생각합니다. 그러면서 자신들이 복음을 제대로 이해했고 복음진리의 수호자라고 자부하고 있습니다.

그러나, 이것은 매우 어리석은 생각입니다. 왜냐하면 마태복음 7장 21절과 야고보서 2장 14절의 경고가 문자 그대로 사실이기 때문입니다. 이 위에 한 가지 더해, 저는 신학생 때부터 "그리스도의 율법"(고전 9:21)이 존재함을 알았습니다. 그런데 "그리스도의 율법"은 이름 자체가 보여주듯이 단지 복음이 아닙니다. 우리가 지켜야 할 계명들을 포함합니다. 그래서 야고보가 그리스도의 율법인 "자유의 율법"으로 심판을 받는다고 말한 것입니다(약 2:12).

여러분도 잘 아시겠지만, 구약시대의 유대인들은 율법을 지키지 않으면 저주를 받았고 끝내는 백성 중에서 끊어졌습니다(레 18:29). 마치 이와 같이 신약시대에도 그리스도의 율법을 지키지 않으면 버림받고 멸망합니다. 그런데 사람들이 알고 있는 율법이 폐해졌다는 말의 뜻이 이와 반대됩니다. 그래서 저는 자주 이런 생각을 했습니다.

'우리는 예수님이 온전케 한 율법의 계명들을 지켜야 되는데… 그것을 기준으로 심판받고 영원한 운명이 결정되는데(마 5:20)… 그런데 왜 자꾸 율법이 폐해졌다고만 하고 복음을 믿기만 하면 된다고 하지? 과연 율법이 폐해졌다는 말은 정확히 어떤 뜻일까?'

그래서 사람들의 말에 동의할 수 없었습니다. 또, 그래서 율법이 폐해졌다는 말이 정확히 무슨 뜻인지 알고 싶었습니다. 그러나 그 정확한 뜻을 속 시원하게 알 수 없었습니다. 그래서 늘 혼란스러웠습니다.

그런데 '율법이 폐해졌다'는 것도 성경에 나오고, 또 '예수님이 율법을 폐하러 오시지 않았다'는 것과 "너희 의가 서기관과 바리새인보다 낫지 못하면 결코 천국에 들어갈 수 없다"(마 5:17, 20)고 하신 것도 성경에 나옵니다. 그래서 저는 둘 다 100% 인정했습니다. 그러나 머릿속에서는 조화가 되지 않았고 따로 놀았습니다. 그래서 몹시 궁금해했는데, 신학교에 다니고 목회를 하면서도 오랫동안 '율법이 폐해졌다'는 말의 정확한 뜻을 알 수가 없었습니다. 주위의 목회자들에게 물어보아도 정확한 답을 아는 사람이 없었습니다. 또, 주석들을 읽어보아도 만족할 만한 답을 찾을 수가 없었습니다.

저는 이 문제로 참으로 오래도록 고민했습니다. 그러다가 약 20년 전에 찾은 최고의 답이 존 스토트의 『변론자 그리스도』라는 책에 나오는 설명이었습니다. 저는 그 책에 나오는 존 스토트의 "그렇다면 어째서 바울은 그리스도인이 '율법 아래 있지 않다'고 하였는가?"[2]라는 질문을 통해 그가 저와 유사한 의문을 가지고 있었다는 것을 알았습니다. 그런데 그는 이 질문에 이렇게 대답했습니다.

"그리스도인은 '율법 아래 있지 않다'는 그의 진술은 율법의 범주가 그에게 완전히 폐지되었다는 뜻이 아니라, 그가 칭의나 성화

2 존 스토트 『변론자 그리스도』 윤종애 옮김. 서울: 성서유니온, 1994. p. 141.

를 위해 율법에 의지하지 않는다는 뜻이다."[3]

그리고 이렇게 덧붙였습니다.

"율법 준수가 칭의의 근거는 못 되나 칭의의 결과이며, 성화의 수단은 못 되나 성화의 본질이다."[4]

탁월한 설명이지요! 이것이 저에게 큰 도움이 되었습니다. 그러나 저는 이 설명에 완전히 만족할 수는 없었습니다. 실제로, 이것은 율법이 폐해졌다는 말의 뜻을 온전히 이해하고 한 말이 아닙니다. 그러나 저도 율법이 폐해졌다는 말의 뜻을 그 이상으로 깨달을 수는 없었습니다. 그래서 그 수준에서 이해가 정지된 상태로 오랜 세월이 흘러갔습니다.

(2) 낫 놓고 기역 자도 모른다!

앞에서도 말했듯이, 저는 오래도록 "율법이 폐해졌다"는 말의 뜻을 존 스토트 이상으로 알지 못했습니다. 그러다 약 2년 전이었습니다. 당시 저는 갈라디아서의 모든 주석들을 하나씩 탐독하며 성경공부를 하고 있었습니다. 그러던 어느 날 우연히 그 말의 정확한 뜻을 깨달았습니다. 성경을 읽고 있는데 갑자기 깔끔하고

---

3 존 스토트 『변론자 그리스도』 윤종애 옮김. 서울: 성서유니온, 1994. p. 141.
4 존 스토트 『변론자 그리스도』 윤종애 옮김. 서울: 성서유니온, 1994. p. 143.

속 시원하게 이해가 되었습니다. 얼마나 통쾌했는지 모릅니다. 지금부터 그것을 여러분에게 설명해드리겠습니다.

여러분, 성경에서 '율법이 폐해졌다'는 말을 가장 깔끔하고 속 시원하게 설명한 곳이 어딘지 아십니까?

바로 갈라디아서 3장과 4장입니다. 이 장들을 읽어보면 이 말이 시대와 관계가 있음을 알 수 있습니다. 그 점이 너무 명백해서 모든 학자가 주석에서 이 사실을 인정합니다. 그러나 이상하게 누구도 이것을 통해 '율법이 폐해졌다'는 말을 정확히 이해하고 속 시원하게 설명하질 못했습니다. 기이한 일이 아닐 수 없습니다. 저는 도통 이해가 되지 않았습니다.

'아니, 성경에 이렇게 명시되어 있는데 왜 학자들이 이것을 못 보지? 또, 그 구절들을 주해할 때는 인정하면서도 왜 율법이 폐해졌다는 말을 설명할 때는 이것을 사용해서 깔끔하게 속 시원한 설명을 하지 않지?'

제가 이렇게 느낀 이유는, 그때는 물론이고 그 후에도 율법이 폐해졌다는 말이 시대와 관계가 있다는 사실에 근거해서, 그 의미를 정확하고 속 시원하게 설명하는 신학자나 목회자를 본 적이 없기 때문입니다. 그래서 율법이 폐해졌다는 말에 대한 무지와 착각과 혼돈 그리고 모호함이 교회들 안에 가득 차있는 것입니다.

그럼 성경에 명시가 되어 있는데도 이런 기이한 현상이 일어나고 있는 이유가 무엇일까요?

저는 그것이 교리적인 견고한 프레임 때문에 생겨난 일종의 사각지대라고 생각합니다. 그래서 이런 일이 일어나고 있는 것입니다.

그건 그렇고, 과연 갈라디아서 3장에는 율법이 폐해졌다는 말에 대해 뭐라고 쓰여 있을까요? 여러분, 궁금하시죠!

> 갈라디아서 3:19, 23, 25 "**그런즉 율법은 무엇이냐?** 범법하므로 더하여진 것이라. 천사들을 통하여 한 중보자의 손으로 베푸신 것인데 **약속하신 자손이 오시기까지 있을 것이라. … 믿음이 오기 전에 우리는 율법 아래에 매인 바 되고 계시될 믿음의 때까지 갇혔느니라. … 믿음이 온 후로는 우리가 초등교사 아래에 있지 아니하도다."**

여기서 바울은 율법에 유효기간이 있다고 했습니다.

> **"약속하신 자손이 오시기까지 있을 것이라."**

모세의 율법의 유효기간은 예수님의 초림입니다. 그 후 모세의 율법은 폐해집니다! 그런데, 이곳뿐 아니라 4장 초반부에도 같은 내용이 나옵니다.

> 갈라디아서 4:3-5 "이와 같이 우리도 어렸을 때에 이 세상의 초등학문 아래에 있어서 종노릇 하였더니 **때가 차매 하나님이 그 아들을**

보내사 여자에게서 나게 하시고 율법 아래에 나게 하신 것은 율법 아래에 있는 자들을 속량하시고 우리로 아들의 명분을 얻게 하려 하심이라."

바울은 여기서도 예수님이 오심으로 율법 아래서 우리를 속량했고 우리가 더 이상 율법 아래 있지 않다고 했습니다. 예수님이 오심으로 율법이 끝났다는 것입니다.

또한, 같은 내용이 두 곳뿐 아니라 로마서에도 나타나 있습니다.

로마서 10:4 "**그리스도**는 모든 믿는 자에게 의를 이루기 위하여 **율법의 마침**이 되시니라."

여러분이 갈라디아서의 구절들을 기억하고 이것을 읽으면, 즉각 그리고 확실히 그 뜻을 알 수 있습니다. 율법은 구약시대를 위해 주어진 것이고 예수님의 초림까지가 유효기간입니다. 그러므로 예수님이 모세의 율법의 마침이라는 뜻입니다. 따라서 우리는 더 이상 모세의 율법을 지킬 필요가 없습니다.

한마디로, 모세의 율법은 구약시대를 위해 주어졌고 신약시대를 위해 주신 것이 아닙니다. 이 사실은 율법이 폐해졌다는 말의 뜻을 정확히 이해하는 데 기본적으로 그리고 결정적으로 중요합니다. 모세의 율법은 구약시대를 위해 주신 것이라서 구약시대의 유대인들은 모세의 율법을 따라 신앙생활을 해야 했습니다. 그러나 우리는 더 이상 모세의 율법을 따라 신앙생활을 하지 않아도 됩니다. 그래서 바울이 갈라디아서에서 음식규례를 지키거나 할례를 받고 날과 달과 해와 절기를 삼가 지키는 것을 강하게 질타한 것입니다. 그것은 율법주의 이단입니다. 그런 의미에서 저는 '히브리적 관점에서 성경보기' 역시 율법주의 이단이라고 생각합니다.

이상 설명해드린 것을 기반으로 우리가 1차로 깨달아야 할 것이 있습니다. 그것은 율법이 폐해졌다는 말이 **지금은 구약시대가 아니기 때문에 모세의 율법을 따라 하나님을 섬길 필요가 없다**는 뜻이라는 것입니다. **단지 그 뜻입니다! 거기에서 더 나아가 우리에게 지켜야 할 법이 없다, 맘대로 살아도 된다, 그래도 정죄를 받지 않는다는 뜻이 아닙니다.** 그러므로 이 안에 그런 뜻이 제로라는 것을 깨달아야 합니다!

다음으로, 우리가 이것을 발판으로 2차로 깨달아야 할 것이 있습니다. 그것은 **율법이 폐해졌다는 말은 실은 율법이 폐해졌다는 뜻이 아니라 도리어 율법이 폐해지지 않았다는 뜻이라**는 것입니다. **바꾸어 말해서, 율법 아래 있지 않다는 말은 실은 율법 아래 있지 않다는 뜻이 아니라 도리어 율법 아래 있다는 뜻이라**는 것입니다.

참으로 귀를 의심할 만한 말이지요! 그래서 많은 분들이 "말이 되는 소리를 하십시오! 도대체 무슨 말을 하고 있는 것입니까?" 라고 따지고 싶을 것입니다. 그러나 이것이 팩트입니다. 제 말은 이런 뜻입니다.

'율법이 폐해졌다는 말은 모든 종류의 율법이 폐해졌다는 뜻이 아니다! 단지 모세의 율법이 폐해졌다는 뜻이다! 바꾸어 말해서, 율법 아래 있지 않다는 말은 모든 종류의 율법 아래 있지 않다는 뜻이 아니다! 단지 우리가 모세의 율법 아래 있지 않다는 뜻이다!'

> 고린도전서 9:20-21 "유대인들에게 내가 유대인과 같이 된 것은 유대인들을 얻고자 함이요. 율법 아래에 있는 자들에게는 **내가 율법 아래에 있지 아니하나** 율법 아래에 있는 자 같이 된 것은 율법 아래에 있는 자들을 얻고자 함이요. 율법 없는 자에게는 내가 하나님께는 율법 없는 자가 아니요 **도리어 그리스도의 율법 아래에 있는 자**이나 율법 없는 자와 같이 된 것은 율법 없는 자들을 얻고자 함이라."

여러분, 비로소 제 말이 이해가 되시지요!

서론에서 말씀드린 대로, 율법은 하나가 아니라 세 가지입니다. 그중에 폐해진 것은 모세의 율법일 뿐 그리스도의 율법이 아닙니다. 우리는 모세의 율법 아래 있지는 않으나 여전히 그리스도의 율법 아래 있습니다. 그러므로 (모세의) 율법이 폐해졌다는 말은 우리가 율법을 지킬 필요가 없다거나 그래도 정죄를 받지 않는다는 뜻이 아닙니다. 신약시대에 폐해진 모세의 율법을 지킬 필요는 없다는 뜻이고, 도리어 재림 때까지 폐해지지 않는 그리스도의 율법을 지켜야 한다는 뜻입니다.

이렇게 해서, 드디어 서론에서 자세히 설명하겠다고 한 "모세

의 율법 : 그리스도의 율법"이라는 관점을 설명할 때가 되었습니다. 저는 1대지의 서론에서 율법이 폐해졌다는 말을 바울처럼 '율법 : 복음'이라는 관점에서 설명했습니다. 그런데 성경에는 '율법 : 복음'이라는 관점만 있는 것이 아닙니다. 이것과 모순이 아니고 조화를 이루는 또 하나의 관점이 나옵니다. 그런데 안타깝게도 사람들이 이에 대해 너무 무지합니다. 거의 단체로 무지합니다.

그렇다면 과연 그것이 무엇일까요? 그것은 바로 "모세의 율법 : 그리스도의 율법"이라는 관점입니다.

여러분, 하나님이 아브라함에게 약속하신 것만 복음이 아닙니다(갈 3:8). 모세의 율법의 의식법도 복음입니다. 둘 다 구약적인 복음이었습니다. 바울도 이 사실을 알고 있었습니다. 그래서 바울서신에도 이 사실이 나타나 있습니다.

> 로마서 3:21 "이제는 **율법 외에 하나님의 한 의**가 나타났으니 **율법과 선지자들에게 증거를 받은 것**이라."

이처럼 바울은 복음에 나타나 있는 하나님의 의를 선지자들뿐 아니라 율법이 증거했다고 했습니다. 왜냐하면 율법에 있는 제사법을 비롯한 의식법이 복음의 예표요, 그림자이기 때문입니다.

또, 바울서신에 보면 이런 구절들이 있습니다.

> 고린도전서 5:7 "너희는 누룩 없는 자인데 새 덩어리가 되기 위하여

묵은 누룩을 내버리라. **우리의 유월절 양 곧 그리스도께서 희생되셨느니라.**"

골로새서 2:16-17 "그러므로 **먹고 마시는 것과 절기나 초하루나 안식일**을 이유로 누구든지 너희를 비판하지 못하게 하라. **이것들은 장래 일의 그림자이나 몸(실체)은 그리스도의 것이니라.**"

어떻습니까? 바울도 의식법에 복음이 들어 있다는 것을 알고 있었다는 말이 사실이지요!

여러분, 혹 이런 생각을 해보신 적이 있나요? 아브라함은 하나님께 직접 복음을 들었습니다. 그러나 유대인들은 어떻게 들었을까요? 그들은 아브라함의 이야기가 포함된 창세기뿐 아니라, 모세의 율법에 나오는 유월절과 모든 제사와 절기들을 통해서 들었습니다. 그것을 통해 복음을 믿고 예수님을 믿었습니다. 구약시대에는 모세의 율법을 따라 신앙생활 하는 것이 이단이 아니었고 전혀 문제가 안 됐습니다. 그 안에 복음이 있고, 지켜야 될 계명이 있었기 때문입니다. 그러므로 의식법을 믿고 지키고 하나님을 경외하는 마음으로 계명들을 지키면 참 신자였고 궁극적인 구원을 받을 수 있었습니다.

그런데 예수님께서 오셔서 어떤 일을 하셨습니까? 주님은 하나님께서 아브라함에게 한 약속과 율법의 의식법을 성취하셨습니다. 또, 율법에 있는 의식법뿐 아니라 도덕법을 온전케 하셨습니다. 이 두 가지로 구성되어 있는 것이 바로 그리스도의 율법입니다. 또한, 모세의 율법이 구약시대의 신앙생활을 위한 온전한 제도였듯이 그리스도의 율법은 신약시대의 신앙생활을 위한 온전한 제도입니다. 고린도전서 9장 20-21절이 그 증거입니다.

> "유대인들에게 내가 유대인과 같이 된 것은 유대인들을 얻고자 함이요. **율법 아래**에 있는 자들에게는 내가 율법 아래에 있지 아니하나 율법 아래에 있는 자 같이 된 것은 율법 아래에 있는 자들을 얻고자 함이요. 율법 없는 자에게는 내가 하나님께는 율법 없는 자가 아니요 도리어 **그리스도의 율법 아래**에 있는 자이나 율법 없는 자와 같이 된 것은 율법 없는 자들을 얻고자 함이라."

문제는, 여기서 "율법 아래"가 구약시대가 아니라 신약시대에 율법 아래 있는 자들이라는 것입니다. 그래서 모세의 율법 : 그리스도의 율법이라는 관점이 과연 성경적인 것이냐? 라는 의문이 제기될 수 있습니다.

저의 대답은 예스입니다. "그리스도의 율법"이라는 표현 자체가 그 증거이기 때문입니다. 이것은 모세의 율법을 염두에 두고 그것과 대조해서 한 표현입니다. 또, 실제로 구약시대에는 모세의 율법 아래서 신앙생활을 했고, 신약시대에는 그리스도의 율법 아래서 신앙생활을 합니다. 즉, 구약시대에 율법 아래 있던 자들은 모세의 율법의 의식법을 믿고 도덕법을 지키며 신앙생활을 했고, 신약시대에는 예수님이 성취한 그리스도의 율법 안에 있는 복음을 믿고 그 의미를 온전히 드러낸 계명들을 지키며 신앙생활을 해야 합니다. 그러므로 모세의 율법 : 그리스도의 율법이라는 대조가 살아있는 것입니다. 때문에 "율법 : 복음"처럼 대립구도로 보는 것만 성경적인 것이 아닙니다. "모세의 율법 : 그리스도의 율법"으로 보는 것도 성경에 나오는 바울의 시각이고 지극히 성경적인 것입니다.

그런데 "모세의 율법 : 그리스도의 율법"이라는 관점에서 보면, 율법은 단지 폐해진 것이 아닙니다. 어떤 의미에서는 폐해진 것이고 어떤 의미에서는 완성된 것입니다. 그래서 성경에 율법이 폐해졌다는 말도 나오고(엡 2:15, 히 7:18, 10:9), "내가 율법이나 선지자를 폐하러 온 줄로 생각하지 말라. 폐하러 온 것이 아니요 완전케 하려 함이니라."(마 5:17)는 말씀도 나오는 것입니다. 구체적으로 말하면, 모세의 율법의 측면에서는 폐해진 것이고 그리스도의 율법의 측면에서는 완전케 된 것입니다. 실제로, 폐해졌다는 구절들은 모세의 율법에 대한 것이고 완전케 되었다는 구절은 그리스도의 율법을 설명한 것입니다. 때문에 폐해진 것은 구약시대를 위한 율법의 의식법과 계명들이고, 폐하지 않고 완전케 된 것은 그리스도의 율법의 복음과 그 뜻을 온전히 드러낸 계명들입니다. 그러므로 우리는 율법의 의식법을 지키지 말고 복음을 믿어야 하고, 구약의 기준이 아니라 예수님이 완전케 한 것을 따라 계명들을 지켜야 합니다. 그리고 계명을 지키느냐 않느냐가 궁극적인 구원을 받을 것인지 버림받을 것인지를 좌우합니다(마 5:20, 약 2:12). 따라서 율법이 폐해졌다는 말은 계명들을 지키지 않아도 되고 그렇게 살아도 정죄를 받지 않는다는 뜻이 결코 아닙니다. 모세의 율법은 폐해졌으므로 그것은 지킬 필요가 없고 그리스도의 율법을 구성하는 복음을 믿고 예수님이 온전케 한 계명들을 지켜야 한다는 뜻입니다. 이것이 율법이 폐해졌고 우리가 율법 아래 있지 않다는 말의 진짜 의미입니다. 할렐루야!

여기서, 추가로 여러분에게 설명해드리고 싶은 것이 있습니다. 저는 "율법이 폐해졌다"는 것과 관계가 있는 두 가지 관점이 있다고 했습니다. 하나는, '율법 : 복음'으로 서로 반대되는 것으로 보는 관점입니다. 이 관점은 우리에게 율법의 행위가 아니라 믿음으로 구원받는다는 진리를 가르쳐줍니다. 그러나 이것을 오해하면 "복음을 믿기만 하면 된다!"는 구원파적인 무율법주의에 빠지게 됩니다. 또 하나는, '모세의 율법 : 그리스도의 율법'으로 대립이 아니라 전환된다고 보는 관점입니다. 이 관점은 율법이 폐해졌다는 것을 구원파식으로 오해하지 않게 해줍니다. 왜냐하면 모세의 율법이 폐해졌을 뿐이고 예수님이 완성한 그리스도의 율법은 폐해지지 않았기 때문입니다. 때문에 복음을 믿을 뿐 아니라 예수님이 그 뜻을 온전히 드러낸 계명들을 지켜야 하기 때문입니다. 그러므로 우리는 첫 번째 관점뿐 아니라 두 번째 관점을 통해 율법이 폐해졌다는 말을 이해해야 합니다. 그래야 오해하지 않고 정확히 그 뜻을 알 수 있습니다. 또, 율법이 폐해졌다는 말의 양극단인 율법주의나 무율법주의에 빠지지 않고 신앙의 정로를 걸어갈 수 있습니다.

그런데, 이처럼 바울의 관점이 하나가 아니라 둘이기 때문에 왜 어느 때는 첫 번째 관점에서 말하고 다른 때는 두 번째 관점으로 말하는가? 라는 의문이 생겨납니다. 왜 헷갈리게 어느 때는 이 관점에서 말하고 다른 때는 저 관점에서 말하지? 라는 의문이 생길 수밖에 없습니다.

바울이 이렇게 하는 데는 정당한 이유가 있습니다. 그것은 각각의 관점이 자신이 하려는 설명에 유익하기 때문입니다.

먼저, '율법 : 복음'이라는 관점은 '어떻게 구원받느냐?'를 설명할 때 유용합니다. 즉, "율법의 행위로 구원받느냐? 믿음으로 구원받느냐?"라는 쟁점을 다룰 때 유익합니다. 실제로, 갈라디아서 3장을 비롯해서 '율법 : 복음'이라는 관점에서 바울이 말한 것들을 보면 "율법의 행위로 구원받느냐? 믿음으로 구원받느냐?"에 대해 설명한 장들입니다(롬 3-4장, 갈 3-4장).

다음으로, '모세의 율법 : 그리스도의 율법'이라는 관점은 '우리가 신앙생활을 어떻게 해야 하고, 어떤 자가 궁극적인 구원을 받는가?'를 설명할 때 유용합니다. 그 증거로, 그리스도의 율법을 언급한 고린도전서 9장은 '어떻게 구원받느냐?'를 다룬 장이 아닙니다. '신앙생활을 어떻게 해야 하고 어떤 자가 궁극적인 구원을 받는가?'와 관계가 있는 장입니다. 유명한 고린도전서 9장 27절이 그 증거입니다.

"내가 내 몸을 쳐 복종하게 함은 내가 남에게 전파한 후에 자신이 도리어 버림을 당할까 두려워함이로다."

또한, 그리스도의 율법인 자유의 율법에 대한 야고보서 1장 25

절과 2장 12절도 마찬가지입니다. 문맥도 그렇고, 단적인 예로 두 장에 이런 구절이 나옵니다.

야고보서 1:22 **"너희는 말씀을 행하는 자가 되고 듣기만 하여 자신을 속이는 자가 되지 말라."**

야고보서 2:14 **"내 형제들아 만일 사람이 믿음이 있노라 하고 행함이 없으면 무슨 유익이 있으리요! 그 믿음이 능히 자기를 구원하겠느냐?"**

그러므로 바울을 본받아 우리도 구원을 설명할 때는 첫 번째 관점을, 궁극적인 구원을 설명할 때는 두 번째 관점을 사용해야 합니다. 그런데 대부분의 신학자와 목회자들이 바울처럼 하지 않고 첫 번째 관점 하나로 "어떻게 구원받느냐?"뿐 아니라 "어떻게 해야 궁극적인 구원을 받느냐?"까지 설명하고 있습니다. 그래서 율법주의는 피했으나 무율법주의라는 함정에 빠지고 만 것입니다. 그러므로 더 늦기 전에 지금이라도 두 번째 관점을 통해 율법이 폐해졌다는 말이 무슨 뜻인지 정확히 깨달아야 합니다. 그리하여 구원파적인 무율법주의에 속아 멸망으로 인도하는 넓은 길을 걸어가지 말고 생명으로 인도하는 좁은 길을 걸어가야 합니다. 여러분 모두 반드시 그런 신앙인이 되길 예수님의 이름으로 축복합니다.

끝으로, 저는 무율법주의가 원수 마귀의 전략이라는 사실을 힘

껏 강조하고 싶습니다. 창세기에 그것이 분명히 나타나 있습니다.

> 창세기 2:16-17 "여호와 하나님이 그 사람에게 명하여 이르시되 **동산 각종 나무의 열매는 네가 임의로 먹되 선악을 알게 하는 나무의 열매는 먹지 말라 네가 먹는 날에는 반드시 죽으리라** 하시니라."

이 구절이 무엇입니까? 최초의 율법입니다. 이때는 아담이 타락하기 전이었습니다. 그래서 하나님께서 계명으로만 이루어진 율법을 주셨습니다.

또, 이것은 무엇일까요?

> 창세기 3:4-5 "뱀이 여자에게 이르되 **너희가 결코 죽지 아니하리라. 너희가 그것을 먹는 날에는 너희 눈이 밝아져 하나님과 같이 되어 선악을 알 줄 하나님이 아심이니라."**

최초의 무율법주의입니다. 그러므로 율법은 하나님께로부터 온 것이고 무율법주의는 원수 마귀에게서 온 것이라는 사실을 깨달으시기 바랍니다.

그 후, 하나님은 구약시대의 하나님의 백성 이스라엘에게 모세의 율법을 주셨습니다. 그때는 인류가 타락한 후였기 때문에 의식법에 복음이 포함되어 있는 율법을 주셨습니다. 동시에, 예수님이 오시기 전이라 예표와 그림자 복음을 주었습니다.

마지막으로, 하나님은 예수님이 오신 후인 신약시대를 위해 모세의 율법의 의식법을 성취한 십자가와 부활의 복음과 도덕법의 온전한 의미를 드러낸 계명들로 구성된 그리스도의 율법을 주셨습니다.

이것이 보여주듯이, 율법은 모두 하나님의 선물입니다. 반대로, 자기 시대에 주어진 율법을 부정하는 무율법주의는 미혹하고 속이는 자인 원수 마귀에게서 온 것입니다. 이것을 밝히 깨닫고 절대로 속지 않는 여러분 되시기 바랍니다.

사랑하는 여러분, 율법은 불필요하거나 해로운 것이 아닙니다. 율법은 좋은 것입니다. 그래서 좋으신 하나님이 인류에게 율법을 주신 것입니다. 인류 중 율법 아래 있지 않은 자는 한 명도 없습니다. 제가 신학생 때 설교한 「세 가지 율법」이라는 설교가 그 증거입니다. 그러므로 믿기만 하면 계명을 지키지 않아도 된다는 생각은 절대 옳은 것이 아닙니다.

한편, 제가 신학생 때 「세 가지 율법」이라는 설교를 했으나 당시에는 깨달음이 완전하지 않았습니다. 그럼에도 불구하고 그 설교의 중요성은 이루 말할 수가 없습니다. 왜냐하면 '전 인류가 다 율법 아래 있고 각각 그 위에 있는 율법대로 살아야 한다. 그러므로 예수 믿었다고 다 천국에 가는 것이 아니다. 그 후에 성령을 의지하여 그리스도의 율법대로 살지 않으면 버림받아 지옥에 간다!'라는 사활적으로 중요한 진리를 해처럼 선명하게 보여준 것이기 때문입니다(마 5:17-48). 그러므로 누가 뭐라고 하든지 절대 속지 마십시오. 우리는 복음을 믿을 뿐 아니라 반드시 성령을 의지하고 순종해야 합니다. 그래야 천국에 갈 수 있습니다(마

5:20, 7:21). 이것을 명심하고 늘 깨어서 기도하고 죄와 피 흘리기까지 싸우고 이겨서 반드시 천국에 가는 저와 여러분이 다 되시기 바랍니다.

(3) 돌다리도 두드려보고 건너라!

앞에서 설명해드린 '율법이 폐해졌다'는 말의 뜻은 참으로 무한히 중요합니다. 그래서 머리에 쏙 들어가는 요약부터 해드리길 원합니다.

우리가 '율법이 폐해졌다'는 말을 '율법 : 복음'이라는 서로 반대되는 관점에서만 보면, 율법과 아무 상관이 없고 복음을 믿기만 하면 된다고 생각하기 쉽습니다. 그러나 '모세의 율법 : 그리스도의 율법'이라는 시대전환의 관점에서 보면, 모세의 율법 아래 있지는 않으나 그리스도의 율법 아래에 있기 때문에 계명을 지켜야 한다는 것을 깨닫게 됩니다.

어떤 이들은 '그리스도의 율법이 복음을 뜻한다'고 말하며 이것을 비켜가려고 합니다. 그러나 불가능합니다. 왜냐하면 바울이 "내가 율법 아래에 있지 아니하나"라고 한 후 "그러나 율법 없는 자가 아니요"라고 했고, 그 후 비로소 "도리어 그리스도의 율법 아래에 있는 자"라고 했기 때문입니다. 율법, 율법, 율법이라고 했지요! 이처럼 '복음'이 아니라 '율법'이 주제이기 때문입니다.

또한, 만약 바울이 '율법'과 반대되는 '복음'이라는 뜻으로 말하고자 했다면 절대로 '그리스도의 율법'이라고 말하지 않았을 것입니다. 그러므로 우리는 '율법이 폐해졌다'는 말을 '율법 : 복음'이라는 관점에서만 보지 말고 반드시 '모세의 율법 : 그리스도의 율법'이라는 관점에서도 보아야 합니다. 그리하여 이 말이 모세의 율법을 지킬 필요가 없다는 뜻일 뿐 아니라, 그리스도의 율법을 지켜야 한다는 뜻이라는 것을 간파해야 합니다. 이것이 '율법이 폐해졌고, 우리가 율법 아래에 있지 않고, 율법에서 자유케 되었다'는 말의 참 뜻입니다.

그런데, 어떤 분들은 "율법이 폐해졌다는 말을 이처럼 두 관점에서 보아야 한다는 것이 과연 성경적인가?"라고 묻고 싶을 것입니다. 물론입니다. 왜냐하면 구원받았다고 다 된 것이 아니라 구원(칭의)은 '이미'와 '아직'의 구조이기 때문입니다. 그런데 '율법 : 복음'이라는 관점은 '이미의 칭의'와 관계가 있고 '이미의 칭의'에 빛을 던져줍니다. 또, '모세의 율법 : 그리스도의 율법'이라는 관점은 '아직의 칭의'와 관계가 있고 '아직의 칭의'에 빛을 던져줍니다. 그 결과 율법주의나 무율법주의에 빠지지 않고 생명의 좁은 길로 걸어갈 수 있게 합니다. 그러므로 우리는 반드시 두 관점을 통해 '율법이 폐해졌다'는 말의 뜻을 정확히 이해해야 합니다.

한편, 이런 설명을 듣고도 신학에 조예가 깊은 분들 중에 이런 반론을 제기할 분이 있을 것입니다.

"율법 아래 있다는 말에 '율법 아래'뿐 아니라 '죄 아래' 있다는 뜻도 있다. 그러니 구약시대에 모세의 율법을 지켰던 것처럼 신약시대에는 그리스도의 율법을 지켜야 한다고 말할 수 없는 것 아닌가?"

이것은 정당한 질문이고, 쉽게 답할 수 없는 지독한 난제입니다. 그래서 저는, 이 질문에 대한 답을 찾기 위해 4주 이상 참으로 고통스럽게 연구해야 했습니다. 어느 날은 새벽 여섯 시까지 밤을 꼬박 새우며 씨름하기도 했고, 어느 날은 하루 종일 목회자들과 토론하며 씨름하기도 했습니다. 이렇게 연구하면서 원고를 다섯 번이나 엎고 새로 써야 했습니다. 이와 같이 참으로 어렵게 깨달은 것을 여러분에게 설명해드리고자 합니다.

우리가 이 질문에 대한 답을 알려면 성경해석의 깔딱 고개를 한 번도 아니고 세 번이나 넘어야 합니다. 그만큼 난해하고 어렵기 때문입니다. 심지어 저는 이것을 설명하지 않고 책에만 포함시키는 것이 좋지 않을까? 라는 생각까지 했습니다. 그런데 하나님께서 이 질문에 선명하고 깔끔한 대답을 할 수 있는 깨달음을 부어주셨습니다. 그러므로 기쁜 마음으로 여러분과 나누고자 합니다.

1) 첫 번째 깔딱 고개

많은 학자들이 율법 아래 있다는 말이 모세의 율법 아래 있다는 뜻일 뿐 아니라 죄 아래 있다는 뜻이라고 주장합니다. 그들은 다음 두 구절을 근거로 내세웁니다.

로마서 3:19 "우리가 알거니와 무릇 율법이 말하는 바는 **율법 아래**

에 있는 자들에게 말하는 것이니 이는 모든 입을 막고 온 세상으로 하나님의 **심판 아래에** 있게 하려 함이라."

갈라디아서 3:22-23 "그러나 **성경이 모든 것을 죄 아래에 가두었으니** 이는 예수 그리스도를 믿음으로 말미암는 약속을 믿는 자들에게 주려 함이라. **믿음이 오기 전에 우리는 율법 아래에 매인 바 되고 계시될 믿음의 때까지 갇혔느니라.**"

이에 대해 토마스 슈라이너가 특히 설명을 잘했습니다.

> **"3:22의 평행되는 표현은 '모두가 … 죄 아래 갇혔다'는 것을 나타내는 반면, 여기서는 그들이 율법 아래 갇혀 있다고 말한다. …**
>
> 또한, 로마서 11:32은 적절한 평행구절로서, '하나님이 모든 사람을 순종하지 아니하는 가운데 가두어 두셨다'고 말한다. 갈라디아서 3:23의 '율법 아래에'라는 표현은 항상 구원 역사의 옛 시대를 가리키며, 이스라엘이 시내 산 언약 아래 살았던 시대를 가리킨다.
>
> **덧붙여, 율법 아래 있다는 것은 또한 죄 아래 있는 것을 뜻한다. '죄 아래에' 있는 것과 '율법 아래에' 있는 것의 상호 관계는 3:22-23에서 하나에서 다른 하나로 자연스럽게 바뀌는 것을 통해 알 수 있다. …**
>
> 우리는 어떻게 바울이 '율법 아래에' 있는 것과 '죄 아래' 있는 것, 그리고 '세상의 초등학문 아래' 있는 것을 연결하는지에 주목해야 한다. …

5:18에서는 성령의 인도를 받는 자들이 '율법 아래에' 있지 않다고 말한다. 5:18은 5:17에 묘사된 육체와 성령의 대립에 뒤따라 나오기 때문에, '율법 아래에' 있는 것은 죄의 권세 아래에 있는 것과 같음이 분명해 보인다."[5]

설명이 굉장히 탄탄하지요! 만약 이것이 옳다면 구약시대에 모세의 율법을 지키며 신앙생활 했듯이 신약시대에는 그리스도의 율법을 지키며 신앙생활을 해야 한다는 저의 주장에 큰 타격이 됩니다. 그래서 저는 이 문제를 해결하기 위해 치열하게 연구하고 씨름할 수밖에 없었습니다.

처음에 저는 이 구절들이 율법 아래 있는 자들이 죄의 지배 아래 있다는 뜻이 아니라 모두 죄인이라는 뜻이라고 생각했습니다. 그런 내용의 멋들어진 설명을 완성했습니다. 그러나 계속 연구한 끝에 로마서 3장 9절에 "죄 아래"라는 표현이 그 뒤의 10-18절을 보면 단지 죄인이라는 것뿐만 아니라 죄의 지배 가운데 사는 것을 뜻하고 둘을 서로 분리할 수 없다는 것을 깨달았습니다. 또, 갈라디아서 3장 22절의 죄 아래 가두었다는 것도 모두 죄인이고 죄의 지배 가운데 살고 있다는 것을 뜻한다는 것을 깨달았습니다. 제가 새벽 6시까지 연구한 날도 모두 죄인이고 정죄 아래 있다는 뜻으로 해석하려고 했으나 갈라디아서 5장 18절 때문에 그런 해석이 불가능하다는 결론에 도달했습니다.

---

5 토마스 슈라이너 『강해로 푸는 갈라디아서』 김석근 옮김. 서울: 디모데, 2017. pp. 255-256.

“너희가 만일 성령의 인도하시는 바가 되면 율법 아래에 있지 아니하리라.”

왜냐하면 여기서 율법 아래 있다는 것은 죄의 지배 아래 있는 것임이 분명하기 때문입니다. 그래서 ‘율법 아래’라는 말에 ‘죄의 지배 아래’라는 의미가 있다는 것을 인정할 수밖에 없었습니다.

그런데 토마스 슈라이너는 이 구절들에 근거해서 한 걸음 더 나아가 이렇게 주장했습니다.

“구속사 이전시대(시내 산 언약)는 죄가 하나님의 백성을 다스리는 시대였다.”[6]

이것은 구약성경의 전체적인 내용과 충돌하므로 옳은 것이 아닙니다. 성경에 의하면, 구약시대에도 의인은 물론이고 완전한 자들이 있었습니다. 또, 에스겔 18장에는 율법을 지켜야 의인이고 지키지 않으면 죄인이고 멸망 받는다고 기록되어 있습니다. 그러므로 절대로 옳은 것이 아닙니다.

그러나 남 유다와 북 이스라엘이 범죄하여 멸망한 것은 사실입니다. 그래서 구약시대의 율법 아래 있는 자들이 다 죄 아래 있다고 말한 것이다라고 말하는 학자들도 있습니다. 하지만 남은 자들이 있었습니다. 율법 아래 있는 자들이 다 죄의 지배 아래 있

---

6 토마스 슈라이너 『강해로 푸는 갈라디아서』 김석근 옮김. 서울: 디모데, 2017. p. 256.

거나 하나님의 진노 아래 있었던 것이 아닙니다. 그러므로 구약시대는 죄가 하나님의 백성을 다스리는 시대였다는 말은 옳은 것일 수가 없습니다.

그런데 문제는 구약시대가 죄가 하나님의 백성을 다스리는 시대가 아니었다고 해도, 율법 아래가 죄 아래, 즉 죄의 지배 아래 있다는 뜻이라는 말이 옳다는 것만으로도 저의 견해와 충돌이 된다는 것입니다. 때문에 저는 이에 대해 답해야 합니다. 그런데 의문의 근거가 되는 것이 두 구절입니다. 그러므로 차례로 설명해드리고자 합니다.

① 로마서 3:19

"우리가 알거니와 무릇 율법이 말하는 바는 **율법 아래에** 있는 자들에게 말하는 것이니 이는 모든 입을 막고 온 세상으로 하나님의 **심판 아래에** 있게 하려 함이라."

바울이 말한 대로, "율법이 말하는 바는 율법 아래 있는 자들에게 말하는 것"입니다. 그런데 구약시대뿐 아니라 신약시대의 율법 아래 있는 자들에게 말한 것이므로 둘 다 포함됩니다. 또, 9절의 죄 아래 있다는 말은 단지 죄책이 아니라 죄의 지배 아래 있다는 뜻입니다. 그래서 "보아라! 구약시대의 하나님의 백성인 유대인들이 모두 죄의 지배 아래 있다는 말 아니냐?"라는 반론이 가능해집니다.

그러나 그런 뜻이 아닙니다. 왜냐하면 구약시대의 유대인들도 그림자와 모형으로서의 복음을 믿고 의롭다함을 받았고 율법의 계명들을 지키며 신앙생활 했기 때문입니다. 단적인 예로, 10-18절의 인용문은 "그들의 눈앞에 하나님을 두려워함이 없느니라."(18)라는 말로 끝납니다. 그런데 구약성경에 보면 하나님을 경외한 많은 사람들이 나옵니다. 과연 그들이 불신자처럼 죄의 지배 아래 있었고(9) 더구나 심판을 받았을까요?(19) 그렇지 않습니다. 그러므로 이 구절은 그런 뜻이 아닙니다.

그럼 어떤 뜻일까요? 이 구절은 이방인뿐 아니라 유대인들까지 모두 죄인이고 죄의 지배 아래 있으며, 그래서 누구도 율법의 행위로 의롭다함을 받을 수 없다는 뜻입니다. 이것은 제가 오래도록 연구한 끝에 얻어낸 결론입니다. 그런데 로이드 존즈도 저와 똑같은 결론에 도달했고 설명을 아주 잘했습니다. 그러므로 그것을 사용해서 설명해드리고자 합니다.

잘 들으십시오. 바울은 로마서 3장 19-20절에서 자신이 10-18절에서 인용한 구절들을 요약하고 있는 중입니다. 동시에, 1장 18절에서 설명하기 시작한 전체 주제를 요약하고 있습니다. 바울의 논증은 1장 18절에서 3장 20절까지 계속되고 있는데 주제는 하나입니다. '불의로 진리를 막는 사람들(그러므로 믿는 사람이 아니라 안 믿는 사람들이다.)의 경건치 않음과 불의에 대하여' 하늘로부터 나타나는 하나님의 진노입니다. 바울은 이것이 이방인과 유대인 모두에게 해당된다는 것을 증명하고자 했습니다. 또, 18절까지 그 일을 했고, 19절과 20절에서 이런 결론을 내렸습니다.

“우리가 알거니와 무릇 율법이 말하는 바는 율법 아래에 있는 자들에게 말하는 것이니 이는 **모든 입을 막고 온 세상으로 하나님의 심판 아래에 있게 하려 함**이라. **그러므로 율법의 행위로 그의 앞에 의롭다 하심을 얻을 육체가 없나니 율법으로는 죄를 깨달음이니라.”**

여기서 “무릇 율법이 말하는 바는”에 나오는 “율법”은 구약성경 전체를 뜻합니다. 흔히 “율법”이라는 단어는 모세오경을 가리킵니다. 그러나 바울은 10-18절에서 구약성경을 인용할 때 모세오경에서 하지 않았습니다. 시편과 선지서들에서 인용했습니다. 그 후 즉각 ‘율법’이라고 말한 것을 볼 때 구약성경 전체를 뜻함이 확실합니다.

그런데 바울은 율법, 즉 구약성경이 특별히 율법 아래 있는 자들에게 말한다고 했습니다. 실제로 구약성경은 유대인들에게 주어졌고 그들에게 말한 것입니다. 그러므로 바울의 말은 이런 뜻입니다.

‘유대인들이 자랑했던 하나님의 말씀이 유대인들이 정죄 아래 있으며, 이방인들과 똑같이 하나님의 진노 아래 있음을 입증한다!’

다시 말해서, 바울은 이렇게 말하고 있는 것입니다.

‘나는 너희 모든 유대인들이 하나님의 영광에 이르지 못하였

다고 증거했다. 즉, 너희가 모두 죄인임을 성경을 통해 증명하였다.'

19절은 실제로 이런 뜻입니다. 때문에 표준새번역은 이렇게 번역했습니다.

> "율법에 있는 모든 말씀이 율법 아래 사는 사람에게 말한 것임을 우리는 압니다. 그것은 모든 입을 막고, **온 세상을 하나님 앞에서 유죄로 드러내려는 것**입니다."

그러므로 율법 아래(19) 즉, 죄 아래(9) 있다는 것은 이방인이나 유대인이 모두 죄의 지배 아래 있는 죄인이고 하나님의 진노 아래 있다는 뜻입니다. 즉 누구도 율법의 행위로 의롭다함을 받을 수 없고, 예수님을 믿는 것 외에는 희망이 없다는 뜻일 뿐입니다.

그럼 바울은 왜 유대인들이 이방인들과 똑같이 죄인이고 하나님의 진노 아래 있다고 증명하려고 했을까요? 그의 목적은 두 가지입니다.

㉠ 모든 입을 막는 것!

> 로마서 3:19 "우리가 알거니와 무릇 율법이 말하는 바는 율법 아래에 있는 자들에게 말하는 것이니 이는 **모든 입을 막고**"

이를 설명하는 가장 훌륭한 방법은 이것입니다. 바울의 목적은 예수님이 묘사한 성전에 기도하러 나온 바리새인과 같은 사람들을 침묵하게 하는 것이었습니다.

누가복음 18:11-12 **"바리새인은 서서 따로 기도하여 이르되 하나님이여 나는 다른 사람들 곧 토색, 불의, 간음을 하는 자들과 같지 아니하고 이 세리와도 같지 아니함을 감사하나이다. 나는 이레에 두 번씩 금식하고 또 소득의 십일조를 드리나이다 하고"**

다른 예는 '부자 청년'입니다. 그 청년은 말하고 싶어 견딜 수 없어 하는 사람입니다.

마태복음 19:16-20 "어떤 사람이 주께 와서 이르되 **선생님이여 내가 무슨 선한 일을 하여야 영생을 얻으리이까?** 예수께서 이르시되 … 네가 생명에 들어가려면 계명들을 지키라. **이르되 어느 계명이오니이까?** 예수께서 이르시되 살인하지 말라, 간음하지 말라, 도둑질하지 말라, 거짓 증언 하지 말라, 네 부모를 공경하라, 네 이웃을 네 자신과 같이 사랑하라 하신 것이니라. **그 청년이 이르되 이 모든 것을 내가 지키었사온대 아직도 무엇이 부족하니이까?"**

이처럼 자기 의에 사로잡혀 있는 불신 유대인들의 입을 막는 것! 이것이 바울의 목적이었습니다.

㉡ 온 세상으로 하나님의 심판 아래 있게 하려는 것!

로마서 3:19 "이는 **모든 입을 막고 온 세상으로 하나님의 심판 아래에 있게 하려 함**이라."

이 중 '온 세상'이라는 말에 주목하십시오. 바울은 유대인과 이방인 모두 하나님의 정죄 아래 있음을 증명하고 싶어 했습니다. 온 세상 모든 사람의 입을 하나님 앞에서 침묵하게 만들고 싶었습니다.[7]

바울이 하려 한 일은 간단합니다. '이방인은 물론 유대인들 중에도 의인은 없나니 하나도 없다. 다 죄의 지배 아래 있는 죄인들이고 하나님의 심판 아래 있다. 그러므로 율법의 행위로 의롭다 함을 받을 수 없고 예수님을 믿어야 한다'는 것을 깨닫게 하는 것입니다.

그러므로 이 구절은 인류는 누구나 죄인이고 죄의 지배 아래 있으며 하나님의 진노와 심판 아래 있다는 뜻입니다. 그것을 넘어 구약시대의 하나님의 백성들이 불신자들처럼 모두 죄의 지배 아래 있었다는 뜻이 아닙니다.

그런데, 이것을 뒷받침해주는 또 다른 증거가 있습니다. 여러분, 인류의 죄에 대한 바울의 긴 설명이 어디서 시작되었나요? 1장 18절입니다. 그런데 바울이 누구에 대해 말했습니까?

---

7 D. M. 로이드 존스 『로마서 강해(8)』 서문강 옮김. 서울: 기독교문서선교회, 1993. pp. 321-328.

"하나님의 진노가 **불의로 진리를 막는 사람들**의 모든 경건하지 않음과 불의에 대하여 하늘로부터 나타나나니"

진리를 받아들이고 믿는 자들입니까? 아닙니다. "진리를 막는 사람들"입니다. 즉, 믿지 않는 자들입니다. 바울은 1장 끝까지 그들의 죄를 성토했습니다. 또, 2장에서는 이방인뿐 아니라 유대인들도 죄인이라는 것을 설명했습니다. 그 후, 3장에서 유대인들의 죄를 계속 말하다가 19절이 나옵니다. 이런데도 19절이 구약시대의 하나님의 백성이 죄의 지배 아래 있었다는 뜻일까요? 그렇지 않습니다. 왜냐하면 그 뜻으로 보는 것은 방금 설명해드린 1장 18절에서 3장 18절이 불신자들에 대한 것이라는 것과 모순이기 때문입니다. 그러므로 이 구절은 구약시대의 하나님의 백성이 죄의 지배 아래 있었다는 뜻이 아닙니다.

② 갈라디아서 3:22-23

"그러나 **성경이 모든 것을 죄 아래에 가두었으니** 이는 예수 그리스도를 믿음으로 말미암는 약속을 믿는 자들에게 주려 함이라. **믿음이 오기 전에 우리는 율법 아래에 매인 바 되고 계시될 믿음의 때까지 갇혔느니라.**"

바울은 22절에서 "성경이 모든 것을 죄 아래에 가두었으니"라고 했고, 23절에서는 "우리는 율법 아래에 매인 바 되고 … 갇혔느니라."라고 했습니다. 또, 언제까지 갇혀있었는지에 대해 "믿음이 오기 전 … 계시될 믿음의 때까지"라고 했습니다. 때문에 꼼짝없이 율법 아래 있던 구약시대의 모든 이스라엘 백성이 죄 아래, 즉 죄의 지배 아래 있었다는 말로 보입니다.

그럼에도 불구하고, 이것은 구약시대의 하나님의 백성들이 죄의 지배 아래 있었다는 뜻이 아닙니다. 이유는 다음과 같습니다.

먼저, 바로 전 절인 21절에 이렇게 기록되어 있습니다.

"그러면 율법이 하나님의 약속들과 반대되는 것이냐? 결코 그럴 수 없느니라. 만일 능히 살게 하는 율법을 주셨더라면 의가 반드시 율법으로 말미암았으리라."

여기서 "율법이 하나님의 약속들과 반대되는 것이냐?"라는 말은 율법이 복음 이외의 또 하나의 구원의 방법일 수 있느냐? 라는 뜻입니다. 대답은 결코 그럴 수 없다는 것입니다. 그러면 왜 그럴 수 없을까요? 그 이유는 하나님께서 능히 살게 하는 율법을 주지 않으셨기 때문입니다. 만약 그랬다면 칭의가 반드시 율법으로 말미암았을 것입니다. 그러나 그렇지 않지 않느냐고 말하고 있는 것입니다.

율법은 생명을 주지 못합니다. 명령만 하고 지킬 힘을 주지 못하기 때문입니다. 그래서 율법의 행위로는 의롭다함을 얻을 수가 없습니다. 그런데 이런 뜻을 지닌 21절 뒤에 문제의 22절이 나옵니다.

> **“그러나 성경이 모든 것을 죄 아래에 가두었으니 이는 예수 그리스도를 믿음으로 말미암는 약속을 믿는 자들에게 주려 함이라.”**

그러므로 이 구절은 이방인뿐 아니라 율법을 받은 유대인도 모두 율법의 행위로 의롭다함을 받을 수 없는 죄 아래 있는 죄인이라는 뜻입니다. 한마디로, 이 구절은 로마서 3장 19절의 판박이입니다.

> “우리가 알거니와 무릇 **율법**이 말하는 바는 율법 아래에 있는 자들에게 말하는 것이니 이는 **모든 입을 막고 온 세상으로 하나님의 심판 아래에 있게 하려 함**이라.”

이 구절의 “율법이 말하는”에 나오는 “율법”은 문맥상 구약성경을 뜻합니다. 이미 말했듯이 바울이 10-18절에서 성경을 인용할 때 모세오경이 아니라 시편과 선지서에서 인용했기 때문입니다.

그런데 갈라디아서 3장 22절에서 바울은 이렇게 말했습니다.

> “그러나 **성경이 모든 것을 죄 아래에 가두었으니**”

여기서는 ‘율법’이 아니라 아예 ‘성경’이라고 했습니다. 의심할 여지없이 여기서 성경은 구약성경입니다. 그러므로 이것은 학자들이 착각하고 있는 것처럼 ‘율법이’ 모든 것을 죄 아래 가두었다는 뜻이 아닙니다. 단지 ‘성경이’ 로마서 3장에서처럼 유대인을 포함한 모든 사람을 죄인으로 정죄하고 있다는 뜻입니다.

또, 바울은 로마서 3장 19절에서 이렇게 말했습니다.

"이는 모든 입을 막고 온 세상으로 하나님의 심판 아래에 있게 하려 함이라."

여기서 '온 세상'은 '이방인뿐 아니라 유대인도'라는 뜻입니다. 그런데 갈라디아서 3장 22절도 똑같습니다.

"그러나 **성경이 '모든 것'을 죄 아래에 가두었으니**"

왜냐하면 "모든 것"이 유대인을 포함한 전 인류를 뜻하기 때문입니다. 그런데 "모든 것"의 헬라어 "파스"는 "모든 all, 온갖, 각각의 모든 every"라는 뜻입니다. 또, 남성과 여성일 경우에는 "각각의 모든 자, 어떤 자든지 다"라는 뜻이 되지만, 중성일 경우에는 "'모든 것' everything, '그 어떤 것이든지 다'(anything) whatsoever"라는 뜻이고(고전 10:25, 엡 5:13, 요일 5:4) 복수로는 '모든 것들'을 뜻합니다. 그런데 이 구절에서는 중성 복수입니다. 그래서 유대인을 포함한 모두로 이해하는 것이 불가능하다고 생각할 수도 있습니다.

그러나 그렇지 않습니다. 일례로, 존 스토트는 이에 대해 이렇게 썼습니다.

"'**성경이 모든 것을 죄 아래에 가두었으니**'(22절). 구약은 **인간 죄의 보편성**을 분명하게 선포하기 때문이다. 예를 들면, '선을 행하는 자가 없으니 하나도 없도다'(시 14:3). 그리고 성경은 **모든 죄인**을 그의 죄로 인해 가둬버린다."[8]

이처럼 파스를 모든 사람을 뜻하는 것으로 이해했습니다.

또, 더글라스 무는 저와 견해가 다름에도 불구하고 **"중립 복수형은 인간만이라는 제한된 대상을 지칭할 수 있다"**고 인정했고, NASB는 모든 사람으로 번역했다는 예까지 들었습니다.[9]

또한, 토마스 R. 슈라이너는 파스에 대해 이렇게 썼습니다.

"'모든 것'이라는 단어는 해석이 어렵다. 만일 이 단어가 사람을 가리키지 않는다고 해석되면, 바울이 말하는 바가 성경이 율법과 세상의 요소와 오래된 창조 전체를 죄의 권세 아래 가두었다는 것일 수 있다. 이 중성 명사는 사람을 가리킨다고 해석될 수 있으며(참고. 고전 1:27-28), 문맥에서 사람을 강조하고 있다는 사실이 그 해석을 뒷받침할 수 있다."[10]

그러므로 이 구절은 실제로 로마서 3장 19절의 판박이입니다. 때문에 저는 두 구절이 같은 의미라고 생각합니다. 즉, 유대인도

---

8 존 스토트 『갈라디아서 강해』 정옥배 옮김. 서울: 한국기독학생회출판부, 2014. p. 111.
9 더글라스 무 『BECNT 갈라디아서』 최원용 옮김. 서울: 부흥과개혁사, 2018. p. 321.
10 토마스 R. 슈라이너 『강해로 푸는 갈라디아서』 김석근 옮김. 서울: 도서출판 디모데, 2017. p. 203.

구원받아야 할 죄인이라는 뜻이지 구약의 하나님의 백성인 유대인이 모두 죄의 지배 아래 있었다는 뜻이 아닙니다.

그다음, 23절에 보면 "믿음이 오기 전에"와 "계시될 믿음의 때까지"라는 표현이 나옵니다. '믿음이 오기 전에'에는 '호'라는 관사가 있습니다. 그래서 전 절에 나오는 그리스도를 믿는 그 믿음을 뜻합니다. 때문에 "믿음이 오기 전에"라고 했지만 예수님이 오시는 시기를 뜻합니다. 즉, 예수님이 오시기 전 구약시대에는 율법 아래 있었다고 말한 것입니다. 그런데 그 전 절의 "죄 아래"라는 표현과 겹쳐져 보이기 때문에 구약시대의 하나님의 백성인 유대인들도 죄의 지배 아래 있었다고 착각하기 쉽습니다.

그러나 그렇지 않습니다. 학자들은 22절과 23절의 "죄 아래"와 "율법 아래", "가두었으니"와 "갇혔느니라"라는 비슷한 표현에 주목했습니다. 그래서 율법 아래 있는 것이 죄 아래 있는 것이라고 주장합니다.

그러나 22절은 "성경"의 증언에 대해 말한 것이고, 23절은 "율법"에 대해 말한 것입니다. 같은 내용이 아닙니다. 그러므로 율법 아래를 죄 아래 있다는 뜻으로 이해하면 안 됩니다.

또, 학자들의 추측과 달리 23절은 '데'라는 단어로 시작합니다. '데'는 보통 '그러나'로 번역되며 주로 전환을 뜻하는 단어입니다.

또한, 실제로 두 구절의 내용이 서로 다릅니다. 22절은 성경에 의하면 모든 사람이 죄인이라는 것을 말한 것이고, 23절은 구약시대의 상태에 대해서 말한 것이면서 율법이 죄를 깨닫게 하여 그리스도께로 인도한다는 내용입니다.

이것은 매우 중요하기 때문에 좀 더 자세히 설명해드리겠습니다. 바울은 19절에서 율법에 대해 이렇게 썼습니다.

> **"그런즉 율법은 무엇이냐? 범법하므로 더하여진 것이라.** 천사들을 통하여 한 중보자의 손으로 베푸신 것인데 **약속하신 자손이 오시기까지 있을 것이라."**

복음은 하나님의 구원계획의 핵심이지만, 율법은 부수적으로 더해진 것입니다. 그런데 바울은 이런 율법을 22절과 23절에서 각각 두 가지로 설명했습니다.

먼저, 22절을 21절과 연결해서 생각해보면 율법은 복음 외의 구원의 방법이 아니고 하나님이 능히 살게 하는 율법을 주지 않았으므로 율법의 행위로 의롭다함을 받는 것이 불가능합니다. 그러므로 22절은 바울이 로마서 3장 10-19절에서 증거한 대로 이방인뿐 아니라 유대인들도 모두 죄의 지배 아래 있는 죄인이라는 뜻입니다.

다음으로, 23절은 그 뒤의 24절과 연결해서 생각해볼 때 율법이 우리를 구원하지는 못하나 죄를 깨닫게 함으로 그리스도께로 인도한다는 것을 설명한 것입니다. 물론 23절은 4장 1-3절에도 나와 있듯이, 구약시대의 신자들의 상태를 설명한 것입니다. 그들은 율법 아래 갇혀있었습니다.

그런데 율법의 특징이 무엇입니까? 죄를 깨닫게 하는 것입니다.

로마서 3:20 "**그러므로** 율법의 행위로 그의 앞에 의롭다 하심을 얻을 육체가 없나니 **율법으로는 죄를 깨달음이니라.**"

율법은 의롭다함을 받게 하지는 못해도 죄를 깨닫게 합니다. 구약시대에도 마찬가지였습니다. 그래서 유월절을 지키고 특히 속죄제와 속건제를 드린 것 아닙니까? 구약시대에는 이런 것들을 통해 복음을 믿었습니다. 율법의 의식법 속에 있는 그림자 복음을 믿고 계명을 지키며 살았습니다. 그렇게 구원을 받았습니다.

그런데 예수님이 오시고 성전의 휘장이 찢어짐으로, 즉 율법이 폐해짐으로 그 효과가 없어졌습니다. 때문에 행위로 구원을 받으려면 완벽하게 율법을 지켜야 합니다. 그런데 하나님이 살게 하는 율법을 주시지 않았으므로 불가능합니다. 그러니 믿음의 때가 왔을 때 율법이 어떤 역할을 할까요? 죄를 깨닫게 함으로써 "너는 죄인이야. 율법의 행위로는 구원받을 수 없어. 그러므로 너를 위해서 십자가에서 대속의 피를 흘린 예수님을 믿어야 돼" 이 역할을 하는 것입니다. 바울이 23절에서 설명한 것은 단지 이것입니다. 그래서 24절에 이렇게 쓰여 있는 것입니다.

"이같이 율법이 우리를 그리스도께로 인도하는 초등교사가 되어 우리로 하여금 믿음으로 말미암아 의롭다 함을 얻게 하려 함이라."

전후 문맥을 보면, 여기서 율법은 의식법이 아닙니다. 그렇다면 복음의 그림자인 의식법도 아닌데, 어떻게 사람을 그리스도께로 인도한다는 말입니까? 바꾸어 말해서, 지켜야 할 계명에 초점이 맞춰져 있는 율법이 어떻게 사람을 그리스도께로 인도할까요? 그것은 죄를 깨닫게 함으로써입니다. 이 구절은 단지 이것을 설명한 것입니다. 그러므로 결코 구약시대의 하나님의 백성들이 죄의 지배 아래 있었다는 뜻이 아닙니다.

사랑하는 여러분, 이것은 하나님의 은혜로 완성된 초유의 해석입니다. 그러나 저는 이 견해가 옳다는 것을 확증할 수 있습니다. 왜냐하면 구약시대의 하나님의 백성들이 죄의 지배 아래 있지 않았다는 것이 누구도 부인할 수 없는 팩트이기 때문입니다. 바울은 이 장에서 아브라함을 예로 들었습니다. 그런데 야고보서 2장이 보여주듯이 아브라함은 믿고 순종했습니다.

또, 구약의 선지자들을 생각해보십시오. 그들도 율법 아래 있었습니다. 그러나 '거룩한 선지자'라고 성경에 기록되어 있듯이 거룩했고 죄의 지배 아래에 있지 않았습니다. 어떤 분들은 즉각 "선지자들은 구약시대여도 성령이 임했기 때문에 말씀대로 사는 것이 가능했다. 그러나 성령이 임하지 않은 다른 이들은 다르지 않느냐?"라고 질문할 것입니다. 그러나 야고보는 야고보서 2장에서 행함 있는 믿음을 강조하면서 아브라함과 라합을 예로 들었습니다. 이 중 아브라함은 성경에 나온 대로 선지자였습니다. 그러나 라합은 선지자가 아닙니다. 그녀에게는 성령이 임하지 않았습니다. 그런데도 행함 있는 믿음을 설명하면서 라합을 예로 든 것을 볼 때, 구약시대에 성령이 임한 선지자들만 순종할 수 있었던 것이 아닙니다. 이것은 구약시대에 선지자가 아닌 이들도 말씀대로 살 수 있었다는 것을 보여줍니다. 동시에, 구약시대에 율법 아래에 있었다고 모두 죄의 지배 아래 있었던 것이 아니라는 사실을 보여주는 것입니다.

또한, 히브리서 11장에 나오는 믿음의 인물들도 이 사실을 뒷받침해줍니다. 왜냐하면 그들은 결코 죄의 지배 아래 있지 않았기 때문입니다.

뿐만 아니라, 구약성경에는 욥을 비롯한 많은 의인들과 심지어 완전한 자들이 나옵니다. 이것을 통해 우리는 갈라디아서 3장 23절을 구약시대의 신자들이 죄의 지배 아래 있었다고 해석하는 것이 잘못된 것임을 확실히 알 수 있습니다. 그러므로 그리스도의 율법에 대해 제가 깨달은 것은 이 구절들과 모순이 아니고 안심하고 믿을 수 있는 참 진리입니다.

2) 두 번째 깔딱 고개

앞에서 저는 로마서 3장 19절과 갈라디아서 3장 22-23절의 율법 아래 있다는 것이 구약시대의 하나님의 백성들이 죄의 지배 아래 있다는 뜻이 아님을 자세히 설명해드렸습니다. 저는 그 설명이 완벽하다고 생각합니다.

그러나 그것으로 끝난 것이 아닙니다. 첫 번째 깔딱 고개 서두에서도 말한 것처럼, 저도 '율법 아래'라는 말에 '죄의 지배 아래'라는 뜻이 있다는 학자들의 견해가 틀렸다고 보았다가 갈라디아서 5장 18절 때문에 결국 승복했었기 때문입니다.

"너희가 만일 성령의 인도하시는 바가 되면 율법 아래에 있지 아니하리라."

여기서 '율법 아래' 있다는 것은 '성령의 인도'하심을 받는 것과 반대되는 상태로 죄의 지배 아래 있다는 뜻입니다. 때문에 성도님들은 앞에서 한 설명을 그대로 받아들이시겠지만, 신학에 조예가 깊은 학자나 목회자들은 아무리 그때 설명을 잘했어도 "그러나 로마서 6장 14절과 갈라디아서 5장 18절은 생각 안 하나? 어이가 없네!"라는 반응을 보일 것입니다. 이 구절들을 통해 여전히 똑같은 반론이 제기될 수 있습니다. 그러므로 다음 두 구절은 우리가 반드시 넘어야 할 두 번째 깔딱 고개입니다.

로마서 6:14 **"죄가 너희를 주장하지 못하리니 이는 너희가 법 아래에 있지 아니하고 은혜 아래에 있음이라."**

갈라디아서 5:18 **"너희가 만일 성령의 인도하시는 바가 되면 율법 아래에 있지 아니하리라."**

저는 이 구절들을 자세히 설명하기 전에 먼저 지적하고 싶은 것이 있습니다. 왜 신학자들은 '분명히 구약시대에도 의인들과 완전한 자들이 있었는데, 왜 율법 아래 있는 것이 죄의 지배 아래 있는 것이라고 하지?'라는 이 당연한 의문을 가지지 않을까요? 제가 보기에는 신학자들의 다수가 너무 교리적이고 굴종적입니니다. 구약시대에 모든 사람이 죄의 지배 아래 있지는 않았다는 것은 상식입니다. 그런데 제가 주석들을 읽으면서 놀란 것은, 거의 모든 학자가 이런 의문을 품거나 표현하지 않는다는 것이었습니다.

제가 아는 범위 내에서는, 무가 로마서 3장 19절을 설명하면서 이런 의문을 품었고, 또 토마스 슈라이너가 6장 14절을 설명하면서 이런 의문을 가졌을 뿐입니다. 슈라이너는 이 의문에 대해 이렇게 답했습니다.

> "로마서 6장 14절에서 바울은 죄로부터 해방과 모세시대로부터 해방을 연관시키는데, 왜냐하면 이것들은 바울의 신학에서 분리될 수 없기 때문이다. **모세시대는 죄가 지배했던 시대였다. 그러나 이것이 모세시대에는 은혜가 없었다는 것도, 모든 이스라엘 사람들이 죄의 권세 아래 살았다는 것도 의미하지 않는다. 바울은 선지자들과 아브라함, 모세, 요셉, 다윗, 다니엘과 같은 경건한 사람들을 포함하는 구약의 남은 자에 대해 잘 알고 있었다. 우리가 여기서 가지고 있는 것은 일종의 일반화다. 바울은 구약의 경륜에서 일반적인 사실이 무엇이었는가를 묘사하고 있는 것이지, 변함없는 사실이 무엇이었는가가 아니다. 바울에게 떠올랐던 생각은 이스라엘이 실패했다는 것이지 율법을 지킨 소수의 무리들이 아니다. 이스라엘 국가 전체에 하신 약속들은 그들이 율법을 지키지 않았기 때문에 성취되지 못했다.** … 바울이 말하는 요점은 이스라엘이 율법(즉, 모세 언약) 아래에 있는 한 그들은 율법을 지키지 않았

> 다는 것이다. 이제 신자들이 은혜의 능력 아래 있기 때문에 신자들은 성령의 능력을 통해 율법의 도덕적 규범들을 지킬 수 있다(롬 8:4). 이것이 바로 예레미야(렘 31:31~34)와 에스겔(겔 11:19~20, 36:26~27)이 새 언약이 이루어질 때 일어나는 일을 미리 보았던 것이다."[11]

이 설명은 설득력이 있고 그래도 수긍이 됩니다. 또, 슈라이너는 이 설명에서 새 언약에 관한 세 가지 예언을 제시했습니다. 그 중 하나가 예레미야 31장 31-34절입니다. 그런데 32절에 보면 이스라엘 백성들에 관해 "그들이 내 언약을 깨뜨렸음이라"라고 했습니다. 죄의 지배 아래 있었다는 것과 일치하지요! 또, 31절에 보면 "이스라엘 집과 유다 집"이라고 했습니다. 이것도 개개인이 아니라 이스라엘 국가 전체에 대한 말이라는 것과 일치합니다. 또한, 실제로 북이스라엘과 남유다는 죄 때문에 망했습니다. 때문에 실제로 슈라이너의 주장이 옳은 것처럼 느껴질 수 있습니다.

그러나 저는 슈라이너의 해석이 전보다 발전된 것이고 훌륭하기는 하나, 이 구절에 대한 정확한 해석은 아니라고 생각합니다. 저는 로마서 6장 14절이 다른 뜻이라고 생각합니다.

> **"죄가 너희를 주장하지 못하리니 이는 너희가 법 아래에 있지 아니하고 은혜 아래에 있음이라."**

---

11 토머스 슈라이너 『BECNT 로마서』 배용덕 옮김. 서울: 부흥과개혁사, 2013. p. 403.

그럼 이 구절은 정확히 어떤 뜻일까요? 솔직히, 이 구절은 양쪽으로 해석이 다 가능해보입니다.

먼저, "법 아래"의 의미가 당시 구약시대처럼 율법 아래 있지 않고 은혜 아래에 있었기 때문에 구약시대의 율법 아래 있는 상태를 뜻할 수도 있습니다.

또한, 그 당시의 어떤 신자들이 율법주의에 미혹되어 율법 아래 있던 상태를 뜻하는 것일 수도 있습니다. 즉, 구약시대가 아니라 신약시대에 율법 아래 있는 사람들의 상태를 뜻하는 것일 수 있습니다. 이처럼 이 구절의 "법 아래"는 구약시대에 율법 아래 있는 것을 뜻할 수도 있고, 신약시대에 율법 아래 있는 자들의 상태를 뜻할 수도 있습니다.

그런데, 저는 문맥상 두 가지가 다 가능해도 두 번째로 보아야 한다고 생각합니다. 왜냐하면 구약시대가 지나갔다고 꼭 법 아래 있지 않은 것이 아니고, 신약시대라고 반드시 은혜 아래 있는 것도 아니기 때문입니다. 구약시대가 지났어도 율법주의를 거부해야 법 아래 있지 않을 수 있고, 신약시대가 되었어도 예수님을 믿어야 은혜 아래 있을 수 있습니다. 그래서 저는 바울이 이 구절에서 단순히 시대적인 대조가 아니라 이와 같은 실제적인 상태의 차이를 말하고 있다고 생각합니다. 즉, "법 아래"라는 말이 구약시대가 아니라 신약시대에 율법주의에 미혹되어 율법 아래 있는 자들의 상태를 가리킨다고 생각합니다. 그러므로 이 구절은 구약시대의 하나님의 백성들이 죄의 지배 아래 있었다는 뜻이 아닙니다.

이 구절에 대한 설명은 일단 여기서 마치겠습니다. 하지만 잠시 후 이렇게 이해해야만 하는 필연적인 이유를 여러분에게 제시해드릴 것입니다.

그런데, 로마서 6장 14절은 이렇게 설명하면 된다고 해도 갈라디아서 5장 18절은 어떻게 설명해야 할까요?

"너희가 만일 성령의 인도하시는 바가 되면 율법 아래에 있지 아니하리라."

이제, 이 구절을 살펴볼 차례입니다. 그런데 여러분은 어떻게 생각하시나요? 이 구절은 어찌 보면 뜬금없지 않나요?

바울이 이 말을 할 때는 구약시대가 아니라 신약시대고 대상이 그리스도인들이었습니다. 그러므로 율법 아래 있지 않은 것이 당연한 것입니다. 더구나, 성령의 인도를 받고 있다면 이미 믿고 의롭다함을 받고 약속의 성령을 받았기 때문일 것입니다. 그런데 왜 생뚱맞게 "너희가 만일 성령의 인도하시는 바가 되면 율법 아래에 있지 아니하리라."라고 했을까요? 저는 수십 년 전부터 그것이 궁금했습니다.

그 이유는 성령의 인도를 받는 사람의 상태가 구약시대가 아니라 현재 율법 아래 있으면서 죄의 지배 아래 있는 사람들의 상태와 판이하기 때문입니다. '율법 아래'를 이렇게 이해할 때만 이 구절이 자연스럽습니다. 때문에 저는 바울이 이렇게 말한 이유가 "율법 아래"라는 말을 통해 구약시대의 율법 아래 있는 상태가 아니라 신약시대에 율법주의에 미혹되어 율법 아래 있는 사람들의 상태를 말하고 있기 때문이라고 생각합니다. 그러므로 이 구절은 구약시대의 율법 아래 있는 사람들의 상태와 신약시대에 성령의 인도를 따르는 신자들의 상태가 상반된다는 뜻이 아닙니다. 단지 신약시대에 율법주의에 미혹되어 율법 아래 있는 사람들의 상태와 상반된다는 뜻입니다. 그러므로 이 구절 역시 구약시대의 하나님의 백성들이 죄의 지배 아래 있었다는 뜻이 아닙니다.

저는 이 구절뿐 아니라 두 구절이 다 구약시대가 아니라 신약시대에 율법 아래 있는 사람들의 상태를 뜻한다고 생각합니다. 신약시대에도 율법주의에 미혹되어 율법 아래 있으면, 바울의 말대로 성령으로 시작했다가 육체로 마치는 것이 되기 때문에 죄를 이길 수 없습니다. 그래서 율법 아래가 죄 아래 있는 것이 되어 버립니다. 바울은 두 구절에서 그들과 참 신자들의 상태를 대조한 것입니다. 그러므로 두 절 다 구약시대에 율법 아래에서 신앙생활 한 하나님의 백성들이 죄의 지배 아래 있었다는 것과 무관합니다.

문제는, 어느 학자도 저처럼 이런 관점에서 두 구절을 보지 않는다는 점입니다. 그럼에도 불구하고 저는 이 관점이 옳다고 생각합니다. 왜냐하면 우리가 전에 다룬 두 구절은 율법의 행위냐 믿음이냐, 즉 어떻게 해야 구원받을 수 있나? 를 다룬 반면, 지금 다루고 있는 두 구절은 믿고 구원받은 자가 어떻게 해야 죄를 이기고 말씀대로 살 수 있느냐? 를 설명한 것들입니다. 이것은 율법주의에 미혹되어 의문의 묵은 것으로 섬길 것이냐 아니면 영의 새로운 것으로 섬길 것이냐의 문제입니다(롬 7:6). 그런데 이 사실 자체가 구약시대가 아니라 신약시대에 율법 아래 있는 것에 대해 말한 것이라는 제 생각이 옳다는 것을 뒷받침해주기 때문입니다.

또, 실제로 두 절 다 그 장 전체의 문맥을 보면 구약시대에 율법 아래 있는 사람들과 참 신자의 상태를 비교한 것이 아닙니다. 구약시대가 아니라 신약시대에 율법주의 이단에 미혹된 사람들의 상태와 참 신자들의 상태를 비교한 것으로 보아야 합니다. 때문에 저는 이 구절들에 나오는 "법 아래" 혹은 "율법 아래"가 구약시대에 율법 아래에 있었던 모든 사람들의 상태가 아니라 단지 신약시대에 율법주의에 미혹이 되어 율법 아래에 있던 사람들의 상태를 뜻한다고 생각합니다. 그러므로 이 구절들은 구약시대에 율법 아래 있었던 하나님의 백성들이 죄의 지배 아래 있었다는 뜻이 아닙니다.

마지막으로, 이 문제를 매듭지을 수 있는 결정적인 것을 설명해드리겠습니다.

우리가 첫 번째 깔딱 고개에서 다룬 두 구절과 달리 이 구절들에 나오는 "율법 아래"는 분명히 죄 아래에 있다는 뜻입니다. 그래서 "율법 아래"가 죄 아래 있다는 뜻이 되고, 율법 아래 있었던 구약시대의 하나님의 백성들이 죄의 지배 아래 있었다는 뜻이 될 수밖에 없을 것 같습니다. 하지만 그렇지 않습니다.

그렇다면 왜 그럴까요? 그 이유를 여러분이 이해하기 쉽게 세

가지로 설명해드리겠습니다.

첫째로, "율법 아래" 있다는 것이 두 종류입니다.

어떤 이들은 율법 아래 있는 것이 하나뿐인 줄 압니다. 그러나 그렇지 않습니다.

갈라디아서 3:23 "믿음이 오기 전에 우리는 **율법 아래**에 매인 바 되고 계시될 믿음의 때까지 갇혔느니라."

여기서 '율법 아래'라는 것은 구약시대의 상태입니다.

고린도전서 9:20 "유대인들에게 내가 유대인과 같이 된 것은 유대인들을 얻고자 함이요 **율법 아래**에 있는 자들에게는 내가 율법 아래에 있지 아니하나 **율법 아래**에 있는 자 같이 된 것은 **율법 아래**에 있는 자들을 얻고자 함이요."

갈라디아서 4:21 "내게 말하라. **율법 아래**에 있고자 하는 자들아. 율법을 듣지 못하였느냐?"

그러나 이 구절들에 나오는 '율법 아래'는 신약시대에 율법 아래 있는 것을 뜻합니다. 전자는 구약시대에 모세의 율법 아래 있던 주로 유대인들이었고 구약시대의 정통신앙이었습니다. 그러나 후자는 신약시대에도 여전히 율법 아래 있는 자들로 율법주의 이단입니다. 그러므로 서로 크게 다르지요!

둘째로, "율법 아래"의 두 가지 상태가 상반됩니다.

저는 "율법 아래"가 하나가 아니라 구약시대에 율법 아래 있는 자들과 신약시대에 율법 아래 있는 자 두 종류라고 했습니다.

그런데 구약시대에 율법 아래 있던 유대인들은 모세를 비롯해서 구약성경에 나오는 하나님을 경외한 수많은 사람들이 보여주듯이, 그들 중 많은 사람이 죄의 지배 아래 있지 않았습니다. 창세기로부터 구약성경 전체가 그 증거입니다. 또, 신약성경에서도 구약시대의 위인들에 대해서 말한 것이 많은데, 이것들도 그 증거입니다. 그러므로 의문의 여지가 없지요!

반면에, 신약시대에 율법 아래에 있는 사람들은 죄 아래 있었습니다. 일례로, 로마서 7장 6절이 그 단적인 증거입니다.

> "이제는 우리가 얽매였던 것에 대하여 죽었으므로 율법에서 벗어났으니 **이러므로 우리가 영의 새로운 것으로 섬길 것이요 율법 조문의 묵은 것으로 아니할지니라.**"

왜냐하면 율법 조문의 묵은 것으로 섬기는 자들이 율법 아래 있는 자들인데, 그 결과를 보여주는 것이 로마서 7장 7절 이하 25절이기 때문입니다. 그런데 철저하게 죄의 지배 아래서 종노릇하는 내용입니다.

한편, 여기서 구약시대에 율법 아래에 있던 사람들이 계명을 지킬 수 있었다면, 왜 신약시대에 율법 아래에 있는 사람들은 계명을 못 지키고 죄의 지배 아래 있는가? 라는 의문이 생길 수 있습니다. 듣고 보니 정말 그렇지요!

저는 마음의 할례가 그 답이라고 생각합니다. 오늘날 많은 사람이 마음의 할례는 성령이 행하시는 것이므로(롬 2:29) 신약시대에만 있다고 착각합니다. 그러나 마음의 할례는 구약시대에도 있었습니다. 저는 신명기 30장 6절이 그 결정적인 증거라고 생각합니다.

"네 하나님 **여호와께서 네 마음과** 네 자손의 마음에 **할례를 베푸사 너로 마음을 다하며 뜻을 다하여 네 하나님 여호와를 사랑하게 하사 너로 생명을 얻게 하실 것이며**"

만약 모세가 백성들에게 "네 후손"이라고 했으면 신약시대에 대한 예언으로 볼 수도 있습니다. 그러나 "네 마음과 네 자손의 마음"이라고 했기 때문에 빠져나갈 길이 전혀 없고, 구약시대에도 마음에 할례가 존재했다는 결정적인 증거라고 믿었습니다. 그런데, 그 앞에 이렇게 기록되어 있습니다.

신명기 30:1-5 "**내가 네게 진술한 모든 복과 저주가 네게 임하므로 네가 네 하나님 여호와로부터 쫓겨 간 모든 나라 가운데서 이 일이 마음에서 기억이 나거든** 너와 네 자손이 네 하나님 여호와께로 돌아와 내가 오늘 네게 명령한 것을 온전히 따라 마음을 다하고 뜻을 다하여 여호와의 말씀을 청종하면 **네 하나님 여호와께서 마음을 돌이키시고 너를 긍휼히 여기사 포로에서 돌아오게 하시되 네 하나님 여호와께서 흩으신 그 모든 백성 중에서 너를 모으시리니 네 쫓겨 간 자들이 하늘가에 있을지라도 네 하나님 여호와께서 거기서 너를 모으실 것이며 거기서부터 너를 이끄실 것이라. 네 하나님 여호와께서 너를 네 조상들이 차지한 땅으로 돌아오게 하사 네게 다시 그것을 차지하게 하실 것이며** 여호와께서 또 네게 선을 행하사 너를 네 조상들보다 더 번성하게 하실 것이며"

그 후, 6절에서 이렇게 말했습니다.

"네 하나님 **여호와께서 네 마음과** 네 자손의 마음에 **할례를 베푸사 너로 마음을 다하며 뜻을 다하여 네 하나님 여호와를 사랑하게 하사 너로 생명을 얻게 하실 것이며"**

이처럼 문맥을 자세히 보면, 이 구절이 모세시대에 대한 것이 아닙니다. 황당하지요! 때문에 J. G. 맥콘빌은 이렇게 말했습니다.

"단수로 진술되고 있는 **이곳의 본문은 원칙적으로 미래 세대를 겨냥한다.**"[12]

---

12 J. G. 맥콘빌 『AOTC 신명기』 강대이·황의무 옮김. 서울: 부흥과개혁사, 2019. p. 546.

또, 그는 다음과 같이 정확한 지적을 했습니다.

"다음 세대에 대한 강화의 결과, 약속의 땅을 차지한 것은 과거의 사건이 될 것이며(5절), 그것을 차지한 자들은, 엄밀히 말하면 모세의 말을 듣고 있는 모압 세대를 가리키지만, '네 조상들'로 불릴 것이다."[13]

그 뒤, 6절을 설명하면서 마음의 할례를 새 언약과 연결시켰습니다.

"6절. 이 약속에서 가장 극적인 새 일은 여호와 자신이 회복할 백성에게 '마음의 할례'를 베푸시겠다는 것이다(6절). … **미래 시대를 염두에 두고 있는 모세의 강화**는 이스라엘이 언약을 지키지 못한 실패를 이미 이루어진 사실로 본다. 따라서 본문은 파기된 언약과 관련된 구약성경의 합의에 동참한다. 이것은 단순히 시계를 돌리는 것만으로 해결될 문제가 아니며, 이스라엘의 악한 성향을 효과적으로 다루기 위한 새로운 일이 시행되어야 한다. **해답은 여호와께서 그들의 언약적 삶을 가능하게 하는 전적으로 새로운 일을 행하시는 것이다(렘 31:31-34; 32:39-40; 겔 36:24-27)."**[14]

---

13 J. G. 맥콘빌 『AOTC 신명기』 강대이·황의무 옮김. 서울: 부흥과개혁사, 2019. p. 546.
14 J. G. 맥콘빌 『AOTC 신명기』 강대이·황의무 옮김. 서울: 부흥과개혁사, 2019. p. 546.

또, 유진 메릴도 마음의 할례를 미래에 일어날 일로 보았습니다.

"이렇게 믿음으로 마음을 새롭게 하는 것은 유대인과 이방인을 불문하고 하나님의 자비를 구하는 모든 사람에게 공통이다. **그러나 집단적, 민족적인 의미에서 선택된 백성으로서 이스라엘의 관점에서 볼 때 모세와 바울이 여기서 말한 할례는 미래에 놓여 있다."**[15]

그러면서 마음의 할례가 구약시대에는 일어나지 않았다고 단정했습니다.

"바벨론 포로에 이은 유대인의 귀환으로 그 땅의 재소유가 어느 정도 이루어졌다고 말할 수 있지만(렘 29:10-14; 30:3), 더 크게 번영하고 인구가 늘어나는 것은 구약성경 시대에는 달성하지 못했다. **사실, 그것은 여전히 문자 그대로 실현을 기다리고 있다(학 2:6-9; 슥 8:1-8; 10:8-12 참고). 여기서 마음의 할례라고 묘사한 근본적인 중생 사역은 언약 백성 전체에 대해서는 아직 이루어진 것이 아님이 분명하다."**[16]

한마디로, 5절 하반절의 "또 네게 선을 행하사 너를 네 조상들보다 더 번성하게 하실 것이며"가 구약시대에는 이루어지지 않

---

15 유진 메릴 『NAC 신명기』 신윤수 옮김. 서울: 부흥과개혁사, 2020. p. 470.

16 유진 메릴 『NAC 신명기』 신윤수 옮김. 서울: 부흥과개혁사, 2020. p. 469.

았다는 것입니다. 그러므로 그 뒤에 나오는 마음의 할례가 구약 시대에는 존재하지 않았다는 주장입니다. 정말로 그럴듯하지요! 그래서 저는 몹시 당황했습니다.

그러나 다시 5절 하반절을 잘 보시기 바랍니다. 하나님은 백성들에게 전보다 더 넓은 땅을 주시거나 더 강대국이 되게 하시겠다고 약속하지 않으셨습니다. 단지 더 번성하게 하실 것이라고 하셨습니다. 그런데 "번성"의 히브리어 "라바"는 "많다(많아지다), 크다(커지다), 증가하다"라는 뜻입니다. 라바는 창세기 1장 22절에 처음으로 나옵니다.

> "하나님이 그들에게 복을 주어 가라사대 생육하고 **번성(라바)**하여 여러 바다 물에 충만하라. 새들도 땅에 번성하라 하시니라."

또, 라바의 표준적이고 가장 보편적인 의미는 '증가하다, 번식하다'로 인구 증가와 관계가 있는 단어입니다. 그런데 일반적으로 인구는 시간이 흐를수록 증가합니다. 그런데도 이 약속이 안 이루어졌다고 말할 수 있을까요? 더구나, 7-8절에는 이렇게 쓰여 있습니다.

> "**네** 하나님 여호와께서 **네** 적군과 **너**를 미워하고 핍박하던 자에게 이 모든 저주를 내리게 하시리니 **너**는 돌아와 다시 여호와의 말씀을 청종하고 내가 오늘 **네**게 명령하는 그 모든 명령을 행할 것이라."

그런데, 여기서 "너"("네")는 신약시대가 아니라 포로가 되었다가 귀환한 구약시대의 이스라엘 백성들을 뜻합니다. 그러므로 그 앞 절에 나오는 마음의 할례도 그들이 받을 것으로 이해해야 합니다. 저는 이것을 깨달은 후 비로소 안심할 수 있었습니다.

하지만, 이것으로 만족하지 않고 또 다른 증거들을 찾아보았습니다. 그때 가장 먼저 떠오른 것이 예레미야 9장 25-26절이었습니다.

> "여호와의 말씀이니라. **보라 날이 이르면 할례 받은 자와 할례 받지 못한 자를 내가 다 벌하리니** 곧 애굽과 유다와 에돔과 암몬 자손과 모압과 및 광야에 살면서 살쩍을 깎은 자들에게라. **무릇 모든 민족은 할례를 받지 못하였고 이스라엘은 마음에 할례를 받지 못하였느니라** 하셨느니라."

왜냐하면 하나님께서 "할례 받은 자와 할례 받지 못한 자를 내가 다 벌하시겠다"고 하시면서 "무릇 모든 민족은 할례를 받지 못하였고 이스라엘은 마음에 할례를 받지 못하였느니라"라고 말씀하셨기 때문입니다. 하나님은 마음에 할례를 받지 못한 자들을 벌하시겠다고 하셨습니다. 그렇다면 그 시대에도 마음의 할례가 있었기 때문에 이런 말씀을 하신 것 아닐까요? 정당한 추론이지요. 그러므로 저는 이 구절이 구약시대에 마음의 할례가 있었다는 증거라고 생각했습니다.

그런데, 그 후 막상 찾아서 읽어보니 "보라 날이 이르면"이라는 말이 있었고, 이것이 마음에 걸렸습니다. 이 문구는 현재가 아니라 미래를 가리키기 때문입니다. 또, 로널드 클레멘츠는 이 부분에 대해 “그것은 장차 이스라엘에게 종말론적인 심판이 임할 것이라는 기대를 다룬다.”[17] 라고 썼습니다.

물론 주석들에는 이 구절이 정확하게 신약시대에만 적용되는지 아니면 구약시대에도 적용되는 것인지에 대한 정확한 설명이 없습니다. 그래서 여전히 가능성은 있지만 결정적인 증거로 삼을 수는 없습니다. 이 때문에 실망한 저는 더 확실한 증거들을 찾다가 5가지 구절들을 발견했습니다.

첫 번째 구절은, 레위기 26장 41절입니다.

> “나도 그들에게 대항하여 내가 그들을 그들의 원수들의 땅으로 끌어갔음을 깨닫고 **그 할례 받지 아니한 그들의 마음이 낮아져서** 그들의 죄악의 형벌을 기쁘게 받으면”

이것은 포로로 잡혀간 뒤이지만 분명히 구약시대입니다. 또, 이 구절은 그들이 그 전에 마음에 할례를 받았어야 한다는 뉘앙스를 풍깁니다. 그러므로 결정적이진 않아도 증거로서 가치가 있습니다.

두 번째 구절은, 신명기 10장 16절입니다.

17 로널드 클레멘츠 『현대성서주석 예레미야』 김회권 옮김. 서울: 한국장로교출판사, 2016. p. 114.

"그러므로 **너희는 마음에 할례를 행하고** 다시는 목을 곧게 하지 말라!"

이것은 분명히 모세가 그 시대의 사람들에게 한 명령입니다. 그러므로 마음의 할례가 구약시대에도 있었다는 결정적인 증거입니다.

한 가지 흠은, 이 구절에서는 하나님이 아니라 "너희는 마음에 할례를 행하고"라고 했다는 것입니다. 그러나 큰 문제가 되지는 않습니다. 왜냐하면 회개와 믿음이 하나님의 선물인 동시에 우리의 의무인 것처럼 마음의 할례도 그런 것이기 때문입니다. 패트릭 밀러가 이에 대해 설명을 잘했습니다. 그는 신명기 30장 6절을 설명하면서 이렇게 썼습니다.

"이스라엘이 주께로 돌이키는(2, 8절) 이 회개는 이스라엘의 운명(3절)을 회복시키는 야훼의 돌이킴과 맞물린다. …

이 돌이킴은 하나님께서 백성들에게 마음의 할례를 통해 전적으로 헌신된 마음을 주시고 그것에 대한 응답으로 백성들이 순종할 때 일어난다. '네 하나님 야훼께서 네 마음과 네 자손의 마음에 할례를 베푸사(6절) …… 너는(히브리어 원전에는 강조적 표현) 돌아와 야훼의 말씀을 순종하고(8절) …… 너희가 야훼께 돌아오기 때문에 너희는 야훼의 목소리를 청종하게 될 것이다(10절).' 이 설교를 들을 때쯤에 이스라엘 백성은 역사적 경험을 통하여 깨닫고 순종하는 마음을 하나님께서 주시지 않으면, 이러한 순종은 불가능하다는 것을 알게 되었다.

그러나 하나님의 백성으로서 그렇게 행동할 책임은 말할 것도 없이 각각의 개인에게도 전가되어 있다(29:2-9에 대한 주석을 보라.). … 교회는 이것을 의롭지 못한 자에 대한 하나님의 의롭게 하시는 사역(칭의)과 거룩하게 하시는 사역(성화)이라고 불러왔다. 모압 계약에서 칭의와 성화는 심판당한 자들을 위한 축복이요 순종의 힘이다. 칭의나 성화, 어떤 범주이든지 간에 모압 계약은 하나님의 강력한 은혜와 그것이 창조할 수 있는 삶의 질적인 변화로 우리에게 도전한다. 그러나 이 둘 중 어떤 것도 우리의 전 존재로 야훼 하나님을 사랑해야 할 책임을 면제해주지 않는데, 이 점은 특히 30:15-20에 나오는 계약적 강론의 절정부분에서 극적으로 부각되어 있다."[18]

옳습니다. 마음의 할례는 하나님의 선물인 동시에 사람들의 의무입니다. 그래서 저는 신명기 10장 16절이 마음의 할례가 구약시대에도 있었다는 증거로서 충분히 가치가 있다고 생각합니다.

세 번째 구절은, 예레미야 4장 4절입니다.

"유다인과 예루살렘 주민들아 너희는 스스로 할례를 행하여 너희 마음 가죽을 베고 나 여호와께 속하라. 그리하지 아니하면 너희 악행으로 말미암아 나의 분노가 불 같이 일어나 사르리니 그것

18 패트릭 밀러 『현대성서주석 신명기』 김회권 옮김. 서울: 한국장로교출판사, 2011. pp. 327-328.

을 끌 자가 없으리라."

할례는 육신의 표피를 베는 것이므로 마음 가죽을 베라는 것은 마음의 할례를 뜻함이 분명합니다. 때문에 『WBC 주석』에서 피터 크레이기는 이렇게 썼습니다.

"언약의 외적인 표식은 이스라엘의 종교 속에서는 할례, 즉 아브라함(창 17:10-14)의 대에까지 거슬러 올라가는 고대 관습의 표식이었다. 그러나 선지자는 여기서 이 관습을 은유적인 방식으로 사용한다. 즉, 할례 받아야 하는 것은 마음인 것이다."[19]

또, 이것은 하나님께서 예레미야 시대의 유다와 예루살렘 주민들에게 내린 명령입니다. 그러므로 마음의 할례가 구약시대에도 있었다는 증거임이 분명합니다.

네 번째 구절은, 에스겔 44장 7절과 9절입니다.

"너희가 마음과 몸에 할례 받지 아니한 이방인을 데려오고 내 떡과 기름과 피를 드릴 때에 그들로 내 성소 안에 있게 하여 내 성전을 더럽히므로 너희의 모든 가증한 일 외에 그들이 내 언약을 위반하게 하는 것이 되었으며 … 주 여호와께서 이같이 말씀하셨느니라. **이스라엘 족속 중에 있는 이방인 중에 마음과 몸에 할례를 받**

---

19 피터 크레이기 외 2인 『예레미야(상)』 권대영 옮김. 서울: 솔로몬, 2011. p. 169.

지 아니한 이방인은 내 성소에 들어오지 못하리라."

자세히 보시면, 6-8절이 미래가 아니라 이미 일어난 과거입니다! 또한, 이방인에게까지 마음의 할례를 요구했다면 유대인에게는 더욱 그렇지 않을까요? 그러므로 이 구절들은 마음의 할례가 구약시대에도 있었다는 사실에 대한 또 하나의 결정적인 증거입니다.

다섯 번째 구절은, 사도행전 7장 51절입니다.

"목이 곧고 마음과 귀에 할례를 받지 못한 사람들아. 너희도 너희 조상과 같이 항상 성령을 거스르는도다."

이 구절에 의하면, 대제사장과 서기관들과 장로와 백성들이 마땅히 마음의 할례를 받았어야만 합니다. 그러나 받지 못했습니다. 그래서 그들은 조상들처럼 성령을 거스르는 죄를 지었습니다.

물론 이때는 성령 강림 후이고 믿지 않는 자에게 마음의 할례가 더 이상 주어지지 않았습니다. 그러나 이들은 신구약 중간기 사람들이므로 그 전에 마음의 할례를 받았어야 합니다. 그 증거로, 그들이 조상들처럼 성령을 거스른 것은 그 이전부터였고 그것은 마음에 할례를 받지 못한 결과였습니다. 그러므로 이 구절 역시 마음의 할례가 구약시대에도 있었다는 것을 보여주는 또 하나의 증거입니다.

이상 다섯 구절이 보여주듯이, 구약시대에도 마음의 할례가 있었습니다. 그래서 구약시대의 율법 아래 있던 자들도 하나님의 말씀대로 살 수 있었습니다. 그런데 왜 신약시대에 율법 아래 있는 자들은 이와 달리 죄 아래, 즉 죄의 지배 아래 있다고 하는 것일까요?

그 이유는 간단합니다. 구약시대에는 성부시대였기 때문에 아마도 하나님이 직접 마음에 할례를 행하셨을 것입니다(신 30:6). 그러나 신약시대에는 마음에 할례를 성령님이 베푸십니다(롬 2:29). 그런데 예수님을 믿지 않으면 성령이 임하실 수 없습니다(갈 3:2, 5). 또, 믿더라도 율법주의에 빠지면 믿음이 파선된 것이므로 성령이 떠나십니다. 때문에 마음에 할례를 받지 못하거나 받았더라도 유지가 되지 않습니다. 그래서 말씀대로 살 수 없고 죄의 지배 아래 있을 수밖에 없는 것입니다. 여러분, 이제 이해가 되시지요!

셋째로, 그러니 '죄 아래'라는 뜻을 가진 '율법 아래'가 둘 중 어느 것을 뜻할까요?

여러분 스스로 생각해보십시오. 답은 정해져 있지요!

만약 "율법 아래"가 한 가지라면 우리에게 선택의 여지가 없습니다. 바울이 구약시대의 하나님의 백성들이 죄의 지배 아래 있었다고 말했다고 이해해야만 합니다. 그러나 "율법 아래"가 한 가지가 아니라 두 가지입니다.

그런데 두 구절의 "율법 아래"를 구약시대의 상태를 말한 것으로 보면 성경 전체와 모순이 됩니다. 반면에, 신약시대의 율법 아래 있는 사람들로 이해하면 성경 전체와 조화를 이룹니다. 그러니 우리가 어느 것을 선택해야 할까요? 당연히 후자겠지요!

왜냐하면 성경은 서로 모순이 되지 않게 해석해야 하기 때문입니다. 그것이 성경해석의 가장 기본적인 룰 중의 하나입니다. 이제, 누구의 해석이 옳은 것인지 확실히 분별이 되시지요!

한편, 방금 해드린 설명은 양쪽으로 다 가능해 보이는 로마서 6장 14절을 제가 구약시대가 아니라 신약시대의 율법 아래 있는 사람의 상태로 이해한 것이 옳았음을 확인해줍니다. 이와 더불어, 두 구절의 율법 아래가 구약시대의 하나님의 백성들이 죄의 지배 아래 있었다는 것과 무관하다는 것을 확증해주는 것이기도 합니다. 그러므로 이 두 구절은 그리스도의 율법에 대한 저의 깨달음과 모순이 아닙니다.

3) 세 번째 깔딱 고개

저는 구약이나 신약이나 신앙생활을 위한 구조가 같다고 생각합니다. 즉 복음을 믿을 뿐 아니라 그 후 순종해야 버림받지 않고 궁극적인 구원을 받을 수 있다고 믿고 있습니다. 그런데 이미 다룬 네 구절뿐 아니라 로마서 5장 20절과 갈라디아서 3장 19절 때문에 다시 똑같은 반론이 제기될 수 있습니다.

로마서 5:20 "**율법이 들어온 것은 범죄를 더하게 하려 함이라.**"

갈라디아서 3:19 "그런즉 **율법**은 무엇이냐? **범법하므로 더하여진**

것이라."

이 구절들은 하나님이 율법을 지키라고 주신 것이 아니라 범법 혹은 범죄를 더하게 하려고 주셨다고 말하는 것처럼 보입니다. 토마스 슈라이너의 구약시대의 하나님의 백성들이 죄의 지배 아래 있었다는 주장과 일치합니다. 만약 그렇다면 두 시대 사이의 대비가 깨지기 때문에 제 견해와 충돌이 일어납니다. 그래서 우리는 힘들더라도 이 구절들과 씨름하며 마지막 깔딱 고개를 넘어야 합니다.

① 로마서 5장 20절

"율법이 들어온 것은 범죄를 더하게 하려 함이라."

이것은 이해하기 쉬운 구절입니다. 그런데 저는 반대로 여섯 구절 중 가장 이해하기 어려운 구절이라고 착각했습니다. 그래서 불필요한 고생을 엄청 많이 했습니다.

발단이 된 것은 학자들의 그릇된 해석입니다. 즉, 이 구절과 병행을 이루는 갈라디아서 3장 19절에 대한 토마스 슈라이너의 해석 때문이었습니다.

"그런즉 **율법**은 무엇이냐? **범법하므로 더하여진 것**이라."

이 구절에 나오는 “하므로”의 헬라어는 “카린”입니다. “~을 위해, ~ 때문에”라는 뜻입니다. 이 중 “때문에”로 보면 죄를 깨닫고 제지하려고 라는 뜻이 되지만, “위해”로 보면 율법이 죄를 더 짓게 하려고 주신 것이라는 뜻이 됩니다.

그런데, 오래전에 저는 토마스 슈라이너의 책에서 이 구절에 대한 해석을 읽었습니다. 그는 둘 중에 “~을 위해”를 지지했습니다. 사실 원어나 용례를 보면 둘 다 가능하고 후자가 옳다는 확실한 근거가 없습니다. 그래서 그는 후자가 옳다는 증거로 로마서 5장 20절을 내세웠습니다.[20]

“율법이 들어온 것은 범죄를 더하게 하려 함이라.”

이 구절에 “율법이 들어온 것은 범죄를 더하게 하려 함이라”라고 명시가 되어있기 때문입니다. 이것을 근거로 율법이 죄를 더 짓게 하려고 하나님이 주신 것이라고 주장했습니다.

그런데, 오랜 시간이 지나 제가 이 구절을 연구할 때 이 설명만 기억이 났습니다. 또, 모든 학자가 ‘율법 아래’를 ‘죄 아래’ 즉 죄의 지배 아래의 개념으로 보고 있었습니다. 이 두 가지가 제 머릿속에서 자연스럽게 결합이 되었습니다. 그래서 모든 학자가 로마서 5장 20절을 율법이 죄를 더하게 하기 위해 주어졌다고 이해하고 있고, 모든 주석에 그렇게 쓰여 있다고 착각했습니다. 10개

20 토마스 슈라이너 『강해로 푸는 갈라디아서』 김석근 옮김. 서울: 디모데, 2017. pp. 248-249.

월 전의 일이라 정확히 기억은 안 나지만, 그래서 평소와 달리 이 구절에 대한 주석들을 읽지 않고 연구를 했던 것 같습니다.

저는 학자들은 이 구절을 이렇게 이해하는데, 어떻게 그 뜻이 아니라는 것을 증명할 수 있는가? 라는 숙제를 가지고 연구했습니다. 그러면서 정말 고생을 하며 어렵게 답을 만들었고, 그것이 완전한 답이라고 생각했습니다.

그런데 이번에 설교하려고 읽어보니 뭔가가 석연치 않았습니다. 그래서 고민하다가 해석을 엎고 다시 연구하며 열심히 답을 찾았습니다. 하지만 완전하다고 느껴지는 답을 찾기가 너무 어려웠습니다. 또, 전과 달리 자신도 없고 해석이 불가능하게 느껴졌습니다. 절망한 저는 하나님께 저의 무지와 무능을 고백하며 간절히 도움과 은혜를 구했습니다.

그러다가, 주일날 설교와 목회자회의를 마치고 수양관에 갔습니다. 수양관에서 저는 심한 부담감 때문에 함께 간 이상민 목사님과 허대니 목사님에게 이 구절에 대한 고민을 털어놓았습니다. 그때, 이상민 목사님이 자신은 이 구절을 율법을 통해서 죄를 깨달은 것을 말한다고 이해하고 있었다고 했습니다. 그 말을 듣고 저는 속으로 이렇게 생각했습니다.

'그렇게 쉬운 것일 리가 있겠는가? 물론 율법에 대해 그런 뜻을 가진 구절이 다른 곳에 나오지만, 이 구절은 그런 뜻이 아닐 것이다.'

그런데, 연이어 허대니 목사님도 자신도 이 구절을 그런 뜻으로 이해하고 있었다고 말했습니다. 저는 여전히 속으로 '그럴 리가 있겠느냐?'고 생각했습니다. 그러나 그런 생각을 하면서 두 목사님이 하는 말을 듣는데, '어쩌면 맞을 수도 있겠다!'는 생각이 슬며시 들었습니다. '너무 단순하지만 상당히 매력 있다!'고 느껴졌습니다.

저는 토마스 슈라이너로 인해 생긴 선입견 때문에, 학자들이 이 구절을 그런 뜻으로 이해할 것이라고는 꿈에도 생각하지 못했습니다. 그런데도 이상하게 '어쩌면 이 구절이 그런 뜻일 수도 있겠다!'는 생각이 자꾸 스멀스멀 들었습니다. 그래서 성경도 찾아보고 묵상도 하면서 토론을 계속했습니다. 그리고 결국 '아, 이것이 실제로 맞을 수 있다!'는 잠정적인 결론에 도달하게 되었습니다.

그 후에 저는 교회에 와서 첫 번째 깔딱 고개에 대한 설명을 다듬고, 두 번째 깔딱 고개에 대한 해석을 재정립하는 일에 수요일과 목요일 이틀을 사용했습니다. 그리고 저녁 늦게야 숨통이 조금 터지고 정신적인 여유가 생겨서 이 구절에 대한 주석들을 읽어보았습니다. 그리고 깜짝 놀랐습니다.

제일 먼저 읽은 책은, 토마스 슈라이너가 쓴 주석이었습니다. 그런데 놀랍게도 로마서 5장 20절을 그런 의미로 보고 있었습니다. 그 후에 율법이 죄를 유발하는 것을 뜻하기도 한다고 양다리를 걸쳤습니다. 또, '무는 이 구절이 율법으로는 죄를 깨닫는 뜻이라는 견해를 갖고 있다'는 내용이 들어 있었습니다. 무는 실력은 있지만 굉장히 교리적입니다. 때문에 해석이 왜곡될 때가 많습니다. 그래서 저는 속으로 "무가?"라고 생각하면서 그의 주석을 읽어보았습니다. 거기에는 이렇게 쓰여 있었습니다.

> **"그러나 어떤 의미에서 율법이 '범죄를 더하게 했다'는 것인가? …**
>
> **우리는 4:15과 5:14에 대해서 우리가 내린 해석에 맞춰, 바울이 이스라엘에게 율법을 주신 하나님의 목적은 (또는 여러 목적 중의 하나는) 죄의 중대성을 '강화하는' 데 있었다고 단언하고 있는 것으로 이해한다.** 'trespass(범죄)'라는 단어는, 집합의 규모 면에서 '권능(power)'으로 간주되는, 아담의 죄(sin)를 은연중에 가리킨다(15, 17, 18절 참조). **아담으로 말미암아 세상에 들어오게 된 '죄'의 사실성과 권능은 율법으로 인하여 감소된 것이 아니라, 하나님의 드러난 구체적인 뜻에 반하는 패역이라는 새로운 차원이 주어졌으며, 그래서 죄는 'transgression'(개역성경에서는 마찬가지로 '범죄'로 번역됨-옮긴이)이 되었다**(우리의 4:15과 5:14에 대한 ['transgression'에 관한] 촌평을 참조하라). **이 해석이 맞는다는 것은 병행적인 본문 갈라디아서 3:19의 '율법은 범법함을 인하여 더한 것이라'에 의해서, 그리고 로마서 7:13에 의해서 (증명되지는 않을지라도) 확인된다."**[21]

그래서 저는 '나는 학자들은 모두 죄를 유발하는 것으로 볼 줄

21 더글라스 J. 무 『NICNT 로마서』 손주철 옮김. 서울: 솔로몬, 2011. pp. 480-482.

알았는데? 무가 이렇게 본다고?' 하면서 다른 강해집과 주석들도 읽어보았습니다. 그런데 로이드 존즈를 비롯해서 무뿐 아니라 여러 학자들 즉 배추, 당근, 양파 등 대부분의 학자들이 그런 뜻으로 보고 있었습니다. 그중 몇 가지를 소개하면 다음과 같습니다.

먼저, 존 스토트는 "율법이 들어온 것은 범죄를 더하게 하려 함이라."에 대해 이렇게 썼습니다.

> "그렇다면 율법의 목적은 무엇인가? 그것은 '범죄를 더하게 하려 함'(20절 상)이다. 이 말의 의미 가운데 일부는 이미 앞에서 바울이 설명한 바 있다. 율법은 죄를 규정하고 나타내 보임으로 그것을 드러낸다(3:20; 참고. 7:7, 13). 율법은 죄를 범죄함으로 바꾸어 놓는다. '율법이 없는 곳에는 범함도 없기' 때문이다(4:15; 참고. 5:13; 갈 3:19)."[22]

또, 톰 홀랜드는 이렇게 썼습니다.

> "인간의 상태가 얼마나 심각한지 율법을 통해 더욱 여실히 드러난다. 시내산에서 유대인들에게 율법이 주어진 것도 이러한 목적 때문이었다. 율법은 선택된 사람들에게 거울의 기능을 했다. 즉 그들이 참담한 자신의 상태를 직면하고 죄악을 없애기 위한 속죄제

22 존 스토트 『로마서 강해』 정옥배 옮김. 서울: 한국기독학생회출판부, 1996. p. 201.

가 필요하다는 사실을 일깨우는 것이다.”[23]

또, 폴 악트마이어는 이렇게 썼습니다.

“그는 **율법이 더해짐에 의해 범법의 효과가 더 극명하게 나타났고 아마 범법이 실제로 무엇인가가 훨씬 더 잘 알아볼 수 있게 드러났지만,** 아직 불순종과 죄를 뒤집어엎을 만큼은 아니었다는 것을 지적하고 있다.”[24]

또, 브레이크록 브루스는 이렇게 썼습니다.

“‘그런즉 율법이 무엇이냐? **범법함을 인하여(“악행을 법적인 범죄 행위로 만들기 위하여”)** 더한 것이라.’”[25]

또, 브루스 B. 바톤 외 3인은 이렇게 썼습니다.

“자기 백성 유대인들을 향한 **율법의 목적은 그들로 하여금 구원이 필요하다는 사실을 깨닫게 하는 것이었다. 그래서 그들의 범죄가 더해진 것이다. 죄는 아담 이래로 항상 있었지만, 율법이 주어졌다는 것은 그것을 드러내는 엄청난 빛을 가지게 된 것과 같다. 사람**

---

23 톰 홀랜드 『로마서 주석』 최성호·정지영 옮김. 서울: CLC, 2016. p. 289.
24 폴 악트마이어 『현대성서주석 로마서』 김도현 옮김. 서울: 한국장로교출판사, 2013. p. 155.
25 브레이크록·브루스 『사도행전, 로마서 주석』 나용화·권성수 옮김. 1980. p. 145.

들의 죄성이 더욱더 분명히 드러나게 된 것이다(참조. 롬 7:7-13)."[26]

또한, 홍인규 교수님은 이렇게 썼습니다.

"그러면, 어떻게 율법은 범죄를 증가시키는가? 율법은 범법을 생산한다. 범법은 공포된 법(모세의 율법)을 범하는 것을 의미하는 말이다. 로마서 4:15의 말씀처럼, '율법이 없는 곳에는 범법도 없다.' 그런데 율법이 주어지면, 없었던 범법이 새롭게 생겨난다."[27]

이처럼 저의 예상과 달리 대부분의 학자들이 이런 뜻으로 보고 있었습니다. 그래서 저는 놀라지 않을 수가 없었습니다.

그런데, 존 스토트는 그 설명 뒤에 이런 말을 덧붙였습니다.

"심지어 7:8에 가면 **율법이 죄를 유발시킨다**고 덧붙일 것이다. 이러한 진술은 분명 유대인들에게 충격적이었을 것이다. 그들은 모세 율법이, 죄를 더하게 하기 위해서가 아니라 의를 더하게 하기 위해서 주어졌다고 생각했기 때문이다. 하지만 바울은 **율법이 죄를 줄어들게 하기보다는 오히려 더하게 하며, 죄를 예방하기보다는 오히려 유발시킨다**고 말한다."[28]

---

26 브루스 바톤 외 3인 『LAB 로마서』 박대영 옮김. 서울: 한국성서유니온선교회, 2012. pp. 192-193.
27 홍인규 『로마서 어떻게 읽을 것인가』 서울: 성서유니온, 2013. pp. 111-112.
28 존 스토트 『로마서 강해』 정옥배 옮김. 서울: 한국기독학생회출판부, 1996. p. 201.

그러나 이것은 문제가 되지 않습니다. 왜냐하면 로마서 5장 20절은 율법을 통해 죄를 깨닫는 뜻으로 보고, 이 구절과 무관하게 7장에 나오는 죄가 율법까지 악용하여 죄를 짓게 한다는 것을 소개한 것뿐이기 때문입니다.

그러나, 한 걸음 더 나아가 토마스 슈라이너, 로버트 야부르, 스튜어트, 올리오트, 홍인규 교수님 등 몇몇 학자들은 로마서 5장 20절을 율법이 죄를 깨닫게 한다는 뜻이라고 설명한 후, 로마서 7장에 근거해서 율법이 죄를 더 짓게 만들기 위해 주신 것이라는 뜻이라고 덧붙였습니다. 이것은 문제가 될 수밖에 없습니다. 왜냐하면 제 견해와 충돌이 일어나기 때문입니다. 그래서 할 수 없이 어느 것이 옳은지 씨름을 해야 했습니다. 그리고 저는 다음과 같은 이유들 때문에 이 학자들이 옳지 않다는 결론에 도달했습니다.

첫째로, 더글라스 무의 반박이 정당해보입니다.

무는 이 견해들에 대해 이렇게 반박했습니다.

"'금단의 열매'라는 개념을 지적하는 사람들이 있다. 어떤 활동들을 금함으로써, 율법은 바로 이 활동들을 불량한 사람들에게 매력적으로 보이게 하여 범죄의 증가라는 결과를 낳는다는 것이다. **그러나 이것이 바울이 생각하는 주안점이었다면, 단수가 아니라 복수인 '범죄들(trespasses)'이 나올 것으로 우리는 예상했을 것이다. 바로 이 반론이 율법에 있어 계명의 증가는 '죄가 되는' 활동을**

보다 많이 정의함으로써 범죄를 증대시킨다는 견해에 대해 적용 될 수 있다."[29]

둘째로, 두 구절의 주어가 다릅니다.

로마서 5장 20절의 "율법이 들어온"은 신적 수동태입니다. 그러므로 숨어 있는 주어가 하나님입니다. 그러나 7장의 주어는 하나님이 아니라 죄입니다. 죄가 율법까지 악용하여 탐심을 일으키고 범죄 하게 한다는 내용입니다. 서로 다른 내용입니다.

또, 7장에서 율법이 죄를 유발한다고 할 때, 하나님께는 아무 잘못이 없습니다. 죄에게 책임이 있습니다. 그러나 로마서 5장 20절을 같은 의미로 보면 하나님께 책임이 돌아갑니다. 그러므로 그렇게 해석하면 안 됩니다.

그런데도 그 학자들은 이 차이를 인식하지 못했습니다. 그래서 7장의 개념을 가져와서 이 구절에 포함시켰습니다. 이것은 성경을 정교하게 보지 않은 것입니다. 그러므로 옳은 해석이 아닙니다.

셋째로, 후반절과 조화될 수 없습니다.

로마서 5:20 "율법이 들어온 것은 범죄를 더하게 하려 함이라. **그러나 죄가 더한 곳에 은혜가 더욱 넘쳤나니**"

29 더글라스 J. 무 『NICNT 로마서』 손주철 옮김. 서울: 솔로몬, 2011. p. 480.

바울은 "죄가 더한 곳에 은혜가 더욱 넘쳤나니"라고 말했습니다. 그런데 정말로 죄를 더 많이 지으면 은혜가 더욱 넘치게 되나요? 그 결과 은혜로 구원받게 되나요? 그렇지 않습니다.

생각해보십시오. 과연 구약시대에 죄가 더하면 은혜가 넘쳤습니까? 그래서 이스라엘 백성들이 많은 죄를 짓고 타락한 결과가 은혜가 넘치는 것으로 끝났습니까? 아닙니다. 이스라엘이 망하고, 유다도 망하는 멸망으로 끝났습니다.

물론 21절에 의하면 은혜가 넘친다는 것은 구약시대가 아니라 신약시대에 초점이 맞춰져 있습니다. 그렇더라도 구약시대 사람들이 죄를 더 지어야 은혜가 넘칠 수 있는 것이 아닙니다. 그래야 죄를 깨닫고 칭의의 필요성을 절감하게 되는 것도 아닙니다.

또, 하나님은 신약시대뿐 아니라 구약시대의 유대인도 구원받기 원하셨고, 그때도 행위심판을 받았습니다. 그런데 그들이 더 죄를 짓게 하려고 율법을 주었을 리가 있겠습니까? 그러므로 '죄가 더했다'는 것은 15절에 나온 것처럼, 또 로마서 3장 20절에서 "율법으로는 죄를 깨달음이니라"라고 말한 것처럼 율법을 통해서 죄를 더 많이 그리고 깊이 깨닫게 된 것을 뜻한다고 보아야 합니다.

넷째로, 병행구절과 불일치합니다.

이 구절이 포함되어 있는 단락은 12절부터 시작됩니다. 아담 때문에 죄가 들어오고 죄 때문에 사망이 들어왔다는 내용입니다. 또, 바로 전 19절에 보면 "한 사람이 순종하지 아니함으로 많은 사람이 죄인 된 것 같이"라고 기록되어 있습니다. 이처럼 죄를 짓는 것에 대해 말하다가 "율법이 가입한 것은 범죄를 더하게 함이라"가 나옵니다. 그런데 "죄를 깨닫게 하려 함이라"라는 뜻으로 보면 상당히 어색합니다. 그래서 저는 학자들의 주장처럼 율법을 죄를 깨달을 뿐 아니라 죄를 더 짓게 하기 위해 주셨다고 보는 것이 맞는 것 아닌가? 라는 생각을 하기도 했습니다.

그러나 13절에 이런 구절이 있습니다.

"죄가 율법 있기 전에도 세상에 있었으나 율법이 없었을 때에는 죄를 죄로 여기지 아니하였느니라."

율법이 죄를 깨닫게 한다는 내용입니다. "율법이 더해진 것은"이 이것을 받는다고 볼 수 있습니다. 그러므로 13절과 같은 뜻으로 보아야 하기 때문에, 죄를 더 짓는 것이 아니라 깨닫게 하기 위해 율법을 주셨다고 보아야 합니다.

또한, 이 구절의 병행구절이 갈라디아서 3장 19절입니다.

"그런즉 **율법은 무엇이냐? 범법하므로 더하여진 것이라.**"

이 구절은 곧 자세히 설명하겠지만, 율법이 범법을 위해 더해진 것이 아니라 범법 때문에 더해졌다는 뜻입니다. 율법이 죄를 더 짓게 하려고 주어졌다는 뜻이 아닙니다. 그런즉 병행구절인 로마서 5장 20절도 같은 뜻으로 보아야 하지 않을까요?

더구나, 그 뒤 22-23절에 보면 이렇게 기록되어 있습니다.

"그러나 성경이 모든 것을 죄 아래에 가두었으니 이는 예수 그리스도를 믿음으로 말미암는 약속을 믿는 자들에게 주려 함이라. 믿음이 오기 전에 우리는 율법 아래에 매인 바 되고 계시될 믿음의 때까지 갇혔느니라."

오늘날 학자들은 이 구절들을 율법 아래가 죄 아래라는 뜻으로 단체로 오해하고 있습니다. 그러나 앞에서 자세히 설명해드린 대로, 23절에 나오는 '율법 아래'는 율법이라는 후견인 아래 있다는 뜻일 뿐 죄 아래 있다는 뜻이 아닙니다. 또, 24절과 연결해 보면 율법이 죄를 깨닫게 함으로 우리를 그리스도께로 인도하는 초등교사의 역할을 한다는 뜻입니다. 그런데 로마서 5장 20절을 율법이 죄를 깨닫게 한다는 뜻으로 이해하는 것은 이것과 온전히 조화를 이룹니다. 그러므로 저는 이 해석이 옳다고 생각합니다.

다섯째로, 하나님의 본성과 다릅니다.

저는 이 구절에 과연 율법이 죄를 더 많이 짓게 한다는 뜻이 있느냐? 없느냐? 하는 문제로 씨름했습니다. 그때 다음 성구가 떠올랐습니다.

야고보서 1:13-15 **"사람이 시험을 받을 때에 내가 하나님께 시험을 받는다 하지 말지니 하나님은 악에게 시험을 받지도 아니하시고**

친히 아무도 시험하지 아니하시느니라. 오직 각 사람이 시험을 받는 것은 자기 욕심에 끌려 미혹됨이니 욕심이 잉태한즉 죄를 낳고 죄가 장성한즉 사망을 낳느니라."

마귀는 시험하는 자입니다. 우리를 시험하여 범죄 하게 합니다. 그러나 하나님은 그런 의도로 우리를 시험하시지 않을 뿐 아니라 도리어 우리를 거룩하게 하시는 분입니다.

레위기 20:8 "너희는 내 규례를 지켜 행하라. **나는 너희를 거룩하게 하는 여호와**이니라."

데살로니가전서 5:23 **"평강의 하나님이 친히 너희를 온전히 거룩하게 하시고"**

과연 그런 하나님이 더 죄를 짓게 하려고 율법을 주셨을까요? 그것은 모순입니다. 그러므로 그럴 리가 없습니다.

참고로, 로이드 존즈도 저와 똑같은 이유를 들어서 그 견해를 반대했습니다.

"어떤 이는 이렇게 물을지도 모르겠습니다. **'그렇다면 범죄를 더 하게 하기 위함이란 말은 율법이 하나님에 의해 의도적으로 '따라 들어온 것'이 우리가 죄를 더 많이 짓게 하기 위해서 하나님에 의해서 고의로 들어온 것이라는 의미인가?' 우리는 즉시 그럴 수 없**

다고 대답합니다. '사람이 시험을 받을 때에 내가 하나님께 시험을 받는다 하지 말지니 하나님은 악에게 시험을 받지도 아니하시고 친히 아무도 시험하지 아니 하시느니라.'(약 1:13) 하나님은 결단코 우리들이 죄를 짓게 충동질할 어떤 것을 하지 않을 것입니다. 그런 일은 전혀 있을 수 없습니다. 실로 그것을 생각하는 것조차 불경스러운 일입니다."[30]

여섯째로, 성경 자체의 증언과 다릅니다!

하나님은 시내산에서 율법을 주실 때 분명히 지키라고 주셨습니다(참조, 출 19-20장). 지키면 복을 주시고 어기면 저주를 받게 된다고 경고까지 하셨습니다(참조, 신 11장과 28장). 성경에 의하면 분명히 율법은 언약적 신율주의하에서 지키라고 주신 것이고, 지켜야 궁극적인 구원을 받을 수 있었고, 실제로 지킨 사람들이 많이 있습니다.

또, 시편은 율법의 기능을 이렇게 노래했습니다.

시편 19:7-11 "**여호와의 율법**은 완전하여 **영혼을 소성시키며** 여호와의 증거는 확실하여 **우둔한 자를 지혜롭게 하며** 여호와의 교훈은 정직하여 **마음을 기쁘게 하고** 여호와의 계명은 순결하여 **눈을 밝게 하시도다. 여호와를 경외하는 도**는 정결하여 영원까지 이르고 여호와의 법도 진실하여 다 의로우니 금 곧 많은 순금보다 더 사모

30 D. M. 로이드 존스 『로마서 강해 제2권』 서문강 옮김. 서울: 기독교문서선교회, 1994. p. 355.

할 것이며 꿀과 송이꿀보다 더 달도다. 또 주의 종이 **이것으로 경고를 받고 이것을 지킴**으로 상이 크니이다."

그 견해와 다르지요! 또한, 신약성경에서 바울은 이렇게 말했습니다.

> 디모데후서 3:15-17 "또 어려서부터 **성경**을 알았나니 **성경**은 능히 너로 하여금 그리스도 예수 안에 있는 믿음으로 말미암아 구원에 이르는 지혜가 있게 하느니라. **모든 성경**은 하나님의 감동으로 된 것으로 **교훈과 책망과 바르게 함과 의로 교육하기에 유익하니 이는 하나님의 사람으로 온전하게 하며 모든 선한 일을 행할 능력을 갖추게 하려 함이라.**"

여기서 '성경'은 구약성경입니다. 당연히 율법, 즉 모세오경을 포함합니다. 또, 바울은 "모든 성경"이라고 했습니다. 그러면서 "교훈과 책망과 바르게 함과 의로 교육하기에 유익하니 이는 하나님의 사람으로 온전하게 하며 모든 선한 일을 행할 능력을 갖추게 하려 함이라."라고 했습니다. 율법을 포함한 모든 성경은 하나님이 이런 목적으로 주신 것입니다. 결코 죄를 더 짓게 하려고 주신 것이 아닙니다. 그러므로 우리는 로마서 5장 20절을 하나님께서 죄를 더 짓게 하려고 율법을 주셨다는 뜻으로 해석하면 안 됩니다.

이상 설명해드린 것처럼, 로마서 5장 20절은 죄를 더 짓게 하려고 율법을 주셨다는 뜻이 아닙니다. 그런 의미에서 저는 학자들 중에 그랜트 R. 오스본이 이 구절의 의미를 가장 잘 설명했다고 생각합니다.

> "이 구절에 나오는 추가적인 목적인 '범죄를 더하게 하려 함'이라는 부분은 조금 이상하다. 이것은 하나님이 이 세상에 죄가 더 많아지기를 원하신다는 것을 뜻하는 것이 아니고, 어떤 이들이 말하듯이 율법이 죄를 더 매력적으로 보이게 한다는 것도 아니다. 이 주장에 의하면 사람들은 율법이 금하는 것을 오히려 더 범하고 싶어 한다. 일리 있는 주장이지만, 이런 견해는 이 구절의 어구에 잘 들어맞지 않는다. 율법의 목적은 죄의 숫자를 늘리는 것이 아니라 죄의 심각성에 대한 깨달음을 늘리려는 것이다. 율법의 원래 역할은 죄 문제를 해결하는 것이 아니라 죄를 보여주어, 사람들로 하여금 자신들의 죄가 하나님의 법을 어기고 있으며 자신들의 삶과 이 세상에 죄가 만연하다는 것을 보다 더 확실하게 깨닫게 하는 것이다."[31]

여러분, 이것이 로마서 5장 20절의 진짜 의미입니다. 그러므로 이 구절은 구약시대와 신약시대의 신앙의 구조가 같다는 제 견해와 결코 모순이 아닙니다.

---

31 그랜트 오스본 『로마서』 주상현 옮김. 서울: 디사이플, 2020. p. 185.

② 갈라디아서 3장 19절

> **"그런즉 율법은 무엇이냐? 범법하므로 더하여진 것이라.** 천사들을 통하여 한 중보자의 손으로 베푸신 것인데 약속하신 자손이 오시기까지 있을 것이라."

이 구절의 "하므로"의 원어 '카린'은 "~을 위해"와 "~ 때문에" 두 가지 의미를 가지고 있습니다. 이 중 "위해"로 보면 율법이 죄를 더 짓게 하려고 주신 것이라는 뜻이 되지만 "때문에"로 보면 죄를 깨닫고 제지하려고라는 뜻이 됩니다. 출구가 있습니다. 그래서 저는 이 구절을 크게 신경 쓰지 않았습니다. 또, 연구할 것이 너무 많고 피곤해서 이 구절에 대한 번역본들만 간단히 읽어보았습니다. 그런데 대부분 율법이 범죄를 위해서 주어졌다고 번역하지 않았습니다. 바른 성경만 "범법함을 위하여 더해진 것"이라고 번역했고, 개역개정을 비롯해서 개역성경, 표준새번역, 공동번역 심지어 헬라어 직역 신약성경도 "범죄들 때문에 덧붙여진 것"이라고 번역했습니다. 그렇기 때문에 저는 이것으로 연구를 끝냈습니다.

그러나 주석들을 안 읽어보고 연구한 것이 영 마음에 걸렸습니다. 모르는 변수가 있을 수 있기 때문입니다. 즉 저처럼 해석하는 것을 불가능하게 하는 것이 있을 수 있기 때문입니다. 또, 반대되는 견해에 대한 부인할 수 없는 탄탄한 근거가 숨어 있을 수도 있기 때문입니다. 그래서 찜찜해서 저와 상반되는 견해를 가지고 있을 것으로 추정되는 몇몇 학자들의 주석을 읽어보았습니다. 그런데 두 가지가 마음에 걸렸습니다.

하나는, 이한수 교수님이 저와 다른 견해를 지지하면서 한 말이었습니다.

"대다수의 주석가들이 이 해석을 선호한다."[32]

이 말 때문에 '그렇다면, 어쩌면 그럴만한 이유가 있기 때문이 아닐까?'라는 생각이 들어서 몹시 부담이 되었습니다.

또 하나는, 티모시 조지가 저와 다른 견해를 지지하면서 루터의 설명을 소개한 것이 마음에 걸렸습니다.

"다음 어구는 '범법하므로'는 '때문에', '왜냐하면'이라는 후치 전치사 카린에 인과적(뒤를 향하는) 의미 또는 목적적(앞을 향하는) 의미 두 가지 중 하나를 의미할 수 있다.

전자의 경우 율법은 주로 예방적 기능을 갖는다. 즉 이미 행하고 있는 악행을 억제하기 위해, 즉 나쁜 상황이 더 악화되는 것을 막기 위해 선포된 것이다. **그러나 '왜냐하면'에 목적적 의미가 부여되면 그 반대가 될 수 있다.** 율법은 도발적인 목적이며, 그 기능은 죄를 예방하는 것이 아니라 실제로 죄를 증가시키는 것, 즉 이미 나쁜 상황을 훨씬 더 악화시키는 것이다.

---

32 이한수 『복음의 정수: 그리스도의 십자가』 서울: 솔로몬, 2013. p. 335.

예방적 기능과 도발적 기능은 루터가 발전시킨 율법의 시민적, 영적 용도에 해당한다. 루터는 분명히 하나님께서 악인을 제지할 목적으로 시민법을 제정하셨다고 생각했다. 밧줄이나 쇠사슬이 야생동물이 무고한 행인을 공격하는 것을 막는 것처럼, '하지 말아야 할 것'과 형법이 있는 율법도 죄 많은 인간이 난동을 부려 스스로를 완전히 파괴하는 것을 막는다. 법의 시민적 사용 없이는 분명히 인간사회는 유지될 수 없다. 그래서 루터는 국가를 '하나님의 왼손'으로, 현세적 통치를 하는 사람들을 '하나님의 간수와 사형집행자'라고 불렀다. **그러나 율법의 시민적 용도가 인간사회의 질서를 위해 중요할지라도 기껏해야 하나님 앞에서 사람을 의롭게 할 수 없는 임시방편일 뿐이다. 루터는 '율법의 가장 중요하고 적절한 용도'는 실제로 죄를 증가시키고, 끔찍한 상황을 더욱 절망적으로 만들어서 인간에게 '죄, 실명, 비참함, 사악함, 무지, 하나님에 대한 증오와 경멸, 죽음, 지옥, 심판, 하나님의 마땅한 진노'를 드러내는 도발적인 기능이라고 말했다."**[33]

이 글을 읽고, 저는 자료로 가지고 있으려고 산 마르틴 루터의 『갈라디아서』 주석에서 그 부분을 찾아보았습니다. 다음은 그 주요 내용입니다.

"**범법하므로 더하여진 것이라** - 율법은 칭의의 역할을 찬탈해서

33 티모시 조지 『CSC 갈라디아서』 노승환 옮김. 부산: 깃드는숲, 2023. pp. 296-297.

는 안 된다. 이 역할은 오직 은혜에, 오직 약속과 믿음에 주어져야 한다. 그러면 율법의 역할은 무엇인가? 범법이다. 또는 바울이 로마서 5:20에서 말하는 것처럼, '율법이 들어온 것은 범죄를 더하게 하려 함이다.' …

여러분은 율법에 두 가지 용도가 있음을 알아야 한다. 하나는 시민적 용도다. 하나님은 범죄자를 처벌하기 위해 시민법, 아니 사실상 모든 법을 정하셨다. 따라서 모든 율법이 죄를 억제하기 위해 주어진다. …

따라서 율법의 첫 번째 용도는 악인을 억제시키는 것이다. … 그러나 여기서 바울이 다루는 것은 시민적 용도가 아니다. …

율법의 또 하나의 용도는 거룩하고 영적인 용도다. 다시 말해, (바울이 말하는 것처럼) 범죄를 더하게 하는 것이다. 이 용도는 우리에게 우리의 죄와 맹목성, 비참, 불신앙, 무지, 미움, 하나님에 대한 멸시를 드러내는 것이다. 바울은 로마서 7장에서 이것을 상세하게 다룬다."[34]

그런데 루터의 견해도 나름 일리가 있다는 생각이 들었습니다. 왜냐하면 율법을 지키라고 주신 것이라는 것을 기본적으로 인정하면서, 로마서 7장에서 설명한 것을 내다보고 죄를 더 짓고 칭의의 필요를 깨닫게 하려고 주신 것이기도 하다고 설명했기 때문입니다. 그래서 '이런 설명이라면 구약성경과 모순이 아니고

34 마르틴 루터 『갈라디아서』 김귀탁 옮김. 서울: 복있는사람, 2019. pp. 281-283.

문제가 안 될 수도 있지 않을까?'라는 생각이 들었고 설득력이 있다고 느꼈습니다.

이 두 가지 때문에, 저는 위기의식을 느꼈습니다. 할 수 없이 저는 모든 갈라디아서 주석을 쌓아놓고 하나씩 읽으면서 다시 이 구절을 연구해야만 했습니다. 그렇게 처음부터 다시 연구해서 깨닫고 정립한 것을 여러분에게 설명해드리고자 합니다.

먼저, 이한수 교수님의 말부터 간단히 설명해드리겠습니다.

물론 읽은 책의 종류에 따라 다를 수도 있겠지만, 이한수 교수님은 저와 다른 견해를 지지하면서 "대다수의 주석가들이 이 해석을 선호한다"고 했습니다. 그러면서 각주에 H. 슐리어, J. 블라이, F. F. 브루스, A. 욮키, H. D. 베츠[35] 등 다섯 명을 소개했습니다.

그런데 제가 주석들을 읽어본 결과, 오히려 더 많은 학자들이 갈라디아서 3장 19절을 저와 같이 이해하고 있었습니다. 존 스토트를 위시해서 리처드 롱에네커, 프랭크 틸만, 벤자민 L. 머클, 스캇 맥나이트, 찰스 카우사, 도날드 K. 캠벨, 데이비드 드 실바, 그리고 더글라스 무가 그들입니다. 그래서 마음을 짓누르던 부담감을 떨쳐버릴 수 있었습니다.

다음으로, 마르틴 루터의 견해가 과연 옳은지 따져보았습니다.

저는 루터가 옳은지 내가 옳은지 분별하기 위해 이 구절이 포함되어 있는 갈라디아서 3장을 주의 깊게 읽었습니다. 그때 '아 역시 루터가 틀린 것 같다.'는 생각과 함께 한 가지 반론이 뇌리

35 이한수 『복음의 정수: 그리스도의 십자가』 서울: 솔로몬, 2013. p. 335.

를 스치고 지나갔습니다. 그 뒤 주석들을 읽었는데, 『WBC 주석』에 제 뇌리를 스치고 지나간 것과 일맥상통하는 설명이 나와 있었습니다.

"바울의 대답에서 두 번째 강조점인 **'범죄들 때문에'**(톤 파라바세온 카린)는 일반적으로 첫 번째 것보다 더 이해하기가 힘든 것으로 발견된다. 거의 항상 지배하는 단어 뒤에 나오는 **카린**의 전치사적 용법은 기능에서 **인식적(즉 범죄들에 대한 '인식을 야기하기 위해' 혹은 그것들을 '지적하기 위해')**이거나 **원인적(즉 범죄들을 '일으키기 위해' 혹은 '증대시키기 위해')인 것** 둘 중 하나로 이해될 수 있다.

명사 파라바시스(범죄-저자 주)는 '표준이나 규범에서의 이탈' 또는 '의무를 소홀히 함'이라는 의미를 지닌다. 따라서 '범죄들 때문에'라는 구는 아마도 하나님 앞에서 죄를 범죄로 확인함으로(참조. 롬 4:15; 5:13; 7:7) 그 죄에 대한 인식을 야기하기 위해 율법이 주어졌다고 보는 것(참조. 롬 3:20) 또는 죄를 증대시키며 증가시키기 위해 율법이 주어졌다고 보는 것(참조. 롬 5:20) 둘 중 하나를 의미할 것이다.

근접 문맥과 바울의 율법의 기능에 대해 말하는 일반적인 방식 모두 인식적 해석, 즉 율법이 죄로 완악하게 된 인간에게 죄에 대한 지각을 야기하기 위해 주어졌다는 견해를 지지한다. 왜냐하면 비록 '범죄들 때문에'가 원인적으로 이해될 수 있지만, '죄를 야기하다 또는 증가시키다'는 이어지는 때를 나타내는 절 '그 약속을

받은 씨가 오셔야 할 때까지'와 거의 어울리지 않기 때문이다. 왜냐하면 하나님이 왜 그리스도가 오실 때까지 죄의 증대가 커지길 원하셔야 하겠는가라는 의문이 발생하기 때문이다."[36]

공감이 되시지요! 중요한 것은 "하나님이 왜 그리스도가 오실 때까지 죄의 증대가 커지길 원하셔야 하겠는가?"라는 대목입니다. 그럴 이유가 없지 않나요? 하나님의 목적은 죄를 증대시키는 것이 아니라 사람들을 죄에서 구원하는 것입니다. 또, 사람이 더 많은 죄를 지어야만 죄나 구원의 필요성을 깨달을 수 있는 것이 아닙니다. 때문에 하나님이 죄가 더 증대되기를 원하셨을 이유가 없습니다.

또, 제가 이것을 읽기 전에 들었던 생각은 이러합니다.

'인간은 다 죄인인데 죄를 깨닫고 구원받게 하기 위해 더 죄를 짓게 만든다고? 인간은 본래 죄인이고 수많은 죄를 짓고 사는데, 왜 더 많은 죄를 지어야만 죄를 깨달을 수 있다고 생각하지?

또, 바울은 로마서 3장 10-18절에서 유대인도 죄인이라고 하면서, 유대인도 구원이 필요한 죄인임을 구약성경 자체가 증거하고 있다고 하였다. 그렇다면 그것으로 충분하지 않은가? 그런데 왜 율법을 범죄하게 할 목적으로 주어서 죄를 깨닫게 해야만 하는가?

---

36 리처드 N. 롱에네커 『WBC 갈라디아서』 이덕신 옮김. 서울: 솔로몬, 2009. pp. 387-388.

십분 양보해서 율법을 죄를 더 짓게 하려고 주어서 신약시대에 죄와 구원의 필요성을 깊이 깨닫게 한다는 것이 맞다고 치자. 그러나 그럴 경우, 그때까지 살았던 구약시대의 유대인들은 뭐가 되는가? 하나님은 그들도 사랑하시고 구원받기 원하셨을 것이다. 또, 성경에 따르면 그때도 행위심판을 받았다. 그런데 그 많은 사람이 신약시대를 위한 희생물도 아니고, 하나님께서 율법을 죄를 더 짓게 하려고 주셨을 리가 있겠는가? 이것은 너무 신약시대 신자들의 관점에서 본 것 아닌가? 그러므로 옳은 견해일 수 없다.'

이 때문에 저는 루터의 설명이 옳지 않다는 결론을 내렸습니다. 그리고 종교개혁자인 루터의 영향 때문에 이런 해석이 널리 퍼져 있는 것이 안타깝다는 생각이 들었습니다.

마지막으로, 저는 견해가 다른 학자들이 무엇을 근거로 이 구절을 죄를 더 짓게 하기 위해 율법을 주셨다는 뜻으로 이해하는지 그 이유들을 살펴보았습니다. 그것이 옳은지 자세히 분석한 후에, 그 견해를 수용할지 거부할지 결정하려고 했습니다. 그런데 막상 읽어보니 근거가 너무 어설펐습니다. 결정적인 증거가 하나도 없었고, 대개는 다른 성경구절의 뜻을 오해해서 착각한 것들이었습니다. 즉, 제가 첫 번째 깔딱 고개에서 설명한 구절들을 오해했기 때문에 그 구절들이 뒷받침이 된다고 착각해서 그런 견해를 갖고 있었습니다.

그럼 그것들을 네 가지로 정리해서 왜 그 견해가 옳지 않은지 설명해드리겠습니다.

첫째로, 토마스 슈라이너는 이렇게 말했습니다.

> "율법이 죄를 억제하기 위해 주어졌다는 첫 번째 견해의 문제점은 갈라디아서의 문맥이다. **바울이 그것을 인정한다면, 갈라디아 사람들이 할례를 받고 율법을 지켜야 한다고 주장했던 유대주의자들의 견해를 지지하는 것이 된다.** 대적들은 율법의 억제하는 기능이 갈라디아 그리스도인들에게 절실히 필요하다고 주장했을 것이 분명하다. **하지만 바울은 아무도 율법을 지킬 수 없기 때문에 율법이 그 지배 아래 있는 자들을 저주한다고 주장했다(3:10).**"[37]

이것이 왜 오류인지 아십니까? 그것은 갈라디아서 3장 19절이 신약시대가 아니라 구약시대에 대한 것이기 때문입니다.

> **"그런즉 율법은 무엇이냐? 범법하므로 더하여진 것이라. 천사들을 통하여 한 중보자의 손으로 베푸신 것인데 약속하신 자손이 오시기까지 있을 것이라."**

이 구절은 구약시대의 유대인들과 관계가 있습니다. 그런데 구약시대의 유대인들은 바울시대의 율법주의자들과 달리 율법의 행위로 의롭다함을 받으려고 하지 않았습니다. 그들은 언약적

---

37 토마스 슈라이너 『강해로 푸는 갈라디아서』 김석근 옮김. 서울: 디모데, 2017. pp. 248-249.

인 신율주의하에서 구원받은 하나님의 백성의 의무로 율법을 지키려고 했습니다. 또, 이렇게 율법을 지키는 것은 하나님이 원치 않으시거나 율법의 행위로 의롭다함을 받는 것처럼 불가능한 것이 아닙니다. 그러므로 슈라이너의 주장은 설득력이 없습니다.

둘째로, 이한수 교수님은 이렇게 말했습니다.

> **"더욱이 3:22은 이 두 번째 의미를 더 신빙성이 있게 만들어준다."**[38]

또, 토마스 슈라이너는 더 자세히 이렇게 말했습니다.

> **"참으로 율법은 생명을 줄 수 없으며, 그것의 영역에 갇힌 모든 자들은 죄의 권세 아래 있다(3:21-22). 또한 갈라디아서 4:5은 율법 아래 있던 자들이 거기에서 구속 혹은 해방되었다고 말하는데, 이것은 율법 아래 있는 자들이 죄의 노예임을 가리킨다.** 따라서 여기서 율법이 죄를 억제하는 것으로 계획되었다고 생각할 이유가 없다."[39]

두 학자가 지적한 갈라디아서 3장 22절의 내용은 이러합니다.

---

38 이한수 『복음의 정수: 그리스도의 십자가』 서울: 솔로몬, 2013. p. 335.

39 토마스 슈라이너 『강해로 푸는 갈라디아서』 김석근 옮김. 서울: 디모데, 2017. p. 249.

"그러나 **성경이** 모든 것을 죄 아래에 가두었으니 이는 예수 그리스도를 믿음으로 말미암는 약속을 믿는 자들에게 주려 함이라."

그런데, 이 구절은 첫 번째 깔딱 고개에서 자세히 설명한 대로, 율법이 모든 사람을 죄 아래 가두었다는 뜻이 아닙니다. 바울이 로마서 3장에서 설명한 것처럼 구약성경이 이방인들뿐 아니라 유대인들도 구원받아야 할 죄인이라고 말하고 있다는 내용입니다. 때문에 율법 아래가 죄 아래라는 뜻이 아닙니다. 그런데 그것을 깨닫지 못해서 근거로 제시한 것입니다.

또한, 토마스 슈라이너가 말한 갈라디아서 4장 5절도 마찬가지입니다. 그 구절에는 죄의 지배 아래라는 뜻이 없습니다. 단지 구약시대의 신자들이 후견인 아래 있는 것처럼 율법 아래 매여 있었다는 의미일 뿐입니다. 그런데 3장 22-23절을 율법 아래가 죄의 지배 아래라는 의미로 오해하고 있기 때문에 이 구절을 그런 뜻으로 오해하는 도미노 현상이 일어난 것입니다. 그러므로 둘 다 근거가 아닙니다.

셋째로, 토마스 슈라이너는 이렇게 말했습니다.

"또한 앞에서 바울이 '율법 아래'(참고. 갈 3:23) 있는 것을 죄의 권세 아래 있는 것과 연결했으므로, 율법 아래에서 죄가 증가한다는 해석이 선호된다."[40]

40 토마스 슈라이너 『강해로 푸는 갈라디아서』 김석근 옮김. 서울: 디모데, 2017. p. 249.

불행하게도, 현재 모든 학자가 갈라디아서 3장 23절을 이런 의미로 오해하고 있습니다. 그러나 첫 번째 깔딱 고개에서 자세히 설명해드린 대로, 이 구절은 22절과 무관하며 율법 아래가 죄 아래 있다는 뜻이 아닙니다. 그런데 진리를 옳게 분별하지 못해서 이 구절을 근거로 제시한 것입니다. 그러므로 이것도 근거가 될 수 없습니다.

넷째로, 토마스 슈라이너는 이렇게 말했습니다.

> **"로마서 5장 20절과 같이 율법은 죄를 증가시키기 위해 주어졌다. 그러한 관점은 이스라엘 역사와 조화된다. 율법 아래의 삶이 율법을 지키는 사회로 이어지지 않았기 때문이다. 오히려 죄가 이스라엘을 지배했으며, 그 결과 북왕국과 남왕국 모두 유배되었다."**[41]

먼저, 토마스 슈라이너는 로마서 5장 20절을 근거로 내세웠습니다. 재미있는 사실은, 더글라스 무는 반대로 로마서 5장 20절을 저와 같은 견해의 근거로 내세웠다는 것입니다.[42] 희한하지요!

과연 둘 중 누가 옳을까요? 그것을 아는 것은 매우 쉽습니다. 왜냐하면 우리는 이 구절을 다루기 직전에 이미 로마서 5장 20절의 뜻을 알아보았기 때문입니다. 그런데 토마스 슈라이너가 착각하고 있는 그런 뜻이 아니었습니다. 그러므로 슈라이너가 아니

---

41 토마스 슈라이너 『강해로 푸는 갈라디아서』 김석근 옮김. 서울: 디모데, 2017. p. 249.
42 더글라스 무 『갈라디아서』 최원용 옮김. 서울: 부흥과개혁사, 2018. p. 315.

라 무의 해석이 옳은 것입니다.

다음으로, 토마스 슈라이너는 율법은 죄를 증가시키기 위해 주어졌다면서, 이것이 이스라엘의 역사와 조화가 된다고 했습니다. 왜냐하면 율법 아래의 삶이 율법을 지키는 사회로 이어지지 않았고, 죄가 이스라엘을 지배했으며, 그 결과 북왕국과 남왕국 모두 유배되었기 때문이라는 것입니다.

상당히 그럴듯하지요! 그러나 이것은 거꾸로 생각한 것입니다. 왜냐하면 하나님께서 율법을 더 죄를 짓게 하려고 주셔서 이스라엘과 유다가 범죄하고 멸망한 것이 아니라, 하나님께서 율법을 지키라고 주셨지만 그들이 불순종하다가 멸망한 것뿐이기 때문입니다. 그러므로 성경에 대한 바른 이해가 아닙니다.

이상 간단히 설명해드린 대로, 저와 견해가 다른 학자들이 근거로 내세운 것들을 보면 너무 빈약하고 결정적인 증거가 없습니다. 그러므로 그들의 주장은 옳은 것이 아닙니다.

이상으로, 드디어 우리는 율법에 대한 세 가지 깔딱 고개를 모두 넘었습니다. 참으로 하나님의 은혜이고 감사한 일입니다.

그런데, 솔직히 여러분은 어떠신가요? 여섯 구절에 대한 저의 해석에 모두 동의하시나요? 대부분은 그러셨을 것입니다. 그러나 소수는 굉장히 난해한 구절들이기 때문에 완전한 동의가 되지 않는 구절이 있었을 수도 있습니다.

그렇더라도 전혀 문제될 것이 없습니다. 왜냐하면 이 구절들이 어떤 의미든 그것과 상관없이, 구약시대에 그림자와 예표인 복음을 믿고 구원받았고 그 후 계명을 지킨 자들이 궁극적인 구원을 받았다는 것은 누구도 부인할 수 없는 명백한 사실이기 때문입니다. 몇 가지 구체적인 예를 들어보겠습니다.

먼저, 신명기 28장에 보면 이스라엘 백성 중 불순종하는 자들에게 이렇게 경고했습니다.

> 신명기 28:24 "여호와께서 비 대신에 티끌과 모래를 네 땅에 내리시리니 그것들이 하늘에서 네 위에 내려 **마침내 너를 멸하리라.**"

> 신명기 28:45 "**네가 네 하나님 여호와의 말씀을 청종하지 아니하고 네게 명령하신 그의 명령과 규례를 지키지 아니하므로 이 모든 저주가 네게 와서 너를 따르고 네게 이르러 마침내 너를 멸하리니**"

또, 하나님은 대제사장 엘리의 죄에 대해 이렇게 말씀하셨습니다.

> 사무엘상 3:13-14 "**내가 그의 집을 영원토록 심판하겠다**고 그에게 말한 것은 그가 아는 죄악 때문이니 이는 그가 자기의 아들들이 저주를 자청하되 금하지 아니하였음이니라. 그러므로 **내가 엘리의 집에 대하여 맹세하기를 엘리 집의 죄악은 제물로나 예물로나 영원히 속죄함을 받지 못하리라** 하였노라 하셨더라."

또, 이스라엘의 초대 왕 사울도 하나님의 명령에 순종하지 않았기 때문에 버림받았습니다. 하나님은 단지 그를 왕으로 세운 것을 후회하셨을 뿐 아니라 여호와께서 부리시는 악신이 임하게 하셨습니다. 이것은 그의 영혼이 버림받았다는 확실한 증거입니다.

이와 더불어, 이스라엘과 유다의 왕들 중 선한 왕과 악한 왕들의 행적과 종말이 그것을 보여줍니다. 특히, 역대하 24장에 나오는 한때는 하나님을 잘 섬겼던 요아스왕의 최후가 그것을 분명히 보여줍니다.

또, 시편에 보면 이런 구절들이 있습니다.

> 시편 1:6 **"무릇 의인들의 길은 여호와께서 인정하시나 악인들의 길은 망하리로다."**

> 시편 37:38 **"범죄자들은 함께 멸망하리니** 악인의 미래는 끊어질 것이나"

> 시편 92:7 **"악인들은** 풀 같이 자라고 악을 행하는 자들은 다 흥왕할지라도 **영원히 멸망하리이다."**

> 시편 101:8 **"아침마다 내가 이 땅의 모든 악인을 멸하리니 악을 행하는 자는 여호와의 성에서 다 끊어지리로다."**

> 시편 145:20 **"여호와께서 자기를 사랑하는 자들은 다 보호하시고 악인들은 다 멸하시리로다."**

또, 잠언에도 그 사실을 보여주는 구절들이 많습니다.

잠언 10:29 "**여호와의 도**가 정직한 자에게는 산성이요 **행악하는 자에게는 멸망이니라.**"

잠언 13:6 "공의는 행실이 정직한 자를 보호하고 **악은 죄인을 패망하게 하느니라.**"

잠언 13:13 "**말씀을 멸시하는 자는 자기에게 패망을 이루고** 계명을 두려워하는 자는 상을 받느니라."

잠언 16:17 "악을 떠나는 것은 정직한 사람의 대로이니 **자기의 길을 지키는 자는 자기의 영혼을 보전하느니라.**"

잠언 19:16 "**계명을 지키는 자는 자기의 영혼을 지키거니와 자기의 행실을 삼가지 아니하는 자는 죽으리라.**"

또, 솔로몬은 전도서에서 이런 결론을 내렸습니다.

전도서 12:13-14 "**일의 결국을 다 들었으니 하나님을 경외하고 그의 명령들을 지킬지어다. 이것이 모든 사람의 본분이니라. 하나님은 모든 행위와 모든 은밀한 일을 선악 간에 심판하시리라.**"

또, 이스라엘과 유다가 하나님께 순종하지 않은 죄를 회개치 않으면 심판이 임하고 멸망한다고 한 선지자들의 외침도 그것을 보여주는 것들입니다.

사무엘상 12:25 "**만일 너희가 여전히 악을 행하면 너희와 너희 왕이 다 멸망하리라.**"

이사야 35:8 "**거기에 대로가 있어 그 길을 거룩한 길이라 일컫는 바 되리니 깨끗하지 못한 자는 지나가지 못하겠고** 오직 구속함을 입은 자들을 위하여 있게 될 것이라."

예레미야 12:16-17 "그들이 내 백성의 도를 부지런히 배우며 살아 있는 여호와라는 내 이름으로 맹세하기를 자기들이 내 백성을 가리켜 바알로 맹세하게 한 것 같이 하면 그들이 내 백성 가운데에 세움을 입으려니와 **그들이 순종하지 아니하면 내가 반드시 그 나라를 뽑으리라. 뽑아 멸하리라.** 여호와의 말씀이니라."

에스겔 18:5-13 "**사람이 만일 의로워서** 정의와 공의를 따라 행하며 산 위에서 제물을 먹지 아니하며 이스라엘 족속의 우상에게 눈을 들지 아니하며 이웃의 아내를 더럽히지 아니하며 월경 중에 있는 여인을 가까이 하지 아니하며 사람을 학대하지 아니하며 빚진 자의 저당물을 돌려주며 강탈하지 아니하며 주린 자에게 음식물을 주며 벗은 자에게 옷을 입히며 변리를 위하여 꾸어 주지 아니하며 이자를 받지 아니하며 스스로 손을 금하여 죄를 짓지 아니하며 사람과 사람 사이에 진실하게 판단하며 **내 율례를 따르며 내 규례를 지켜 진실하게 행할진대 그는 의인이니 반드시 살리라.** 주 여호와의 말씀이니라. 가령 그가 아들을 낳았다 하자. **그 아들이 이 모든 선은 하나도 행하지 아니하고 이 죄악 중 하나를 범하여** 강포하거나 살인하거나 산 위에서 제물을 먹거나 이웃의 아내를 더럽히거나 가난하고 궁핍한 자를 학대하거나 강탈하거나 빚진 자의 저당물을 돌려주지 아니하거나 우상에게 눈을 들거나 가증한 일을 행하거나 변리를 위하여 꾸어 주거나 이자를 받거나 할진대 **그가 살겠느냐? 결코 살지 못하리니 이 모든 가증한 일을 행하였은즉 반드시 죽을지라.** 자기의 피가 자기에게로 돌아가리라."

에스겔 18:24 **"만일 의인이 돌이켜 그 공의에서 떠나 범죄하고 악인이 행하는 모든 가증한 일대로 행하면 살겠느냐? 그가 행한 공의로운 일은 하나도 기억함이 되지 아니하리니 그가 그 범한 허물과 그 지은 죄로 죽으리라."**

에스겔 18:26 **"만일 의인이 그 공의를 떠나 죄악을 행하고 그로 말미암아 죽으면 그 행한 죄악으로 말미암아 죽는 것이요."**

또, 로마서 2장 28-29절에 나오는 표면적 유대인과 이면적 유대인, 육신의 할례와 마음의 할례도 당연히 구약시대 유대인들에게도 적용되는 것입니다.

또한, 바울이 고린도전서 10장에서 한 설명은 가히 결정적입니다.

고린도전서 10:1-12 "형제들아 나는 너희가 알지 못하기를 원하지 아니하노니 **우리 조상들이 다 구름 아래에 있고 바다 가운데로 지나며 모세에게 속하여 다 구름과 바다에서 세례를 받고 다 같은 신령한 음식을 먹으며 다 같은 신령한 음료를 마셨으니 이는 그들을 따르는 신령한 반석으로부터 마셨으매 그 반석은 곧 그리스도시라. 그러나 그들의 다수를 하나님이 기뻐하지 아니하셨으므로 그들이 광야에서 멸망을 받았느니라.** 이러한 일은 우리의 본보기가 되어 우리로 하여금 그들이 악을 즐겨 한 것 같이 즐겨 하는 자가 되지 않게 하려 함이니 **그들 가운데 어떤 사람들과 같이 너희는 우상 숭배하는 자가 되지 말라. 기록된 바 백성이 앉아서 먹고 마시며 일어나서 뛰논다 함과 같으니라. 그들 중의 어떤 사람들이 음행하다가 하루에 이만 삼천 명이 죽었나니 우리는 그들과 같이 음행하지 말자. 그들 가운데 어떤 사람들이 주를 시험하다가 뱀에게 멸망하였나니 우리는 그들과 같이 시험하지 말자. 그들 가운데 어떤 사람들이 원망하다가 멸망시키는 자에게 멸망하였나니 너희는 그들과 같이 원망하지 말라.** 그들에게 일어난 이런 일은 본보기가 되고 또한 말세를 만난 우리를 깨우치기 위하여 기록되었느니라. **그런즉 선 줄로 생각하는 자는 넘어질까 조심하라.**"

마지막으로, 유사한 것을 다루고 있는 히브리서도 마찬가지입니다.

> 히브리서 2:2 **"천사들을 통하여 하신 말씀(율법)이 견고하게 되어 모든 범죄함과 순종하지 아니함이 공정한 보응을 받았거든"**

> 히브리서 10:28 **"모세의 법을 폐한 자도 두세 증인으로 말미암아 불쌍히 여김을 받지 못하고 죽었거든"**

> 히브리서 3:7-11 **"그러므로 성령이 이르신 바와 같이 오늘 너희가 그의 음성을 듣거든 광야에서 시험하던 날에 거역하던 것 같이 너희 마음을 완고하게 하지 말라. 거기서 너희 열조가 나를 시험하여 증험하고 사십 년 동안 나의 행사를 보았느니라. 그러므로 내가 이 세대에게 노하여 이르기를 그들이 항상 마음이 미혹되어 내 길을 알지 못하는도다 하였고 내가 노하여 맹세한 바와 같이 그들은 내 안식에 들어오지 못하리라 하였다 하였느니라."**

> 히브리서 3:15-18 **"성경에 일렀으되 오늘 너희가 그의 음성을 듣거든 격노하시게 하던 것 같이 너희 마음을 완고하게 하지 말라 하였으니 듣고 격노하시게 하던 자가 누구냐? 모세를 따라 애굽에서 나온 모든 사람이 아니냐? 또 하나님이 사십 년 동안 누구에게 노하셨느냐? 그들의 시체가 광야에 엎드러진 범죄한 자들에게가 아니냐? 또 하나님이 누구에게 맹세하사 그의 안식에 들어오지**

못하리라 하셨느냐? 곧 순종하지 아니하던 자들에게가 아니냐?"

이 모든 것이 구약시대에 그림자 복음을 믿을 뿐 아니라 계명들을 지켜야만 궁극적인 구원을 받을 수 있었다는 것을 보여주는 것들입니다. 또한, 구약시대에 율법 아래 있었다고 해서 그들이 모두 죄 아래 있었던 것이 아니라는 것과 율법이 죄를 더 지으라고 주신 것이 아니라는 것을 보여주는 증거들입니다. 그러므로 구약시대와 신약시대의 신앙생활 시스템이 같다는 저의 주장은 참으로 진리인 것입니다. 따라서 신뢰를 가지고 이 설교를 끝까지 잘 듣는 여러분 되시기 바랍니다.

(4) 적반하장도 유분수지!

오늘날 성경에 무지하여 구원파적인 무율법주의 사상을 갖고 있는 수많은 목사들과 신자들이 저를 향해 변승우 목사는 율법주의자다! 혹은 신율법주의 이단이다! 라고 말하며 돌을 던집니다. 진짜 이단성은 그들에게 있건만 적반하장이 아닐 수 없습니다.

어느 날, 저는 기도하다가 그들에게 시원한 답변이 될 만한 것을 깨달았습니다. 이것은 우리 교회를 변호할 수 있는 매우 좋은 자료입니다. 그래서 다음 대지로 넘어가기 전 마지막으로 나누고자 합니다.

율법은 폐해졌습니다. 그러나 많은 이들이 그 뜻의 부분만 알고 오해합니다. 그래서 저는 그 말의 참 뜻을 여러분에게 설명해드렸습니다. 모세의 율법은 구약시대를 위해 주신 것입니다. 예수님의 초림이 시한입니다. 그러므로 초림으로 폐해졌고 우리는 율법 아래 있지 않습니다. 그래서 지킬 필요가 없습니다. 이것이 율법이 폐해졌다는 말의 뜻입니다. 그러나 이것은 반쪽입니다.

왜냐하면 율법은 폐해졌을 뿐 아니라 온전케 되었기 때문입니다. 그것이 그리스도의 율법입니다. 우리는 율법 없는 자가 아닙니다. 바울처럼 그리스도의 율법 아래 있는 자들입니다. 그러므로 복음을 믿을 뿐 아니라 그리스도의 율법의 계명들을 지켜야 합니다. 이것이 율법이 폐해졌다는 말의 나머지 반입니다. 이 두 가지를 합해야 율법이 폐해졌다는 말을 오해하지 않고 바르게 이해할 수 있습니다.

한편, 이것은 저에게 율법주의 혹은 신율법주의라고 비난하며 돌을 던지는 자들이 얼마나 무지한지를 잘 보여줍니다. 그래서 여러분 중 한 분도 저와 우리 교회를 오해하는 사람이 없도록, 그리고 진실과 진리가 더 널리 퍼져나가게 하기 위해 자세히 설명해드리고자 합니다.

1) 모세의 율법은 폐해졌고 우리는 행위가 아니라 믿음으로 의롭다함을 받는다!

저는 율법이 폐해졌다는 말을, 먼저 '율법 : 복음'이라는 관점에서 이해해야 한다고 했습니다. 그 후에 '모세의 율법 : 그리스도의 율법'이라는 관점에서 이해해야 한다고 했습니다.

우리가 이 말을 '율법 : 복음'이라는 관점에서 이해하면 두 가지 결론에 도달하게 됩니다.

첫째, **율법의 행위로는 의롭다함을 받을 수 없다!**

둘째, **복음을 믿음으로만 의롭다함을 받을 수 있다!**

한마디로, 이신칭의입니다. 그리고 이것을 부정하는 것이 율법주의입니다.

그러나 제가 한 번이라도 이것을 부정한 적이 있나요? 제가 언제 율법의 행위로 의롭다함을 받는다고 했습니까? 또, 제가 언제 믿음으로 의롭다함을 받는다는 것을 부정했습니까? 저는 항상 이것을 인정하고 그 기반 위에서 설교했습니다. 그런데 제가 어떻게 율법주의자일 수가 있습니까? 그것은 사실이 아니고 악의적인 음해일 뿐입니다.

내친김에, 제가 이신칭의에 대해 실제로 믿고 있는 것이 무엇인지 간략히 설명해드리겠습니다.

이신칭의는 믿음으로 의롭다함을 받는다는 뜻입니다. 그런데 신약시대에만 믿음으로 의롭다함을 받는 것이 아닙니다. 구약시대에도 그랬습니다. 그래서 바울이 로마서와 갈라디아서에서 아브라함을 칭의의 예로 든 것입니다.

또, 신약시대에 이신칭의는 율법이 폐해진 것과 밀접한 관계가 있습니다.

로마서 10:4-10 **"그리스도는 모든 믿는 자에게 의를 이루기 위하여 율법의 마침이 되시니라. 모세가 기록하되 율법으로 말미암는 의를 행하는 사람은 그 의로 살리라 하였거니와 '믿음으로 말미암는**

의'는 이같이 말하되 네 마음에 누가 하늘에 올라가겠느냐 하지 말라 하니 올라가겠느냐 함은 그리스도를 모셔 내리려는 것이요. 혹은 누가 무저갱에 내려가겠느냐 하지 말라 하니 내려가겠느냐 함은 그리스도를 죽은 자 가운데서 모셔 올리려는 것이라. 그러면 무엇을 말하느냐? 말씀이 네게 가까워 네 입에 있으며 네 마음에 있다 하였으니 곧 우리가 전파하는 믿음의 말씀이라. **네가 만일 네 입으로 예수를 주로 시인하며 또 하나님께서 그를 죽은 자 가운데서 살리신 것을 네 마음에 믿으면 구원을 받으리라. 사람이 마음으로 믿어 '의'에 이르고 입으로 시인하여 구원에 이르느니라.**"

그래서, 전에 저는 예수님이 율법의 마침이라는 4절을 갈라디아서 3장 19절과 연결해서 설명했습니다.

"그런즉 **율법**은 무엇이냐? 범법하므로 더하여진 것이라. 천사들을 통하여 한 중보자의 손으로 베푸신 것인데 **약속하신 자손이 오시기까지 있을 것이라.**"

그때 예수님이 오심으로 시대가 바뀌었고 율법은 폐해졌으므로 율법의 행위가 아니라 믿음으로만 의롭다함을 받을 수 있다고 했습니다.

또, 5절의 "모세가 기록하되 율법으로 말미암는 의를 행하는 사람은 그 의로 살리라 하였거니와"는 레위기 18장 5절을 인용한 것입니다. 바울은 이 구절을 갈라디아서 3장 12절에서도 인용했습니다.

"율법은 믿음에서 난 것이 아니니 **율법을 행하는 자는 그 가운데서 살리라** 하였느니라."

바울은 이 구절을 율법의 행위로는 의롭다함을 받을 수 없다는 것을 증명하기 위해 인용했습니다.

그런데, 잘 들으십시오! 이 구절은 율법주의가 아니라 언약적 신율주의에 대한 것입니다. 언약적 신율주의란 구약시대에 믿음으로, 즉 은혜로 구원받은 이스라엘 백성이 궁극적인 구원을 받기 위해 율법을 지킴으로 언약 안에 거해야 했다는 것입니다. 이 구절이 실제로 그런 뜻이라는 것을 우리는 같은 장 29절을 통해 확인할 수 있습니다.

"이 가증한 모든 일을 행하는 자는 그 백성 중에서 끊어지리라."

그러므로 바울이 무관한 구절을 잘못 인용한 것처럼 보입니다. 그러나 그렇지 않습니다. 왜냐하면 '레위기 18장 5절을 구속사적으로 이해'[43]하고 인용한 것이기 때문입니다. 그러므로 정당한 인용입니다.

그럼 구속사적으로 이해했다는 것이 무슨 뜻일까요?

---

43 토마스 슈라이너 『강해로 푸는 갈라디아서』 김석근 옮김. 서울: 도서출판 디모데, 2017. p. 222.

이 구절은 정말 난제 중에서도 최고의 난제인데, 유일하게 토마스 슈라이너가 해결했습니다.[44] 그것을 제 말로 설명해드리겠습니다.

본래 유대교는 율법의 행위로 구원받는 행위구원을 주장하지 않았습니다. 그 증거는 오늘날의 십자가와 자백에 해당되는 속죄제와 속건제입니다. 뿐만 아니라, 예수님 당시의 유대교 안에도 완벽하게 사는 것은 아니어도 율법을 지키고 살면 의롭다함을 받을 수 있다고 믿은 사람은 있어도, 갈라디아서 3장 10절처럼 행해야만 구원받는다고 믿는 사람은 없었습니다.

> "무릇 율법 행위에 속한 자들은 저주 아래에 있나니 기록된 바 누구든지 **율법 책에 기록된 대로 모든 일을 항상 행**하지 아니하는 자는 저주 아래에 있는 자라 하였음이라."

이것은 어느 정도 율법대로 살면 의롭다함을 받을 수 있다고 믿는 사람들을 위해 한 말입니다. 그러나 불가능한 것입니다. 그러니 제정신이 아니고 누가 이렇게 행해야 구원받는다고 믿겠습니까? 그러므로 아무도 그렇게 믿지 않았을 것입니다.

그런데 왜 바울은 레위기 18장 5절을 그런 뜻으로 인용했을까요?

그것은 구약시대에는 모세의 율법이 유효했고, 의식법을 따라드리는 속죄제와 속건제도 유효했습니다. 그래서 갈라디아서 3

44 토마스 슈라이너 『강해로 푸는 갈라디아서』 김석근 옮김. 서울: 도서출판 디모데, 2017. p. 222.

장 10절에서 말한 대로 "율법 책에 기록된 대로 모든 일을 항상 행하지 않아도" 하나님을 경외하고 순종하는 삶을 살면, 오늘날의 표현으로 바꾸자면 '습관적인 죄'가 없으면 궁극적인 구원을 받을 수 있었습니다.

그러나 예수님이 오심으로 율법이 폐해졌고 의식법도 효과가 없어졌습니다. 속죄제나 속건제가 더 이상 유효하지 않게 되었습니다. 그래서 행위로 구원받으려면 갈라디아서 3장 10절처럼 "율법 책에 기록된 대로 모든 일을 항상 행해야" 합니다. 그 외에는 길이 없습니다. 그래서 바울이 그런 뜻으로 레위기 18장 5절을 이해하고 그런 의미로 인용한 것입니다. 이것이 바로 구속사적인 관점에서 이 구절을 이해했다는 말이 뜻하는 바입니다.

여러분, 이해가 되셨습니까? 그러므로 만일 행위로 구원받으려면 갈라디아서 3장 10절에 나온 조건을 온전히 충족시켜야 합니다. 그런데 그럴 수 있는 사람이 있을까요? 당연히 없습니다!

> 전도서 7:20 **"선을 행하고 전혀 죄를 범하지 아니하는 의인은 세상에 없기 때문이로다."**

그래서 바울이 의인은 없나니 하나도 없다고 하고, 또한 율법의 행위로는 의롭다함을 얻을 육체가 없다고 단언한 것입니다(롬 3:10, 20).

하지만, 구약성경에 보면 "노아는 당세에 의인이요 완전한 자라"는 말씀이 나옵니다(창 6:9). 또, 노아 외에도 구약시대에 많은 의인들이 있었습니다.

욥기 32:1 "**욥**이 자신을 **의인**으로 여기므로 그 세 사람이 말을 그치니"

시편 32:11 "**너희 의인들아** 여호와를 기뻐하며 즐거워할지어다."

시편 37:25 "내가 어려서부터 늙기까지 **의인**이 버림을 당하거나 그의 자손이 걸식함을 보지 못하였도다."

에스겔 18:9 "내 율례를 따르며 내 규례를 지켜 진실하게 행할진대 **그는 의인이니** 반드시 살리라. 주 여호와의 말씀이니라."

그런데도 왜 의인이 없나니 하나도 없다고 했을까요?

그것은 노아를 비롯해서 그 누구도 갈라디아서 3장 10절을 충족시킨 것이 아니기 때문입니다. 구약시대의 3대 의인인 다니엘, 노아, 욥도 갈라디아서 3장 10절의 기준을 충족시키지 못했습니다. 천지창조 후 예수님 외에 그런 의인은 한 명도 없습니다. 즉, 의인이라는 말은 같아도 개념이 다릅니다. 그러므로 바울의 말은 모순이 아닙니다.

어떤 사람은 여기서 이렇게 반문하고 싶을지도 모릅니다.

"사도 바울은 자신이 율법의 의로는 흠이 없다고 하지 않았나요?"

맞습니다. 그러나 그것도 갈라디아서 3장 10절의 기준을 충족시킨 의가 아닙니다. 바울은 바리새인 때 제사의 효과를 부정하고 한 번도 죄를 짓지 않고 율법을 지킨 것이 아닙니다. 또, 그는 로마서 7장 7-8절에서 이렇게 고백했습니다.

> "율법으로 말미암지 않고는 내가 죄를 알지 못하였으니 곧 율법이 탐내지 말라 하지 아니하였더라면 내가 탐심을 알지 못하였으리라. **그러나 죄가 기회를 타서 계명으로 말미암아 내 속에서 온갖 탐심을 이루었나니**"

이 고백이 보여주듯이, 바울이 가진 의는 서기관과 바리새인들처럼 행동에 국한된 의였습니다. 바리새인과 세리의 기도가 보여주듯이, 행위에 초점을 맞춘 의이고 마음과 생각으로 율법을 온전히 지킨 것이 아닙니다. 그것은 하나님이 요구하시고 인정하시는 의가 아니었습니다.

이상 설명해드린 것처럼, 다른 의미의 의인은 있을지라도 "율법 책에 기록된 대로 모든 일을 항상 행한"(갈 3:10) 의인은 전혀 없습니다. 그래서 선행이나 율법의 행위로 구원받는 것은 완전히 불가능합니다. 폐일언하고 구원받으려면 반드시 예수님을 믿어야 합니다.

이것이, 제가 어려서부터 지금까지 실제로 믿어온 내용입니다. 그래서 평생 선행이나 율법의 행위로 의롭다함을 받을 수 없으며 믿음으로만 의롭다함을 받을 수 있다고 가르쳐왔습니다. 저의 모든 설교와 책이 증거고, 여러분들이 그 증인입니다. 그러므로 변승우 목사가 행위구원을 주장하는 율법주의자라는 말은 사실무근이고 새빨간 거짓말입니다.

2) 우리가 지켜야 하는 것은 시효가 끝난 모세의 율법이 아니다!

모세의 율법은 폐해졌습니다. 그런데도 구원이나 궁극적인 구원을 받으려면 예수님을 믿을 뿐 아니라 할례를 받고 율법을 지켜야 한다고 주장하는 자들이 있었습니다(행 15:1, 5). 로마서와 갈라디아서에 나오는 율법주의자들이 그들입니다(롬 3:27-4:8, 9:30-10:8, 갈 2:16, 5:4, 빌 3:2-11). 이것이 율법주의 이단입니다.

그러므로 만약 제가 율법주의자라면 같은 견해를 갖고 있어야 합니다. 그러나 전혀 그렇지 않습니다. 그러므로 누가 뭐래도 저는 율법주의자가 아닙니다.

제가 율법주의와 무관하다는 것을 여러분에게 두 가지로 설명해드리겠습니다.

① 율법주의는 폐해진 모세의 율법을 여전히 지키라는 것이다.

그러나 이것은 저의 견해와 다릅니다. 저는 할례를 받거나 모세의 율법을 지킬 필요가 없다고 믿습니다. 그래서 이단사냥꾼들도 건드리지 않는 '히브리적 관점에서 성경 보기'를 이단적이라고 보고 공개적으로 반대해왔습니다.

어떤 분은 "왜 그것이 이단적인가? 그들도 예수님을 믿지 않느냐? 또, 우리 모두 예수 믿고 당연히 율법을 지켜야 되는 것 아니냐? 그러므로 괜찮은 것 같은데 왜 하나의 오류가 아니라 이단성이 있다고 하느냐?"라고 질문할 수도 있습니다. 그러나 율법주의자들도 유대교인들과 달리 예수님을 믿었습니다. 또, 예수님이 율법의 의식법을 성취한 것이 복음인데 여전히 의식법을 지키기 때문입니다. 그들은 복음을 믿는다고 하면서도 믿음에 한 가지를 더해서 날과 달과 해와 절기를 지킵니다. 그래서 결과적으로 의식법의 완성인 복음을 행동으로 부인합니다. 그러므로 이단성이 있다고 보아야 합니다.

그러나, 저의 견해는 율법주의나 히브리 관점에서 성경 보기와 전혀 무관합니다. 저의 입장은, 예수님이 율법의 의식법을 성취한 십자가 복음을 믿고, 의식법이 아니라 예수님이 그 의미를 밝히 드러낸 대로 도덕법을 지키자는 것입니다. 이것은 성경에서 예수님과 바울과 다른 사도들이 모두 신자들에게 강력하게 가르치고 요구한 것들입니다. 그러므로 마땅히 모든 목회자가 그렇게 가르쳐야 하는 내용입니다. 따라서 율법주의와 완전 무관한 것입니다.

이제, 변승우 목사가 율법주의자 혹은 신율법주의자라는 말이 얼마나 거짓된 것인지 아시겠지요!

② 율법주의는 모세의 율법을 자력으로 지키고자 하는 것이다.

즉 자기 힘과 공로로 구원받을 수 있다고 믿고 자기 의를 내세우는 것입니다. 그래서 마치 세리와 바리새인의 기도에 나오는 바리새인처럼 자기 행위를 자랑하는 것입니다.

로마서 3:27 **"그런즉 자랑할 데가 어디냐? 있을 수가 없느니라. 무슨 법으로냐? 행위로냐? 아니라 오직 믿음의 법으로니라."**

로마서 4:2 **"만일 아브라함이 행위로써 의롭다 하심을 받았으면 자랑할 것이 있으려니와 하나님 앞에서는 없느니라."**

그러나 저는 예수님이 그 뜻을 온전히 드러낸 계명들을 성령님이 도와주시지 않으면 절대 지킬 수 없다고 믿습니다. 즉 은혜가 아니면 불가능하다고 생각합니다(히 12:28). 그러므로 공로가 아니라 은혜로 받는 구원과 전혀 충돌하지 않습니다.

실제로, 복음을 믿는 자에게 십자가를 통해 주시는 구원하는 은혜가 두 가지입니다.

갈라디아서 3:13-14 "그리스도께서 우리를 위하여 저주를 받은 바 되사 율법의 저주에서 우리를 속량하셨으니 기록된 바 **나무에 달린 자**마다 저주 아래에 있는 자라 하였음이라. 이는 그리스도 예수 안에서 **아브라함의 복**이 이방인에게 미치게 하고 또 우리로 하여금 믿음으로 말미암아 **성령의 약속**을 받게 하려 함이라."

이처럼 "아브라함의 복"이 뜻하는 칭의뿐 아니라 성령님을 은혜로 부어 주십니다. 그러므로 성령님을 의지하여 예수님이 그 뜻을 밝히 드러낸 계명들을 지키는 것은 공로가 아니라 하나님의 은혜입니다.

디도서 2:11-14 "모든 사람에게 **구원을 주시는 하나님의 은혜**가 나타나 **우리를 양육하시되 경건하지 않은 것과 이 세상 정욕을 다 버리고 신중함과 의로움과 경건함으로 이 세상에 살고 복스러운 소망과 우리의 크신 하나님 구주 예수 그리스도의 영광이 나타나심을 기다리게 하셨으니** 그가 우리를 대신하여 자신을 주심은 모든 불법에서 우리를 속량하시고 **우리를 깨끗하게 하사 선한 일을 열심히 하는 자기 백성이 되게 하려 하심**이라."

더구나, 성령님을 의지하여 계명을 지키는 것은 율법이 아니라 복음을 뜻하는 새 언약의 일부이기도 합니다.

에스겔 36:27 "또 **내 영을 너희 속에 두어 너희로 내 율례를 행하게 하리니 너희가 내 규례를 지켜 행할지라.**"

이처럼 은혜이므로 모든 영광을 하나님께 온전히 돌릴 수밖에 없고(고전 15:10, 계 7:10) 율법주의와 전혀 무관한 것입니다. 그러므로 변승우 목사는 율법주의자 혹은 신율법주의자라고 하는 것은 전혀 사실이 아니고 악의적인 음해입니다.

3) 우리가 지켜야 하는 것은 예수님이 완전케 한 그리스도의 율법이다!

오늘날 '율법이 폐해졌다'는 말을 '믿기만 하면 계명들을 지키지 않아도 되고, 그래도 정죄를 받지 않는다'는 뜻으로 오해하는 사람이 많습니다. 그러나 그것은 미혹입니다. 왜냐하면 구약시대를 위해 주어진 모세의 율법은 폐해졌지만 신약시대를 위해 주신 그리스도의 율법이 존재하기 때문입니다.

> 고린도전서 9:20-21 "유대인들에게 내가 유대인과 같이 된 것은 유대인들을 얻고자 함이요. 율법 아래에 있는 자들에게는 **내가 율법 아래에 있지 아니하나** 율법 아래에 있는 자 같이 된 것은 율법 아래에 있는 자들을 얻고자 함이요. 율법 없는 자에게는 **내가 하나님께는 율법 없는 자가 아니요 도리어 그리스도의 율법 아래에 있는 자**이나 율법 없는 자와 같이 된 것은 율법 없는 자들을 얻고자 함이라."

모세의 율법의 유효기간은 예수님의 초림이지만 그리스도의 율법은 적어도 예수님의 재림 때까지입니다(약 2:12). 그리스도의 율법은 폐해지지 않았고 앞으로도 폐해지지 않습니다. 영원히 존재합니다. 그러므로 반드시 그리스도의 율법을 지켜야 합니다. 왜냐하면 복음을 믿어도 그리스도께서 그 뜻을 온전케 한 계명들을 지키지 않으면 버림받고 멸망하게 되기 때문입니다. 이것이 제가 가지고 있는 견해입니다.

그런데, 저는 이 중 그리스도의 율법을 지켜야 한다는 말이 여러분에게 이상하게 들릴 수도 있다고 생각합니다. 어떤 분들은 속으로 '그러니 율법주의자라는 말을 듣지!'라고 생각할 수도 있습니다. 그러나 이것은 제가 율법주의자라는 것을 뜻하는 것이 아니라 그 사람이 성경에 너무 무지하다는 것을 뜻할 뿐입니다. 왜냐하면 그리스도의 율법을 지켜야 한다는 말은 단지 두 가지 뜻이기 때문입니다.

첫째로, **율법의 의식법을 성취한 십자가 복음을 믿어야 한다**는 뜻입니다.

당연한 말이지요! 아마 이 말에 동의하지 않는 사람은 한 분도 없을 것입니다.

둘째로, **예수님이 그 의미를 밝히 드러낸 율법의 도덕법을 지켜야 한다**는 뜻입니다. 이것도 당연한 것입니다. 예수님이 지키라고 그 뜻을 밝히 보여준 것이기 때문입니다. 그러므로 이것은 상식입니다.

이 두 가지가 그리스도의 율법을 지켜야 한다는 말의 뜻입니다. 그래서, 저는 여러분에게 묻겠습니다. 이 중에 비성경적이거나 이상한 것이 있나요? 전혀 없지요! 그런데도 교리만 알고 성경 자체에 무지한 목사들과 신자들은 둘째 것이 이상하다고 느낄 수도 있습니다. 그러나 이상한 것은 제 말이 아니라 그들입니다. 왜냐하면 그 말은 성경 그대로이기 때문입니다.

예수님은 마태복음 5장 17절에서 이렇게 말씀하셨습니다.

"내가 율법이나 선지자를 폐하러 온 줄로 생각하지 말라. 폐하러 온 것이 아니요 완전하게 하려 함이라."

또, 어떻게 율법을 완전케 할 것인지 이렇게 예고하셨습니다.

마태복음 5:18 **"진실로 너희에게 이르노니 천지가 없어지기 전에는 율법의 일점일획도 결코 없어지지 아니하고 다 이루리라."**

율법이 이루어진 것이 십자가와 부활의 복음입니다. 우리는 복음을 믿어야 합니다.

그다음, 계명들의 의미를 온전히 드러내셨습니다. 길어서 다 인용할 수는 없고 여섯 가지 반제를 통해 계명들의 참 의미를 드러내셨습니다(21-48절).

그러니 우리가 예수님이 의식법을 성취한 복음을 믿고 예수님이 온전케 한 계명들을 지켜야 할까요? 말아야 할까요? 당연히 지켜야 합니다.

마태복음 5:19-20 **"그러므로 누구든지 이 계명 중의 지극히 작은 것 하나라도 버리고 또 그같이 사람을 가르치는 자는 천국에서 지극히 작다 일컬음을 받을 것이요. 누구든지 이를 행하며 가르치는 자는 천국에서 크다 일컬음을 받으리라. 내가 너희에게 이르노니 너희 의가 서기관과 바리새인보다 더 낫지 못하면 결코 천국에 들어가지 못하리라."**

여기서 예수님이 강조한 "서기관과 바리새인보다 나은 의"는 예수님이 그 뜻을 온전히 드러낸 계명들을 언행심사로 지키는 것을 뜻합니다. 그러지 않으면 결코 천국에 들어갈 수 없습니다. 그래서 그 뒤 이런 표현이 계속 나오는 것입니다.

마태복음 5:22 "나는 너희에게 이르노니 형제에게 노하는 자마다 심판을 받게 되고 형제를 대하여 라가라 하는 자는 공회에 잡혀가게 되고 **미련한 놈이라 하는 자는 지옥 불에 들어가게 되리라.**"

마태복음 5:26 "진실로 네게 이르노니 **네가 한 푼이라도 남김이 없이 다 갚기 전에는 결코 거기서 나오지 못하리라.**"

마태복음 5:29-30 "만일 네 오른 눈이 너로 실족하게 하거든 빼어 내버리라. **네 백체 중 하나가 없어지고 온 몸이 지옥에 던져지지 않는 것이 유익하며** 또한 만일 네 오른손이 너로 실족하게 하거든 찍어 내버리라. **네 백체 중 하나가 없어지고 온 몸이 지옥에 던져지지 않는 것이 유익하니라.**"

또한, 마지막으로 예수님은 문맥상 같은 것을 말한 것이 틀림없는 무시무시한 경고를 하셨습니다.

마태복음 7:21-27 "**나더러 주여 주여 하는 자마다 다 천국에 들어갈 것이 아니요 다만 하늘에 계신 내 아버지의 뜻대로 행하는 자라야 들어가리라.** 그 날에 많은 사람이 나더러 이르되 주여 주여 우리가 주의 이름으로 선지자 노릇 하며 주의 이름으로 귀신을 쫓

아내며 주의 이름으로 많은 권능을 행하지 아니하였나이까 하리니 그 때에 내가 그들에게 밝히 말하되 **내가 너희를 도무지 알지 못하니 불법을 행하는 자들아 내게서 떠나가라** 하리라. 그러므로 **누구든지 나의 이 말을 듣고 행하는 자는 그 집을 반석 위에 지은 지혜로운 사람 같으리니 비가 내리고 창수가 나고 바람이 불어 그 집에 부딪치되 무너지지 아니하나니** 이는 주추를 반석 위에 놓은 까닭이요. **나의 이 말을 듣고 행하지 아니하는 자는 그 집을 모래 위에 지은 어리석은 사람 같으리니 비가 내리고 창수가 나고 바람이 불어 그 집에 부딪치매 무너져 그 무너짐이 심하니라.**"

그러므로 예수님이 그 뜻을 온전히 드러낸 계명들을 지켜야 한다는 것은 전혀 이상한 것이 아닙니다. 오히려 이 말을 이상하게 여기는 사람들이 비정상적이고 이상한 것입니다.

더 나아가, 예수님이 그 뜻을 온전히 드러낸 계명들을 지켜야 한다는 말은 야고보가 강조한 '행함이 있는 믿음'에 나오는 '행함'과 정확히 같은 것입니다.

야고보서 2:8-17 "너희가 만일 성경에 기록된 대로 **네 이웃 사랑하기를 네 몸과 같이 하라** 하신 최고의 법을 지키면 잘하는 것이거니와 만일 너희가 사람을 차별하여 대하면 죄를 짓는 것이니 율법이 너희를 범법자로 정죄하리라. 누구든지 온 율법을 지키다가 그 하나를 범하면 모두 범한 자가 되나니 간음하지 말라 하신 이가 또한 살인하지 말라 하셨은즉 네가 비록 간음하지 아니하여도 살인하면 율법을 범한 자가 되느니라. **너희는 자유의 율법대로 심판 받을 자처럼 말도 하고 행하기도 하라.** 긍휼을 행하지 아니하는 자에게는 긍휼 없는 심판이 있으리라 긍휼은 심판을 이기고 자랑하느니라. **내 형제들아 만일 사람이 믿음이 있노라 하고 행함이 없으면 무슨 유익이 있으리요?** 그 믿음이 능히 자기를 구원하겠느냐? 만일 형제나 자매가 헐벗고 일용할 양식이 없는데 너희 중에 누구든지 그에게 이르되 평안히 가라, 덥게 하라, 배부르게 하라 하며 그 몸에 쓸 것을 주지 아니하면 무슨 유익이 있으리요? **이와 같이 행함이 없는 믿음은 그 자체가 죽은 것이라.**"

먼저, 야고보는 율법을 지켜야 한다고 했습니다(8-11절). 그러므로 복음만 믿으면 그만이라는 무율법주의는 잘못된 것입니다. 또, 야고보는 율법을 지키되 종의 율법인 모세의 율법이 아니라 자유의 율법인 그리스도의 율법을 지키라고 했습니다(12절). 또, 야고보는 긍휼을 행하지 않으면 긍휼이 없는 심판을 받게 되고 긍휼만이 심판을 이길 수 있다고 했습니다(13절). 그다음 행함이 없는 믿음으로는 궁극적인 구원을 받을 수 없다고 경고한 후(14절), 다시 가난한 형제나 자매를 말로만 위로하지 말고 도와주어야 한다며 긍휼에 대해 말했습니다. 계속 다 같은 것을 말하고 있다는 증거입니다. 그러므로 예수님이 그 뜻을 온전히 드러낸 계명들을 지키는 것은 야고보가 강조한 행함과 정확히 같은 것입니다.

이상 설명해드린 것처럼, 저의 견해는 율법주의가 아니라 예수님의 가르침과 정확히 일치하고, 행함이 있는 믿음을 강조하는 야고보의 가르침과도 정확히 일치합니다. 한마디로, 성경 그대로입니다. 그런데, 이것이 어떻게 율법주의입니까? 말이 안 되는 소리지요! 그러므로 변승우 목사는 율법주의 이단이라는 무지하고 악한 말에 절대로 속지 않는 여러분 되시기 바랍니다.

사랑하는 여러분, 저는 율법주의자가 아닙니다. 또, 저는 칼빈주의자나 루터주의자가 아닙니다. 저는 예수님과 바울과 야고보주의자입니다. 한마디로, 성경주의자입니다. 때문에 성경을 제대로 아는 신학자나 목회자들은 절대로 율법주의자라고 하지 않습니다. 들은풍월로 교리만 얄팍하게 알고 성경을 깊이 연구하지 않은 목사나 신자들이 그런 말들을 하는 것입니다. 그들은 하나만 알고 둘은 모릅니다. 율법이 폐해졌고 우리가 율법의 행위가 아니라 믿음으로 의롭다함을 받는다는 것은 잘 압니다. 그러나 우리가 예수님이 완전케 한 그리스도의 율법 아래 있고 그것을 지켜야 한다는 것에는 너무 무지합니다. 그래서 무율법주의 수렁에 빠진 자들입니다.

그런데, 성경에 의하면 율법주의뿐 아니라 무율법주의도 이단입니다. 물론 그들이 실제로 이단은 아닐 수 있습니다. 그러나 적어도 맹인입니다. 왜냐하면 구원의 길로 인도해야 하는 영혼들을 생명으로 인도하는 좁은 길이 아니라 멸망으로 인도하는 넓은 길로 인도하고 있기 때문입니다. 그러므로 그들을 멀리하고 쓸데없이 그들의 말에 흔들리지 않는 여러분 되시기 바랍니다.

- 2 -

그리스도의 율법은 무엇인가?

보통 '율법' 하면 모세의 율법을 떠올립니다. 율법이 하나뿐인 줄 압니다. 그러나 모세의 율법만 있는 것이 아닙니다. 그리스도의 율법이라는 것도 있습니다.

> 고린도전서 9:21 "내가 하나님께는 율법 없는 자가 아니요 도리어 **그리스도의 율법** 아래에 있는 자이나 …"

이처럼 성경에 명시가 되어 있지만 대부분 이것을 캐치하지 못하고 놓쳤습니다. 주석들을 읽어보아도 극히 소수의 학자들만 이것을 어렴풋이 인식했습니다.

예를 들어, 더글라스 헤어의 마태복음 주석에 보면 "메시아적 토라"(토라=율법)라는 표현이 나옵니다.

"예수님의 가르침은 단순히 토라의 해석이 아니라 부가 부분이다. 그러므로 **어떤 면에서 예수님의 가르침은 기독교인들이 모세의 율법보다 우선시할 메시아적 토라가 된다**(28:20을 보라. **'내가 너희에게 분부한 모든 것을 가르쳐 지키게 하라'**)."[45]

또, 길리히(R. A. Guelich)는 '시내-토라'에 반하는 **'시온-토라'** 라는 말을 했습니다.[46]

또, 더글라스 무는 이 구절을 설명하면서 이렇게 썼습니다.

"피예가 보여주었듯이, 이 본문에서 바울은 넓은 의미의 **'하나님의 법'**을 두 부분으로 나눈다. **(1) 유대인들에게는 유효하나 바울에게는 더 이상 '그 아래'에 있지 않는 율법과 (2) 바울이 지켜야 할 의무가 있는 그리스도의 법.** 달리 말해서, **바울은 그리스도의 법(확실히, 약간 다른 말이다)을 모세의 율법과 구별한다.**"[47]

또한, 양용의 교수님은 "율법=옛 율법(구약시대 백성들이 지켰던 율법)"과 반대되는 **"새 율법=성취된 율법=메시아적 율법(제자들이 지켜야 하는 율법)"**이 있다고 매우 구체적으로 말했습니다.[48] 마지막 두 가지는 앞의 것들과 달리 굉장히 구체적이고

---

45 더글라스 헤어 『현대성서주석 마태복음』 최재덕 옮김. 서울: 한국장로교출판사, 2012. p. 91.

46 양용의 『예수님과 안식일 그리고 주일』 서울: 이레서원, 2011. pp. 139-140.

47 더글라스 무 『갈라디아서』 최원용 옮김. 서울: 부흥과개혁사. 2018. p. 492.

48 양용의 『마태복음 어떻게 읽을 것인가?』 서울: 성서유니온선교회, 2011. p. 104.

제 견해와도 일치합니다.

모세의 율법은 폐해졌습니다. 그러나 신자는 율법 없는 자가 아닙니다. 그리스도의 율법 아래 있는 자들입니다. 신자에게는 그리스도의 율법을 지켜야 할 의무가 있고 그것이 우리가 받게 될 심판의 기준입니다. 때문에 그리스도의 율법은 무한히 중요합니다. 그러므로 반드시 그리스도의 율법이 무엇을 뜻하는지 정확히 알아야 합니다. 하지만 신자는 물론이고 목회자들 중에도 그리스도의 율법에 대해 충분히 아는 사람이 거의 없습니다. 이것이 교회들의 암담한 현실입니다. 그래서 저는 그리스도의 율법이 구체적으로 무엇인지 자세히 설명해드리고자 합니다.

(1) 그리스도의 율법은 예수님이 완전케 한 율법이다!

예수님은 율법을 폐하러 오시지 않고 완전하게 하러 오셨습니다.

> 마태복음 5:17 **"내가 율법이나 선지자를 폐하러 온 줄로 생각하지 말라. 폐하러 온 것이 아니요 완전하게 하려 함이라."**

예수님이 이 일에 실패하셨을까요? 아니지요! 실제로 예수님은 율법을 완전하게 하셨습니다.

그런데, 여러분은 어떻게 생각하십니까? 예수님이 율법을 완전하게 하신 후에 버리셨을까요? 그럴 것이라면 완전하게 하지도 않았을 것입니다. 그런즉 예수님이 완전하게 한 율법이 존재함이 분명합니다. 그것이 바로 그리스도의 율법입니다.

그럼 이처럼 실제로 존재하는 그리스도의 율법의 내용은 무엇일까요?

먼저, 우리가 알아야 할 것이 있습니다. 율법은 도덕법, 의식법, 사회법 세 가지를 통칭합니다. 그러나 때로는 도덕법인 계명들만 뜻하기도 합니다.

> 로마서 2:14-15 "(율법 없는 이방인이 본성으로 율법의 일을 행할 때에는 이 사람은 율법이 없어도 자기가 자기에게 율법이 되나니 이런 이들은 그 양심이 증거가 되어 그 생각들이 서로 혹은 고발하며 혹은 변명하여 그 **마음에 새긴 율법**의 행위를 나타내느니라)"

> 로마서 3:20 "그러므로 율법의 행위로 그의 앞에 의롭다 하심을 얻을 육체가 없나니 **율법으로는 죄를 깨달음이니라.**"

> 로마서 7:5, 7 "우리가 육신에 있을 때에는 **율법으로 말미암는 죄의 정욕**이 우리 지체 중에 역사하여 우리로 사망을 위하여 열매를 맺게 하였더니 … 그런즉 우리가 무슨 말을 하리요. 율법이 죄냐? 그럴 수 없느니라. **율법으로 말미암지 않고는 내가 죄를 알지 못하였으니 곧 율법이 탐내지 말라 하지 아니하였더라면 내가 탐심을 알지 못하였으리라.**"

때문에 많은 이들이 '율법'을 '계명'과 동일시합니다.

또, 성경에서 그리스도의 율법을 가장 잘 보여준 곳은 마태복음 5장입니다. 거기서 예수님은 "율법을 폐하러 온 것이 아니라 완전하게 하러 왔다(17절)"고 하신 후 21-48절에서 계명들의 온전한 뜻을 설명해주셨습니다. 그래서 그리스도의 율법을 단지 계명들로 착각하기 쉽습니다. 주석들을 읽어보면 학자들 중에도 그런 이들이 많습니다. 또, 저도 오랫동안 이런 착각 속에서 살았습니다. 누구나 이렇게 착각하기 쉽습니다.

그러나 그리스도의 율법은 단지 계명들이 아닙니다. 먼저, 그것을 17절을 통해 간단히 설명해드리겠습니다.

"내가 율법이나 선지자를 폐하러 온 줄로 생각하지 말라. 폐하러 온 것이 아니요 완전하게 하려 함이라."

예수님은 율법을 완전하게 하러 오셨습니다. 그런데 '완전하게 한다'는 것에 두 가지 뜻이 있습니다. 율법과 선지자들의 예언의 성취와 율법의 계명들의 의미를 온전히 드러내는 것이 그것입니다. 이에 대해 김세윤 교수님은 이렇게 말했습니다.

"'완성한다'는 의미는 두 가지로, 하나는 율법의 예언과 약속을 종말론적으로 완성한다는 뜻이고, 또 하나는 율법의 문자가 가리

키는 정신을 온전하게 한다는 의미가 있습니다."[49]

실제로 예수님은 십자가와 부활 그리고 가르침을 통해 모세의 율법을 완전하게 하셨습니다. 예수님이 완전하게 하신 것은 의식법과 도덕법 둘 다입니다. 또, 그 둘을 합한 것이 그리스도의 율법입니다. 그러므로 그리스도의 율법은 단지 계명이 아니라 두 가지로 구성되어 있다는 것을 깨달아야 합니다.

다음으로, 그리스도의 율법이 단지 계명들이 아니라는 것을 18절을 통해 더 자세히 설명해드리겠습니다.

"진실로 너희에게 이르노니 천지가 없어지기 전에는 율법의 일점 일획도 결코 없어지지 아니하고 다 이루리라."

우리가 주목해야 할 것은 "다 이루리라"라는 표현입니다. 그런데 자칫 하면 이것이 17절에서 언급한 "선지자"의 예언 성취를 뜻한다고 생각하기 쉽습니다. 또, 그 구절에서 말한 율법을 완전케 한다는 것은 21-48절에 나오는 계명들의 의미를 온전히 드러낸 것을 뜻한다고 생각하기 쉽습니다.

그러나 그렇지 않습니다. 왜냐하면 마태의 관심이 17절의 "율법이나 선지자" 즉 성경 전체로부터 18절에서 "율법의 일점일획" 즉 율법으로 좁혀지고 있고 그 초점이 그 뒤의 구절들에서도

---

49 김세윤 『신약을 어떻게 읽을 것인가?』 서울: 성서유니온, 2012. pp. 165-166.

계속 유지가 되고 있기 때문입니다(참조 19, 21-48).[50]

또한, 선지자뿐 아니라 율법에도 예언의 기능이 있었습니다.

마태복음 11:13 "모든 선지자와 **율법이 예언한 것**은 요한까지지니"

그러므로 18절의 "다 이루리라"는 선지자들의 예언이 아니라 율법의 의식법이 모형과 그림자로 예언한 것의 성취를 뜻합니다.

그런데, 예수님이 이 말씀을 하신 것은 십자가를 지시기 훨씬 전입니다. 십자가는 구약의 수많은 제물들이 보여주듯이 율법의 예언의 핵심입니다. 때문에 캠벨 몰간은 가슴을 뭉클하게 하는 이런 말을 했습니다.

"왕께서 '폐하러 온 것이 아니요 완전케 하려 함이로라'라고 말씀하셨을 때 그분은 다음과 같은 의미로 말씀하셨을 것이다 : '나는 율법이 실현하고자 했던 모든 것을 완성하고자 온 것이다.' **이때에 그 사람들은 그 왕의 계획 속에 십자가가 있는 것을 생각지도 못했을 것이다. 그러나 그분은 일이 그렇게 될 것을 알고 계셨다.**"[51]

예수님은 단지 설교가 아니라 십자가로 율법을 완전하게 하실 생각이셨습니다. 십자가에서의 참혹한 죽음! 이것이 "다 이루리

---

50 양용의 『예수님과 안식일 그리고 주일』 서울: 이레서원, 2011. p. 141.

51 캠벨 몰간 『마태복음 강해(상)』 원광연 옮김. 서울: 아가페, 1993. p. 110.

라"는 내용의 핵심입니다. 또한, 이것은 십자가에서 "다 이루었다!"고 주님이 선언하신 것과 조화를 이룹니다.

십자가보다 중요한 것은 없습니다. 십자가는 기독교의 핵심입니다. 물론 십자가가 다 이루리라의 뜻의 전부는 아닙니다. 그러나 십자가와 부활은 예수님이 이루어야 할 가장 중요한 것이었습니다. 그래서 훗날 바울은 복음을 이렇게 요약했습니다.

> 고린도전서 15:1, 3-4 "형제들아 **내가 너희에게 전한 복음**을 너희에게 알게 하노니 이는 너희가 받은 것이요 또 그 가운데 선 것이라. … 내가 받은 것을 먼저 너희에게 전하였노니 이는 **성경대로 그리스도께서 우리 죄를 위하여 죽으시고 장사 지낸 바 되셨다가 성경대로 사흘 만에 다시 살아나사**"

그러므로 우리는 마태복음 5장 17-18절에 복음이 들어있다는 사실을 깨달아야 합니다. 율법에 대한 이 구절들 안에 복음이 들어있고 복음에 대한 설명이라니 생각 못 해본 것이고 충격이지요! 그러나 이것이 팩트입니다. 또, 감사하게도 소수지만 이것을 간파한 학자들이 있습니다.

일례로, 스캇 맥나이트는 이 구절들을 이렇게 설명했습니다.

> **"성경을 예수 그리스도의 이야기 안에서 완성된(성취된) 이스라엘의 이야기(구약성경-저자 주)로 읽는 법을 배울 때에야 비로소 성경을 제대로 읽는 것이다.** 이것이 바로 고린도전서 15:1-28에서

> 바울이 '복음'이란 단어로 의도한 내용의 본질이며, 또한 초대 교회의 사도들이 전도를 할 때 복음을 전하던 방식이다. 이 사실을 확인하려면 사도행전 2장, 3장, 10-11장, 13장, 14장, 17장을 읽어보면 충분할 것이다. **이런 연유로 나는 마태복음 5:17-20이 신약성경에서 가장 원래에 가까운 형태로 복음을 표현하고 있다고 생각한다. 그 이유는, 이 본문이 이스라엘의 이야기가 예수님 바로 그분 안에서 성취된다고 숨김없이 대담하게 말하고 있기 때문이다. 그의 삶과 그의 가르침, 그의 행위 등 그와 관련된 모든 것이 구약의 기대들을 성취한다. 그것이 바로 복음이다!"**[52]

참으로 통찰력이 넘치는 말이지요! 옳습니다. 그것이 바로 복음입니다.

팩트 체크를 위해, 잠시 시간을 돌려서 모세시대로 되돌아가 보겠습니다. 그 시대에 모세오경 외에 이스라엘 백성들에게 다른 것을 가르쳤나요? 즉, 율법 외에 따로 복음을 전한 것이 있나요? 창세기 외에는 없습니다. 율법이 거의 전부였습니다. 물론 그 후 여러 선지자들이 예수님에 대해 예언했습니다. 그러나 그 예언들은 훗날의 일이고 게다가 전체가 아니라 부분들이었습니다.

> 히브리서 1:1 "옛적에 선지자들을 통하여 **여러 부분**과 여러 모양으

52 스캇 맥나이트 『하나님의 이야기 성경 주석시리즈 산상수훈』 최현만 옮김. 평택: 에클레시아북스, 2016. p. 91.

로 우리 조상들에게 말씀하신 하나님이"

그래서 선지자들도 어느 때 누구를 가리키는지 궁금해했고 정확한 뜻을 알지 못했습니다.

베드로전서 1:10-11 "이 구원에 대하여는 너희에게 임할 은혜를 **예언하던 선지자들이 연구하고 부지런히 살펴서 자기 속에 계신 그리스도의 영이 그 받으실 고난과 후에 받으실 영광을 미리 증언하여 누구를 또는 어떠한 때를 지시하시는지 상고하니라.**"

제사장과 백성들은 더 이해를 못했습니다. 만약 그들이 이해했다면 예수님이 오셨을 때 환영하며 영접했을 것입니다. 그러므로 그 후에 예언들이 있을지라도, 구약시대의 이스라엘 백성들에게 가장 중요한 것은 양과 소를 잡아 그 피로 제사를 드리는 의식법이었습니다. 그것은 하나님이 아담에게 입혀준 가죽옷을 비롯해서 아브라함이 후손에 대한 약속을 믿어 칭의를 받은 것과 그 후 선지자들이 메시야에 대해 예언한 것들과 맥을 같이하는 것입니다. 그러므로 처음부터 복음이 율법 밖에만 있었던 것이 아닙니다. 율법 안에도 있었습니다.

이상 설명해드린 것처럼, 구약시대에는 율법 안에 복음과 계명이 있었습니다. 그런데 이것은 신약시대에도 마찬가지입니다. 이번에는 그것을 간단히 설명해보겠습니다.

예수님은 율법을 완전하게 하려고 오셨습니다(마 5:17). 가장 중요한 것은 율법의 의식법을 십자가와 부활을 통해 성취하는 것입니다. 그것이 복음입니다! 그러나 의식법만 성취한 것이 아닙니다. 도덕법인 계명들의 참 뜻도 보여주셨습니다. 그리고 이 두 가지를 합한 것이 그리스도의 율법입니다. 그러므로 모세의 율법 안에 그림자 복음(의식법)과 계명(도덕법)이 있었던 것처럼 그리스도의 율법 안에도 의식법을 성취한 복음과 그 의미를 온전히 드러낸 계명이 있는 것입니다. 구조가 똑같습니다. 이것을 이미 해드린 설명들뿐 아니라 **"3. 정말로 율법 안에 복음이 들어 있는가?"**에서 자유의 율법에 대해 설명하는 것을 들으시면 여러분 모두 더욱 확신하게 되실 것입니다. 왜냐하면 그리스도의 율법을 뜻하는 자유의 율법이 앞의 문맥에서는 복음과 겹쳐지고 뒤의 문맥에서는 계명과 겹쳐진다는 것을 자세히 설명해드릴 것이기 때문입니다. 기대하시기 바랍니다.

한편, 이 사실은 문자 그대로 사활적으로 중요합니다. 왜냐하면 복음이 가장 중요하지만 복음을 믿는 것이 다가 아니라는 것을 보여주기 때문입니다. 물론 칭의는 복음을 믿는 것만으로도 충분합니다. 실제로 우리는 복음을 믿음으로써 이미의 칭의를 받았습니다. 그러나 그 후 그리스도의 율법의 계명들을 지켜야 합니다. 오직 그런 자들만 궁극적인 구원인 아직의 칭의를 받을 수 있습니다(마 5:20). 그러니 그리스도의 율법의 구조를 이해하는 것이 정말로 중요하지요! 여러분 모두 이것을 밝히 깨닫고 복음을 믿을 뿐 아니라 그리스도의 율법의 계명들을 지키는 자들이 다 되시기 바랍니다.

(2) 그리스도의 율법은 바울이 전하고 가르친 율법이다!

우리는 오래도록 '구약은 율법, 신약은 복음'이라는 굳어진 생각을 가지고 살았습니다. 그러나 '구약은 모세의 율법, 신약은 그리스도의 율법'이 더 정확하고 온전한 것입니다.

한마디로, 모세의 율법은 구약시대의 신앙생활을 위한 시스템이고, 그리스도의 율법은 신약시대의 신앙생활을 위한 시스템입니다. 때문에 구약시대에 모세의 율법을 따라 신앙생활을 했듯이 우리는 그리스도의 율법을 따라 신앙생활을 해야 합니다. 그러니 그리스도의 율법이 얼마나 중요한 주제인지 아시겠지요!

그런데 저는 그리스도의 율법이 의식법을 성취한 복음과 그 의미를 온전히 드러낸 계명 두 가지로 구성되어 있다고 믿습니다. 이것은 마태복음 5장 17-48절에 밝히 드러나 있는 진리입니다. 그러나 설명을 듣고도 다음과 같은 생각을 하실 분들이 많을 것입니다.

'하지만 바울은 다르게 말한 것 같은데! 로마서는 그렇게 말하고 있지 않아! 바울은 단지 복음을 설명했을 뿐이야! 갈라디아서도 마찬가지야!'

듣고 보니 그런 것 같기도 하지요? 그러나 그것은 교리의 안경을 끼고 성경을 보았기 때문에 일어나는 착각일 뿐입니다. 실제로는 전혀 그렇지가 않습니다. 왜냐하면 바울은 그의 서신들에서 의식법을 성취한 복음을 믿어야 할 뿐 아니라 예수님이 그 뜻을 온전히 드러낸 계명들을 지켜야 한다고 가르쳤기 때문입니다. 제가 그것을 로마서와 갈라디아서를 통해 여러분에게 증명해보이겠습니다.

1) 로마서는 그리스도의 율법을 설명한 책이다!

복음이 무엇입니까? 한마디로 이신칭의입니다. 바울은 그것을 로마서 1-5장을 통해 자세히 설명했습니다. 바울은 그 장들에서 율법의 행위로는 의롭다함을 받을 수 없고 오직 믿음으로써만 의롭다함을 받을 수 있다고 강변했습니다. 사실이지요!

그런데 이것이 로마서의 전부일까요? 아닙니다. 그 뒤 6-16장에 보면 다른 내용들도 있지만 핵심 내용이 무엇입니까? 한마디로, 계명을 지키라는 것입니다. 진짜 그런지 함께 확인해볼까요?

먼저, 바울은 로마서 1-5장뿐 아니라 10장에서도 복음을 설명했습니다. 그런가 하면 1-5장에도 율법의 계명을 지켜야 한다는 내용이 나옵니다.

로마서 2:12-13 "무릇 율법 없이 범죄한 자는 또한 율법 없이 망하고 무릇 율법이 있고 범죄한 자는 율법으로 말미암아 심판을 받으리라. **하나님 앞에서는 율법을 듣는 자가 의인이 아니요 오직 율법을 행하는 자라야 의롭다 하심을 얻으리니**"

로마서 3:31 **"그런즉 우리가 믿음으로 말미암아 율법을 파기하느**

냐? 그럴 수 없느니라. 도리어 율법을 굳게 세우느니라."

다음으로, 6-16장에 나오는 내용들을 살펴보겠습니다. 먼저, 6장 1절부터 보겠습니다.

"그런즉 우리가 무슨 말을 하리요! **은혜를 더하게 하려고 죄에 거하겠느냐?"**

로마 교회 성도들은 복음을 믿고 하나님의 은혜로 의롭다함을 받았습니다. 그래서 다 끝난 것인가요? 아닙니다. 그 후, 죄에 거하지 말아야 합니다.

"은혜를 더하게 하려고 죄에 거하겠느냐?"

이는 복음을 믿었으니 아무렇게나 살아도 되느냐는 질문입니다. "율법이 폐해졌다"는 말을 오해하는 사람들이 하는 '율법이 아니라 은혜 아래 있으니 율법을 안 지켜도 되고 심판을 받지 않는 것 아니냐?'라는 말과 같은 질문입니다. 그때나 지금이나 항상 이런 생각이 문제입니다. 이 질문에 대해 바울은 2절에서 이렇게 대답했습니다.

"그럴 수 없느니라. 죄에 대하여 죽은 우리가 어찌 그 가운데 더 살리요?"

그 후, 6장 전체를 할애해서 죄 짓지 말고 하나님께 순종해야 한다고 가르쳤습니다. 전에도 설명해드린 것처럼, 로마서 6장 전반부는 "죄 가운데 살지 말고 하나님께 복종해야 한다!"는 내용이고, 후반부는 "그렇지 않으면 단지 상급이 없는 것이 아니라 멸망 받는다!"는 내용입니다.

그런데 죄가 무엇일까요? 바로 불법입니다.

요한일서 3:4 "죄를 짓는 자마다 불법을 행하나니 **죄는 불법**이라."

또, 불법은 법을 어기는 것입니다. 그래서 죄 짓지 말라는 말은 계명을 어기지 말라는 뜻이고, 하나님께 순종하라는 말은 계명들을 지키라는 뜻입니다.

여기서, 잠시 생각해보십시오. 우리가 어떻게 하나님께 순종할 수 있습니까? 하나님께서 개인에게 "너 이렇게 해! 저렇게 해!" 일일이 다 말씀해주시나요? 그렇지 않습니다. 하나님은 율법의 계명을 통해 우리가 어떻게 행해야 할지 가르쳐주셨습니다. 율법의 계명을 지키는 것이 곧 하나님께 순종하는 것입니다. 그러므로 로마서 6장에 나오는 하나님께 순종하라는 말은 실제로 율법의 계명들을 지키라는 뜻인 것입니다.

또, 로마서 7장도 마땅히 계명을 지켜야 하지만 율법 조문의 묵은 것으로는 지킬 수 없다는 뜻입니다. 계명을 지켜야 한다는 것을 저변에 깔고 있습니다!(롬 7:4, 6절)

또, 로마서 8장에는 그것이 보다 명확하게 나타나 있습니다.

로마서 8:4 "육신을 따르지 않고 그 영을 따라 행하는 **우리에게 율법의 요구가 이루어지게 하려 하심이니라.**"

결정적이지요! 우리가 성령을 따라 행하면 율법의 요구가 이루어집니다. 그러므로 성령을 따라 행함으로 율법의 계명들을 지키라는 뜻입니다.

그러나 오해하지 마십시오. 이것은 안식일과 절기들 혹은 음식 규례들을 지키라는 것이 아닙니다. 혹은 구약의 규례를 따라 이혼서를 써주고 마음대로 이혼해도 된다는 것이 아닙니다. 어떤 분은 "그러나 안식일은 도덕법인 십계명에 나오는 계명 아닙니까? 그런데 지키지 않아도 되나요?"라고 질문할 것입니다. 그러나 바울은 안식일을 의식법으로 분류했습니다.

골로새서 2:16-17 "그러므로 **먹고 마시는 것과 절기나 초하루나 안식일**을 이유로 누구든지 너희를 비판하지 못하게 하라. **이것들은 장래 일의 그림자이나 몸은 그리스도의 것이니라.**"

안식일은 다른 의식법들처럼 장래 일의 그림자입니다. 모형을 통한 예언이었고, 예수님을 통해 신자에게 주어지는 참 안식이 그 실체입니다. 때문에 오늘날은 안식일이 아니라 성경에 나오는 사도들의 본을 따라 주일을 지키는 것이 정당한 것입니다. 설마 여러분 중에 바울이 판단을 잘못했다고 생각하시는 분은 없겠지요!(고전 16:2)

아무튼, 8장 4절의 "율법"은 모세의 율법과 겹쳐지기는 하나 그것을 완전케 한 그리스도의 율법을 뜻합니다. "그리스도의 율법"이라는 표현은 안 썼지만 그리스도의 율법의 계명들을 지켜야 한다는 뜻입니다.

또한, 로마서 13장에는 이런 구절들이 있습니다.

> 로마서 13:8-10 "피차 사랑의 빚 외에는 아무에게든지 아무 빚도 지지 말라. **남을 사랑하는 자는 율법을 다 이루었느니라.** 간음하지 말라, 살인하지 말라, 도둑질하지 말라, 탐내지 말라 한 것과 그 외에 다른 계명이 있을지라도 **네 이웃을 네 자신과 같이 사랑하라 하신 그 말씀 가운데 다 들었느니라.** 사랑은 이웃에게 악을 행하지 아니하나니 **그러므로 사랑은 율법의 완성이니라.**"

여기서 "남을 사랑하는 자는 율법을 다 이루었느니라.", "그러므로 사랑은 율법의 완성이니라."가 무슨 뜻입니까? 사랑하면 율법이 다 이루어지니 사랑함으로 율법의 계명들을 지키라는 뜻입니다. 이처럼 바울은 로마서에서 율법의 계명들을 지키라고 말했습니다.

이상 설명해드린 것처럼, 바울은 로마서 전체를 통해 복음을 믿을 뿐 아니라 율법의 계명들을 지켜야 한다고 가르쳤습니다. 예수님이 마태복음 5장에서 의식법의 성취인 복음을 훗날 믿어야 할 것과 그 의미를 온전히 드러낸 계명을 지켜야 한다고 말씀한 것과 정확히 일치하지요! 그러지 않으면 지옥에 간다고 한 것도 서로 일치합니다(마 5:20, 22, 29-30; 롬 6:16, 8:12-13). 이로 보건대, 바울이 로마서 전체를 통해 가르친 것이 무엇입니까? 단지 복음이 아닙니다. 그리스도의 율법입니다.

2) 갈라디아서도 그리스도의 율법을 설명한 책이다!

갈라디아서도 로마서와 똑같습니다. 정말 그런지 잘 들어보시기 바랍니다.

갈라디아서 1-4장은 '율법은 폐해졌고 우리는 율법 아래 있지 않다. 그런데 왜 음식규례를 지키고 날과 달과 해와 절기를 삼가 지키려고 하느냐? 그것은 잘못된 것이고 다른 복음이다!'라는 내용입니다.

이를 좀 더 세분화하면, 1-2장은 우리가 율법의 행위가 아니라 믿음으로만 의롭다함을 받을 수 있다는 내용입니다. 3-4장은 율법이 폐해졌고 율법 아래 있지 않다는 것이 정확히 어떤 뜻인지 시대 변화를 통해 설명하면서 이신칭의의 진리를 재확인한 것입니다.

하지만, 5-6장은 복음에 대한 설명도 일부 있지만 성령을 따라 행함으로 율법의 계명들을 반드시 지키라는 것이 주 내용입니다. 로마서와 전체적으로 내용이 똑같지요!

이 중, 현재 우리가 다루는 주제와 관계가 있는 5-6장이 진짜 그런 내용인지 살펴보도록 하겠습니다.

갈라디아서 5:1 **"그리스도께서 우리를 자유롭게 하려고 자유를 주셨으니 그러므로 굳건하게 서서 다시는 종의 멍에를 메지 말라."**

모세의 율법은 폐해졌고 우리는 율법에서 자유케 되었습니다. 그러므로 할례를 받거나 율법의 행위로 칭의를 받으려고 하면 안 됩니다(2-4절). 그것은 율법주의고 이단이기 때문입니다.

우리는 복음을 믿어야 합니다. 그런데, 복음을 믿은 후 마음대로 살아도 될까요? 그래도 천국에 갈 수 있을까요? 그렇지 않습니다. 반드시 율법의 계명을 지켜야 합니다. 바울은 그 뒤 이것을 세 번이나 강조했습니다.

① 갈라디아서 5장 13-15절

"형제들아 너희가 자유를 위하여 부르심을 입었으나 그러나 그 자유로 육체의 기회를 삼지 말고 오직 사랑으로 서로 종노릇 하라. **온 율법은 네 이웃 사랑하기를 네 자신 같이 하라 하신 한 말씀에서 이루어졌나니 만일 서로 물고 먹으면 피차 멸망할까 조심하라."**

바울은 우리가 모세의 율법에서 자유케 되었지만 "그 자유로 육체의 기회를 삼지 말고 오직 사랑으로 서로 종노릇 하라."라고 했습니다. 그 이유는 두 가지입니다.

먼저, 사랑으로 서로 종노릇해야 계명들을 지킬 수 있습니다.

"온 율법은 네 이웃 사랑하기를 네 자신 같이 하라 하신 한 말씀에서 이루어졌나니"

이것은 바울이 로마서에서 말한 것과 같은 내용입니다.

로마서 13:8-10 "피차 사랑의 빚 외에는 아무에게든지 아무 빚도 지지 말라. **남을 사랑하는 자는 율법을 다 이루었느니라. 간음하지 말라, 살인하지 말라, 도둑질하지 말라, 탐내지 말라 한 것과 그 외에 다른 계명이 있을지라도 네 이웃을 네 자신과 같이 사랑하라 하신 그 말씀 가운데 다 들었느니라. 사랑은 이웃에게 악을 행하지 아니하나니 그러므로 사랑은 율법의 완성이니라."**

그러므로 우리는 무엇보다 사랑해야 합니다.

다음으로, 사랑으로 서로 종노릇해야 버림받아 멸망하지 않습니다.

"만일 서로 물고 먹으면 피차 멸망할까 조심하라."

"멸망"이라는 단어에 주목하십시오. 그러므로 믿기만 하면 어떻게 살든 천국에 가는 것이 아닙니다. 그런데 바로 전 절에서 이렇게 말했습니다.

"온 **율법**은 **네 이웃 사랑하기를 네 자신 같이 하라** 하신 한 말씀에서 이루어졌나니"

그리고 "만일 서로 물고 먹으면 피차 멸망할까 조심하라."라고 말했습니다. 그러니 율법을 지켜야 한다는 말입니까? 지키지 말라는 말입니까? 지켜야 한다는 말이지요!

② 갈라디아서 5장 16-23절

"내가 이르노니 **너희는 성령을 따라 행하라. 그리하면 육체의 욕심을 이루지 아니하리라.** 육체의 소욕은 성령을 거스르고 성령은 육체를 거스르나니 이 둘이 서로 대적함으로 너희가 원하는 것을 하지 못하게 하려 함이니라. 너희가 만일 성령의 인도하시는 바가 되면 율법 아래에 있지 아니하리라. **육체의 일은 분명하니 곧 음행과 더러운 것과 호색과 우상 숭배와 주술과 원수 맺는 것과 분쟁과 시기와 분냄과 당 짓는 것과 분열함과 이단과 투기와 술 취함과 방탕함과 또 그와 같은 것들이라. 전에 너희에게 경계한 것 같이 경계하노니 이런 일을 하는 자들은 하나님의 나라를 유업으로 받지 못할 것이요. 오직 성령의 열매는 사랑과 희락과 화평과 오래 참음과 자비와 양선과 충성과 온유와 절제니 이 같은 것을 금지할 법이 없느니라."**

16절에 주목하십시오.

"너희는 성령을 따라 행하라."

이 명령이 무슨 뜻입니까? 에스겔은 우리가 성령을 통해서만 율법의 계명들을 지킬 수 있다고 예언했습니다(겔 36:27). 또, 바울은 성령을 따라 행하면 율법의 요구가 이루어진다고 했습니다.

로마서 8:4 "육신을 따르지 않고 **그 영을 따라 행하는 우리에게 율법의 요구가 이루어지게 하려 하심**이니라."

그러므로 율법에서 자유케 되었으니 맘대로 살아도 된다는 뜻이 아니라 율법의 계명들을 지켜야 된다는 뜻입니다!

만약, 안 지키면 어떻게 될까요? 21절에 그 결과가 나옵니다.

"전에 너희에게 경계한 것 같이 경계하노니 이런 일을 하는 자들은 하나님의 나라를 유업으로 받지 못할 것이요."

그러므로 믿고 의롭다함을 받았다고 다 된 것이 아닙니다. 그것은 신앙생활의 시작일 뿐입니다. 우리는 성령을 따라 행함으로 계명들을 지켜야 합니다. 이것이 하나님이 인정하시는 진짜 신앙생활입니다.

그런즉 율법의 계명을 지키라는 것입니까? 지키지 않아도 된다는 것입니까? 지켜야 한다는 것입니다. 그것도 반드시 지켜야 한다는 뜻입니다.

③ 갈라디아서 6장 2절

"너희가 짐을 서로 지라. 그리하여 **그리스도의 법**을 성취하라."

여기에 "그리스도의 법"이라는 표현이 나옵니다. 이것은 고린도전서 9장 21절에 나오는 "그리스도의 율법"과 원어가 똑같습니다. 그러므로 "그리스도의 율법"입니다.

더글라스 무는 "그리스도의 법"이 실제로 "그리스도의 율법"이라는 것을 이렇게 설명했습니다.

"신자가 서로의 짐을 짐으로써 성취하는 '**그리스도의 법**'은 다양하게 인식되어 왔다. 일반적으로 다음의 두 방향으로 해석이 된다.

1. **이 법은 모세의 율법 곧 토라이며, 그리스도에 의해 성취되며, 그리스도에 맞추어 그리스도로 인해 해석된다.**

2. 다음 중 어느 것이든, 이 법은 모세의 율법과는 별개의 법이다.

a. 그리스도에 의해 율법의 중심으로 세워진 사랑의 계명

b. 일반적인 그리스도의 윤리적 가르침(Dodd 1968)

c. 그리스도의 모범

d. 혹은 이것들 중 일부의 조합

바울이 갈라디아서에서 여기까지 줄곧 노모스를 모세의 율법을 말하는 것으로만 사용했다는 사실은(5:23을 예외로 볼 수도 있다) 첫 번째 해석 방향을 더 선호하게 한다. …

수식어구인 소유격 '크리스투'는 자연스럽게 이 법을 모세의 율법과는 의도적인 대척점에 있는 그리스도에게 '속하는' 혹은 '~로부터' 나오는 법으로 보이게 한다. …

둘째로, '톤 노몬 투 크리스투'는 고린도전서 9장 20-21절에 유사한 병행구절을 가진다.

'유대인들에게 내가 유대인과 같이 된 것은 유대인들을 얻고자 함이요. 율법 아래에 있는 자들에게는 내가 율법 아래에 있지 아니하나 율법 아래에 있는 자 같이 된 것은 율법 아래에 있는 자들을 얻고자 함이요. 율법 없는 자에게는 내가 하나님께는 율법 없는 자가 아니요 도리어 그리스도의 율법 아래(엔노모스 크리스투)에 있는 자이나 율법 없는 자와 같이 된 것은 율법 없는 자들을 얻고자 함이라.'

퓌예가 보여주었듯이, 이 본문에서 바울은 넓은 의미의 '하나님의 법'을 두 부분으로 나눈다. (1) 유대인들에게는 유효하나 바울에게는 더 이상 '그 아래'에 있지 않는 율법과 (2) 바울이 지켜야 할 의무가 있는 그리스도의 법. 달리 말해서, 바울은 그리스도의 법(확실히, 약간 다른 말이다)을 모세의 율법과 구별한다."[53]

그러므로 그리스도의 법은 그리스도의 율법입니다.

그런데, 바울은 그리스도의 법(율법)을 성취하라고 했습니다. 여기서 "성취하라"의 헬라어 "아나플레로오"는 "완전히 이행하거나 성취하다"라는 뜻입니다. 지켜야 한다는 뜻입니다. 그러므로 바울이 갈라디아서 5-6장을 통해 계명을 지켜야 한다고 가르친 것이 확실하지요!

---

53 더글라스 무 『갈라디아서』 최원용 옮김. 서울: 부흥과개혁사, 2018. pp. 491-492.

이상 설명해드린 것처럼, 바울은 많은 이들이 착각하고 있는 것처럼 로마서와 갈라디아서에서 단지 복음을 설명하지 않았습니다. 그리스도의 율법을 설명했습니다. 즉, 그리스도의 율법의 두 가지 요소인 우리가 믿어야 할 복음과 지켜야 될 계명에 대해 설명했습니다. 그러니 로마서가 무슨 책일까요? 그리스도의 율법을 설명한 책입니다. 또, 갈라디아서가 무슨 책일까요? 역시 그리스도의 율법을 설명한 책입니다. 그러므로 우리 모두 그리스도의 율법의 계명들을 지켜야 합니다.

그런데 교회들의 현실을 보면, 안타깝게도 많은 신학자와 목회자들이 바울처럼 그리스도의 율법이 아니라 단지 복음만 전합니다. 복음을 믿으면 계명들을 지키지 않아도 천국에 갈 수 있는 것처럼 영혼들을 오도하고 있습니다. 그 길은 생명의 길이 아닙니다. 멸망으로 인도하는 넓은 길입니다. 그러므로 영혼들의 안전을 생각할 때 끔찍한 일이 아닐 수 없습니다.

그렇다고 복음은 제대로 전하느냐? 그것도 아닙니다. 많은 설교자들이 회개와 믿음인데 앵무새처럼 '오직 믿음'을 되풀이하며 회개를 촉구하지 않습니다. 믿음도 예수님을 임금과 구주로 모셔 들이는 것인데, 십자가의 공로만 의지하면 된다고 잘못 가르칩니다. 또, 믿는 자에게 의롭다함뿐 아니라 성령을 주셨으므로 말씀대로 살아야 하는데 충분히 강조하지 않고 있습니다. 완전히 무시하지는 않아도 필수가 아니라 옵션인 것처럼 가르칩니다. 이것은 부분적으로 다른 복음입니다. 전체가 다른 복음일 경우 100프로 지옥행입니다. 그러나 부분적으로 다른 복음이기 때문에 다 지옥에 가지는 않지만 독성이 굉장히 강합니다. 이것이 교회 안에서 천국 가는 사람의 비율이 현저히 낮은 이유입니다. 그러므로 저는 반드시 진리가 회복되고 개혁이 일어나야 한다고 생각합니다.

다음 소지로 넘어가기 전에, 한 가지 더 설명해야 할 것이 있습니다. 로마서와 갈라디아서에 보면 공히 다음과 같은 구절이 나옵니다.

> 로마서 13:8 "피차 사랑의 빚 외에는 아무에게든지 아무 빚도 지지 말라. 남을 사랑하는 자는 율법을 다 **이루었느니라.**"

> 갈라디아서 5:14 "온 율법은 네 이웃 사랑하기를 네 자신 같이 하라 하신 한 말씀에서 **이루어졌나니**"

많은 학자들이 이 구절들에 나오는 "이루어졌다"라는 단어에 초점을 맞춥니다. 그리고 "우리는 율법에서 자유케 되었다. 그러므로 율법을 지키지 말고 사랑해야 한다. 그럴 때 율법의 요구가 이루어진다. 우리가 해야 할 것은 율법의 계명들을 지키는 것이 아니라 사랑이다."라고 주장합니다. 이처럼 많은 학자들이 율법을 지켜야 한다는 것과 사랑해야 한다는 것을 분리시키고 후자만 강조합니다. 그렇게 율법을 지켜야 한다는 것을 교묘하게 부정합니다.

이것이 정말 옳은 말일까요? 저는 아니라고 생각합니다. 이유는 다음 다섯 가지입니다.

첫째로, 물론 우리는 성령을 따라 행하고 사랑해야 합니다. 그 때 율법의 요구가 이루어집니다. 그러나 우리가 그런 방법으로 율법을 지켜야 한다는 뜻입니다.

또, 계명을 지켜야 하는데 우리 힘으론 불가능합니다. 그래서 성령을 주시면서 성령을 따라 행하라고 한 것입니다. 결코 계명들을 지키지 말라는 것이 아닙니다. 성령을 힘입어 계명을 지키라는 것입니다. 그런데 왜 성령을 따라 사랑하는 것과 계명을 지키는 것을 분리시킵니까? 그것은 성경저자들의 의도가 아니고 불필요한 것입니다. 그러므로 학자들의 주장은 매우 잘못된 것입니다.

둘째로, 에스겔 선지자는 이렇게 예언했습니다.

> 에스겔 36:27 **"또 내 영을 너희 속에 두어 너희로 내 율례를 행하게 하리니 너희가 내 규례를 '지켜' 행할지라."**

이처럼 성령을 주신 목적 자체가 율례와 규례를 지키게 하기 위한 것입니다. 그런데 계명을 지키려고 하면 안 되고 사랑해야 한다니 말이 되나요?

이 구절에서 에스겔은 분명히 "내 율례를 행하게 하리니", "내 규례를 지켜 행할지라."라고 예언했습니다. 이것은 계명을 지키려는 의지가 있어야 하고, 지켜야 한다는 뜻합니다. 단순히 결과적으로 지키게 되는 것만 뜻하는 것이 아닙니다.

또, 구약이나 신약이나 시대와 상관없이 우리는 하나님의 계명들을 지켜야 합니다. 이것을 누가 부인할 수 있겠습니까? 그런데 그것을 목표로 삼는 것이 무엇이 문제입니까? 그러므로 학자들의 주장은 옳은 것이 아닙니다.

셋째로, 저는 산상수훈이 학자들의 주장이 틀렸다는 것을 보여준다고 생각합니다. 바울은 무엇보다 예수님의 말씀을 우선시했습니다. "바른 말"의 최우선적인 기준이 예수님의 말씀이라고 생각했습니다.

> 디모데전서 6:3-4 "누구든지 다른 교훈을 하며 **바른 말** 곧 **우리 주 예수 그리스도의 말씀**과 경건에 관한 교훈을 따르지 아니하면 그는 교만하여 아무 것도 알지 못하고 변론과 언쟁을 좋아하는 자니"

그런 바울이 예수님의 대표적인 설교인 산상수훈을 부정하고 그것과 다르게 말할 리가 있겠습니까? 그럴 리가 없습니다.

그런데, 산상수훈에서 예수님은 율법을 폐하러 온 것이 아니라 완전하게 하려고 오셨다고 하셨습니다. 폐했으면 안 지켜도 됩니다. 그러나 폐하지 않았으면 지켜야 합니다. 그러므로 이 말씀 자체가 계명들을 지켜야 한다는 뜻입니다. 실제로 예수님은 그 뒤 계명들을 지켜야 한다고 말씀하셨습니다.

> 마태복음 5:19-20 "그러므로 누구든지 **이 계명** 중의 지극히 작은 것 하나라도 버리고 또 그같이 사람을 가르치는 자는 천국에서 지극히 작다 일컬음을 받을 것이요. 누구든지 **이를 행하며** 가르치는 자는 천국에서 크다 일컬음을 받으리라. 내가 너희에게 이르노니 **너희**

의가 서기관과 바리새인보다 더 낫지 못하면 결코 천국에 들어가 지 못하리라."

또, 여섯 가지 반제를 통해 계명들의 의미를 온전히 보여주셨습니다. 이는 우리가 그 기준을 따라 지키길 원하셨기 때문입니다. 그런데 계명을 지키려고 하면 안 된다니 이 무슨 해괴한 궤변이란 말입니까?

넷째로, 모세의 율법만 있는 것이 아니라 그리스도의 율법이 있습니다. 우리는 그리스도의 율법 아래 있는 자들입니다. 때문에 그리스도의 율법의 계명을 지켜야 합니다. 의문의 여지가 없는 사실이지요! 이것을 통해, 우리는 학자들의 주장이 잘못되었다는 것을 알 수가 있습니다.

다섯째로, 성경에는 계명들을 지켜야 한다고 직접적으로 말한 많은 성구들이 있습니다(마 5:19, 28:20; 막 7:8-9; 고전 7:19; 엡 6:2-3; 딛 1:9; 계 12:17, 14:12). 반면에 율법에서 자유케 되었으니 계명들(도덕법)을 지킬 필요가 없다고 말한 곳은 한 곳도 없습니다. 더 이상 의문의 여지가 없지요! 그러므로 절대로 학자들의 말 때문에 헷갈리거나 미혹되지 않는 여러분 되시기 바랍니다.

(3) 그리스도의 율법은 신약성경 전체가 가르치고 있는 율법이다!

마르틴 루터가 가장 사랑한 책이 무엇인지 아십니까? 로마서와 갈라디아서입니다. 그는 이 두 권이 이신칭의의 복음을 가장 잘 설명하고 있다고 생각했습니다. 그래서 두 책을 특별히 사랑했습니다.

그러나 이 책들은 단지 이신칭의의 복음을 설명한 것이 아닙니다. 이미 설명해드린 대로, 그리스도의 율법을 설명한 책들입니다. 로마서를 꽉 눌러 짜면 그리스도의 율법이 나옵니다. 또, 갈라디아서를 꽉 눌러서 짜도 그리스도의 율법이 나옵니다. 로마서와 갈라디아서의 엑기스가 바로 그리스도의 율법입니다.

그리스도의 율법은 예수님께서 모세의 율법을 완전하게 하여 우리에게 주신 것입니다. 하지만 여섯 가지 반제를 통해 예수님이 설명해주신 것만 그리스도의 율법이 아닙니다. 예수님의 가르침 전체가 그리스도의 율법입니다. 때문에 예수님은 사도들에게 이렇게 명령하셨습니다.

> 마태복음 28:19-20 "그러므로 너희는 가서 모든 민족을 제자로 삼아 아버지와 아들과 성령의 이름으로 세례를 베풀고 **내가 너희에게 분부한 모든 것을 가르쳐 지키게 하라.**"

또한, 사복음서에 나오는 예수님의 가르침뿐 아니라 신약성경 전체가 그리스도의 율법입니다. 어떤 분들은 "하지만 바울은 그리스도가 아니고, 베드로와 다른 사도들은 그리스도가 아니지 않나요? 그런데 어떻게 그들이 쓴 신약성경의 전체가 그리스도의 율법일 수 있나요?"라고 질문하고 싶을 것입니다.

그러나 예수님은 사도들에게 이렇게 말씀하셨습니다.

요한복음 16:12-14 "**내가 아직도 너희에게 이를 것이 많으나 지금은 너희가 감당하지 못하리라. 그러나 진리의 성령이 오시면 그가 너희를 모든 진리 가운데로 인도하시리니 그가 스스로 말하지 않고 오직 들은 것을 말하며 장래 일을 너희에게 알리시리라. 그가 내 영광을 나타내리니 내 것을 가지고 너희에게 알리시겠음이라.**"

예수님은 공생애 기간에 사도들이 감당하지 못했던 진리를 부활하신 후 성령을 통해 사도들에게 계시해주셨습니다. 그것이 바로 신약성경입니다. 그래서 베드로는 이렇게 말했습니다.

베드로후서 3:2 "곧 거룩한 선지자들이 예언한 말씀과 **주 되신 구주께서 너희의 사도들로 말미암아 명하신 것**을 기억하게 하려 하노라."

그러므로 예수님이 직접 말씀한 것은 물론이고 사도들이 쓴 편지들도 예수님의 말씀이요, 그리스도의 율법인 것입니다. 때문에 토마스 슈라이너는 이렇게 말했습니다.

"우리는 그리스도의 법을 예수님의 말씀에 한정해서는 안 된다!"[54]

---

54 토마스 슈라이너 『강해로 푸는 갈라디아서』 김석근 옮김. 서울: 도서출판 디모데, 2017. p. 377.

"그리스도의 법의 성격(참조, 갈 6:2)은 바울이 쓴 모든 것을 읽고 분별해야 한다."[55]

또한, 더글라스 무는 이렇게 말했습니다.

"바울은 그리스도인은 '법' 밖에 있는 것이 아니라 '그리스도의 법' 아래 있다는 것을 분명히 한다(갈 6:2; 고전 9:19). **이 '법'은 하나님의 뜻에 관한 예수님 자신의 가르침에 그 중심을 두고 예수님의 임명된 대리인들, 즉 사도들에 의해 확대되고 설명된 법이다."**[56]

"바울이 '그리스도의 법' 안에 사랑의 계명 이상을 포함하고 있다는 주장도 가능하다. 이 문구가 '모세의 율법'의 대척점에 있는 새 언약의 기능을 하기 때문에, 우리는 이 표현을 그리스도와 영감을 받은 사도(바울을 포함한)가 제시했던 모든 가르침과 계명을 말하는 것으로 예상해야 한다."[57]

그러므로 그리스도의 율법이 무엇이냐? 예수님이 완전하게 하신 것이요, 바울이 가르친 것일 뿐 아니라, 참으로 신약성경 전체인 것입니다.

또, 이 사실을 뒷받침해주는 것이 있습니다. 저는 로마서와 갈

---

55 토마스 슈라이너 『고린도전서』 김명일 옮김. 서울: CLC, 2022. p. 259.
56 더글라스 무 『NICNT 로마서』 손주철 옮김. 서울: 솔로몬, 2011. p. 1018.
57 더글라스 무 『갈라디아서』 최원용 옮김. 서울: 부흥과개혁사. 2018. p. 492.

라디아서가 단지 복음이 아니라 그리스도의 율법을 설명한 책이고, 그 내용이 복음을 믿으라는 것과 계명을 지키라는 것이라고 했습니다. 그런데 로마서와 갈라디아서만 두 가지를 강조한 것이 아닙니다. 신약성경의 다른 책들도 두 가지를 강조했습니다. 그러므로 신약성경 자체가 신약성경 전체가 그리스도의 율법을 가르치고 있다는 증거인 것입니다.

그중, 복음에 대한 것은 상식이라서 생략하고, 율법의 계명을 지키라는 것들을 제가 찾아보았습니다.

> 고린도전서 7:19 "할례 받는 것도 아무 것도 아니요 할례 받지 아니하는 것도 아무 것도 아니로되 **오직 하나님의 계명을 지킬 따름이니라.**"

> 고린도전서 9:21 "율법 없는 자에게는 내가 하나님께는 율법 없는 자가 아니요 **도리어 그리스도의 율법 아래에 있는 자이나** 율법 없는 자와 같이 된 것은 율법 없는 자들을 얻고자 함이라."

그리스도의 율법 아래 있으니 당연히 그리스도의 율법의 계명을 지켜야 한다는 뜻이지요!

> 에베소서 6:2-3 "**네 아버지와 어머니를 공경하라. 이것은 약속이 있는 첫 계명이니** 이로써 네가 잘되고 땅에서 장수하리라."

5계명을 인용한 것 자체가 이 계명을 지켜야 한다는 뜻이지요!

디모데전서 6:14 "우리 주 예수 그리스도께서 나타나실 때까지 흠도 없고 책망 받을 것도 없이 **이 명령을 지키라.**"

야고보서 1:22-25 "너희는 말씀을 행하는 자가 되고 듣기만 하여 자신을 속이는 자가 되지 말라. 누구든지 말씀을 듣고 행하지 아니하면 그는 거울로 자기의 생긴 얼굴을 보는 사람과 같아서 제 자신을 보고 가서 그 모습이 어떠했는지를 곧 잊어버리거니와 **자유롭게 하는 온전한 율법**을 들여다보고 있는 자는 듣고 잊어버리는 자가 아니요 **실천하는 자니** 이 사람은 그 행하는 일에 복을 받으리라."

야고보서 2:8-12 "**너희가 만일 성경에 기록된 대로 네 이웃 사랑하기를 네 몸과 같이 하라 하신 최고의 법을 지키면 잘하는 것이거니와** 만일 너희가 사람을 차별하여 대하면 죄를 짓는 것이니 율법이 너희를 범법자로 정죄하리라. **누구든지 온 율법을 지키다가** 그 하나를 범하면 모두 범한 자가 되나니 간음하지 말라 하신 이가 또한 살인하지 말라 하셨은즉 네가 비록 간음하지 아니하여도 살인하면 율법을 범한 자가 되느니라. **너희는 자유의 율법대로 심판 받을 자처럼 말도 하고 행하기도 하라.**"

야고보서 4:11 "형제들아 서로 비방하지 말라. 형제를 비방하는 자나 형제를 판단하는 자는 곧 율법을 비방하고 율법을 판단하는 것이

라. 네가 만일 율법을 판단하면 **율법의 준행자**가 아니요 재판관이 로다."

"율법의 준행자"라는 표현에 율법을 지켜야 한다는 뜻이 내포되어 있습니다.

베드로후서 2:20-22 "만일 그들이 우리 주 되신 구주 예수 그리스도를 앎으로 세상의 더러움을 피한 후에 다시 그 중에 얽매이고 지면 그 나중 형편이 처음보다 더 심하리니 **의의 도를 안 후에 받은 거룩한 명령**을 저버리는 것보다 알지 못하는 것이 도리어 그들에게 나으니라. 참된 속담에 이르기를 개가 그 토하였던 것에 돌아가고 돼지가 씻었다가 더러운 구덩이에 도로 누웠다 하는 말이 그들에게 응하였도다."

요한일서 2:3-5 "**우리가 그의 계명을 지키면** 이로써 우리가 그를 아는 줄로 알 것이요. 그를 아노라 하고 그의 **계명**을 지키지 아니하는 자는 거짓말하는 자요 진리가 그 속에 있지 아니하되 누구든지 그의 말씀을 지키는 자는 하나님의 사랑이 참으로 그 속에서 온전하게 되었나니 이로써 우리가 그의 안에 있는 줄을 아노라."

요한일서 3:21-24 "사랑하는 자들아 만일 우리 마음이 우리를 책망할 것이 없으면 하나님 앞에서 담대함을 얻고 무엇이든지 구하는 바를 그에게서 받나니 이는 **우리가 그의 계명을 지키고 그 앞에서**

기뻐하시는 것을 행함이라. 그의 계명은 이것이니 곧 그 아들 예수 그리스도의 이름을 믿고 그가 우리에게 주신 계명대로 서로 사랑할 것이니라. 그의 계명을 지키는 자는 주 안에 거하고 주는 그의 안에 거하시나니 우리에게 주신 성령으로 말미암아 그가 우리 안에 거하시는 줄을 우리가 아느니라."

요한일서 4:21 "**우리가 이 계명을 주께 받았나니** 하나님을 사랑하는 자는 또한 그 형제를 사랑할지니라."

요한일서 5:2-3 "우리가 하나님을 사랑하고 **그의 계명들을 지킬 때**에 이로써 우리가 하나님의 자녀를 사랑하는 줄을 아느니라. **하나님을 사랑하는 것은 이것이니 우리가 그의 계명들을 지키는 것이라. 그의 계명들은 무거운 것이 아니로다."**

요한이서 1:4 "너의 자녀들 중에 **우리가 아버지께 받은 계명대로 진리를 행하는 자를 내가 보니** 심히 기쁘도다."

요한이서 1:6 "또 사랑은 이것이니 **우리가 그 계명을 따라 행하는 것이요.** 계명은 이것이니 너희가 처음부터 들은 바와 같이 그 가운데서 행하라 하심이라."

다음 두 구절은 결정적이기 때문에 더욱 가치가 있습니다.

요한계시록 12:17 "용이 여자에게 분노하여 돌아가서 그 여자의 남은 자손 곧 **하나님의 계명을 지키며** 예수의 증거를 가진 자들과 더불어 싸우려고 바다 모래 위에 서 있더라."

요한계시록 14:12 "성도들의 인내가 여기 있나니 **그들은 하나님의 계명과 예수에 대한 믿음을 지키는 자니라.**"

한편, 제가 인용한 구절들을 보고 어떤 분들은 의아해할 것입니다. 왜냐하면 모세의 율법의 계명들에 대한 것들만 인용하지 않았기 때문입니다. 어떤 것은 모세의 율법의 계명에 대한 것이고, 어떤 것은 그리스도의 율법의 계명에 대한 것입니다. 그러나 아무 문제 없습니다. 왜냐하면 모세의 율법의 계명들을 온전하게 한 것이 그리스도의 율법의 계명들이기 때문입니다. 모세의 율법을 폐하고 새로 세운 것이 그리스도의 율법이 아닙니다. 건물을 리모델링한 것처럼, 모세의 율법을 완전하게 한 것이 그리스도의 율법의 계명입니다. 성경저자들은 이것을 알고 있었습니다. 그래서 바울이 로마서 8장 4절에서 이렇게 말한 것입니다.

"육신을 따르지 않고 그 영을 따라 행하는 우리에게 **율법의 요구가 이루어지게 하려 하심**이니라."

신자가 성령을 따라 행할 때 그리스도의 율법의 요구가 이루어집니다. 그런데 율법의 요구가 이루어진다고 했습니다. 왜냐하면 우리가 지켜야 할 계명들은 예수님이 모세의 율법의 계명들을 완전하게 한 것이기 때문입니다. 완전하게 했다는 점만 다르고 같은 것입니다. 그래서 둘을 구분하지 않았습니다. 그러므로 제가 인용한 구절들은 전혀 문제가 없는 것입니다.

그런데, 제가 인용해드린 구절들이 보여주듯이 성경저자들은 신약성경 곳곳에서 복음을 믿을 뿐 아니라 계명을 지켜야 한다고 주장했습니다. 이것은 신약성경 전체가 그리스도의 율법을 설명하고 있다는 분명한 증거입니다. 그러므로 우리는 신약성경의 주 내용이 그리스도의 율법이라는 것을 깨닫고 그리스도의 율법을 따라 신앙생활 해야 합니다.

먼저, 우리 모두 반드시 그리스도의 율법의 첫째 요소인 복음을 믿어야 합니다.

그 후, 우리 모두 반드시 그리스도의 율법의 둘째 요소인 계명들을 지켜야 합니다.

사랑하는 여러분, 오직 이것만이 성경적인 바른 신앙생활입니다. 또한, 오직 이런 자들만 저 무서운 지옥을 피하고 영원한 천국에 들어갈 수 있습니다. 그러므로 반드시 이렇게 신앙생활 하다가 꼭 천국에 가는 저와 여러분이 다 되시기 바랍니다.

- 3 -

정말로 율법 안에 복음이 들어있는가?

많은 사람이 '율법' 하면 대뜸 계명들을 생각합니다. 또, 율법은 지켜야 하는 것이고 복음은 믿어야 하는 것이라고 생각합니다. 그래서 모세의 율법과 복음이 서로 반대된다고 생각합니다. 그러나 율법 안에는 의식법이 있습니다. 그것은 복음의 예표입니다. 그러므로 복음은 율법의 한 부분이고, 그것도 가장 중요한 부분입니다. 굉장히 생소하지요! 그래서 잘 소화가 안 되는 분들을 위해 자세히 설명해드리고자 합니다.

아브라함은 믿음으로 의롭다함을 받았습니다. 그런데 무엇을 믿었을까요? 단지 하나님이나 성경의 다른 진리를 믿는 것으로는 의롭다함을 받을 수 없습니다. 복음을 믿어야 합니다. 복음만이 사람을 구원할 수 있기 때문입니다.

창세기에 의하면, 아브라함이 믿은 것은 "천하 만민이 네 후손으로 말미암아 복을 받으리라"입니다(창 12:3). 이것이 바로 복음입니다(갈 3:8). 왜냐하면 '네 후손'이 예수님을 뜻하기 때문입니다. 또, 천하 만민이 받을 복이 칭의를 뜻하기 때문입니다(갈 3:8, 14).

이것을 염두에 두고 생각해보십시오. 속죄일이나 유월절, 속죄제나 속건제 때 제물로 드린 양과 소가 누구의 모형입니까? 예수님입니다!

요한복음 1:29 "이튿날 요한이 예수께서 자기에게 나아오심을 보고 이르되 **보라 세상 죄를 지고 가는 하나님의 어린 양이로다.**"

사도행전 8:32 "읽는 성경 구절은 이것이니 일렀으되 **그가 도살자에게로 가는 양과 같이 끌려갔고 털 깎는 자 앞에 있는 어린 양이 조용함과 같이 그의 입을 열지 아니하였도다.**"

고린도전서 5:7 "너희는 누룩 없는 자인데 새 덩어리가 되기 위하여 묵은 누룩을 내버리라. **우리의 유월절 양 곧 그리스도께서 희생되셨느니라.**"

베드로전서 1:18-19 "너희가 알거니와 너희 조상이 물려 준 헛된 행실에서 대속함을 받은 것은 은이나 금 같이 없어질 것으로 된 것이 아니요. **오직 흠 없고 점 없는 어린 양 같은 그리스도의 보배로운 피로 된 것이니라.**"

요한계시록 5:6 **“내가 또 보니 보좌와 네 생물과 장로들 사이에 한 어린 양이 서 있는데 일찍이 죽임을 당한 것 같더라.”**

어떻습니까? 예수님의 모형이 확실하지요. 이것은 우리가 영원히 감사해야 할 감사의 제목입니다.

또, 아브라함이 믿은 “네 후손으로 말미암아 천하 만민이 복을 받으리라”보다 훨씬 더 구체적인 것이 율법의 의식법입니다. 왜냐하면 예수님이 천하 만민이 구원(칭의)의 복을 받게 하기 위해 감당하셔야 할 대속의 죽음을 모형을 통해 리얼하게 보여준 것이기 때문입니다. 그러므로 아브라함에게 하신 후손에 대한 약속보다 훨씬 더 뚜렷한 복음입니다.

비단 동물 제물들뿐만이 아닙니다. 각종 절기들도 예수님의 모형입니다. 안식일과 안식년은 예수님만이 참 안식을 주실 수 있음을 뜻하고(히 4:3), 희년도 예수님만이 우리를 자유케 하고 천국을 영원한 기업으로 주실 수 있음을 뜻합니다(눅 4:18-19). 때문에 바울은 이렇게 말했습니다.

골로새서 2:16-17 **“그러므로 먹고 마시는 것과 절기나 초하루나 안식일을 이유로 누구든지 너희를 비판하지 못하게 하라. 이것들은 장래 일의 그림자이나 몸은 그리스도의 것이니라.”**

그러므로 의식법은 모두 그림자 복음입니다. 의식법은 복음덩어리입니다.

때가 되자, 예수님께서 율법의 의식법이 모형으로 보여준 것을 다 이루시기 위해 이 땅에 오셨습니다. 그리고 "진실로 너희에게 이르노니 천지가 없어지기 전에는 율법의 일점일획도 결코 없어지지 아니하고 다 이루리라."(마 5:18)라고 말씀한 대로 십자가에 달려 율법의 의식법을 다 이루셨습니다. 그 결과 의식법은 폐해졌고 그 증거로 하나님께서 직접 성전의 휘장을 찢으셨습니다. 그리고 대속의 죽음을 열납하셨다는 증거로 예수님을 다시 살려주셨습니다. 사도 바울이 고린도전서 15장에서 말한 것처럼, 이 사실을 전하는 것이 바로 복음입니다(1-8절). 그러니 율법 안에 복음이 들어있다는 말이 맞는 말인가요? 틀린 말인가요? 참으로 맞는 말이지요!

또한, 많은 이들이 율법 안에 복음이 있다는 것을 알지 못할 뿐 아니라 그리스도의 율법 안에 복음이 있다는 것도 잘 모릅니다. 학자들도 대부분 '그리스도의 율법'을 단지 '계명'으로 착각합니다.

그러나 예수님이 모세의 율법을 완전하게 한 것이 그리스도의 율법입니다. 그런데 마태복음 5장 17-48절에 나와 있는 대로, 예수님은 의식법과 도덕법 둘 다 완전하게 하셨습니다. 때문에 그리스도의 율법은 복음과 계명 두 가지일 수밖에 없습니다. 그러므로 제가 그리스도의 율법이 단지 계명이 아니라 복음과 계명으로 구성되어 있다고 말씀드린 것이 참으로 옳은 것입니다.

허나, 이것도 굉장히 생소하고 획기적인 개념이지요? 또, '율법'이라는 단어 때문에 그리스도의 율법 안에 복음이 포함되어 있다는 것이 부자연스럽게 느껴질 수도 있습니다. 설명을 들을 땐 맞는 것 같지만, 그 뒤 '뭐라고? 모세의 율법 혹은 그리스도의 율법 안에 단지 계명들이 아니라 복음이 들어있다고! 이것이 정말로 맞는 말인가?'라는 의문이 불쑥불쑥 올라올 수 있습니다. 저도 그랬습니다. 그래서 제가 이 대지의 제목을 "정말로 율법 안에 복음이 들어있는가?"로 정한 것입니다. 제 말이 정말로 성경적인지 함께 따져보자는 의미에서였습니다.

한편, 저는 야고보서를 통해 제 말이 사실이라는 것을 증명하고자 합니다. 야고보서에 보면 그리스도의 율법에 대한 이런 구절들이 있습니다.

> 야고보서 1:25 "**자유롭게 하는 온전한 율법**을 들여다보고 있는 자는 듣고 잊어버리는 자가 아니요 실천하는 자니 이 사람은 그 행하는 일에 복을 받으리라."

> 야고보서 2:12 "너희는 **자유의 율법**대로 심판 받을 자처럼 말도 하고 행하기도 하라."

이 구절들에는 마태복음 5장에 이어, 그리스도의 율법이 복음과 계명으로 구성되어 있다는 것이 다시 한번 분명히 나타나 있습니다. 그러므로 이 두 구절을 통해 실제로 그리스도의 율법이 복음과 계명으로 구성되어 있다는 것을 여러분에게 확증해드리고자 합니다.

(1) '자유의 율법'이 정말 바울이 말한 '그리스도의 율법' 일까?

저는 신학생 때 「세 가지 율법」이라는 설교를 한 이후, 계속 그리스도의 율법과 자유의 율법이 동일한 것이라고 믿어왔습니다. 왜냐하면 야고보가 자유의 율법을 달리 "온전한 율법"이라고 했기 때문입니다.

> 야고보서 1:25 "**자유롭게 하는 '온전한 율법'**을 들여다보고 있는 자는 듣고 잊어버리는 자가 아니요 실천하는 자니 이 사람은 그 행하는 일에 복을 받으리라."

그런데, 예수님이 마태복음 5장 17절에서 뭐라고 하셨습니까?

> "내가 **율법**이나 선지자를 폐하러 온 줄로 생각하지 말라. 폐하러 온 것이 아니요 **완전하게 하려 함**이라."

그래서 저는 야고보가 말한 "온전한 율법"이 그리스도께서 완전하게 한 그리스도의 율법이라고 생각했습니다. 학자들 중에도 저처럼 생각하는 분들이 많습니다. 그중 몇 가지를 소개해드리겠습니다.

먼저, 피터 데이비스는 이렇게 썼습니다.

"우리는 이 어구("자유롭게 하는 온전한 율법"-저자 주)를 유대 세계 안에서 이해할 수 있다. 유대 그리스도인에게 율법은 여전히 하나님의 뜻이다. 하지만 **메시아는 오셨으며 그것을 온전케 하셨고, 그의 새로운 율법을 주셨다**(참조. Davies, Torah)."[58]

또, 존 맥아더는 이렇게 썼습니다.

"여기서 하나님 말씀이 '온전한 율법'으로 불리는 이유는 성경의 무오하고 완전하며 포괄적인 성격 때문이다(참조. 19:7~9). **이 '온전한 율법' 가운데는 하나님이 계시하신 모든 말씀이 포함된다. 그런데 야고보는 그 말씀을 '율법'으로 부름으로써 주님이 우리에게 주신 명령들을 특히 강조하고 있다.**"[59]

또한, 더글라스 무도 이렇게 썼습니다.

"문맥을 살펴볼 때, '자유롭게 하는 율법'을 구약성경의 율법으로 이해하기에는 어려움이 있다. **이 '율법'은 2:8-11절에서 분명하게 나타나는 것처럼 구약의 계명들을 포함하지만, 야고보가 그 율법을 '온전한 것'으로 특징짓는 것은 이 계명들을 구약의 율법에 대한 예수님의 성취의 관점(마 5:17)에서 보아야 한다는 것을 보여준다.**"[60]

---

58 피터 H. 데이비스 『NIGTC 야고보서』 오광만 옮김. 서울: 새물결플러스, 2019. p. 187.
59 존 맥아더 『MNTC 야고보서』 송동민 옮김. 서울: 아바서원, 2020. p. 130.
60 더글라스 무 『틴데일 신약 주석 시리즈 16 야고보서』 이승호 옮김. 서울 CLC, 2013. p. 125.

그런데, 주석들을 읽어보면 자유의 율법이 단지 복음을 뜻한다고 생각하는 학자들이 의외로 많습니다. 그래서 저는 그리스도의 율법을 연구하면서 오래도록 이런 생각을 했습니다.

'바울은 예수님이 완성한 율법을 그리스도의 율법이라고 불렀다. 그런데 왜 야고보는 그렇게 부르지 않고 자유의 율법이라고 했을까? 바울처럼 그리스도의 율법이라고 했으면 복음을 뜻한다고 헷갈리지 않고 그리스도의 율법이라는 것을 확실히 알 수 있었을 텐데. 너무 아쉽다!'

솔직히, 단지 아쉬운 것이 아니라 찜찜했습니다. '서로 명칭이 다른데 과연 같은 것이라고 할 수 있나?'라는 의문이 저를 괴롭혔기 때문입니다.

그런데 오래전 산상수훈을 설교할 때, 하나님께서 저의 고민을 한방에 날려버리셨습니다. 그것은 이런 깨달음을 통해서였습니다.

'그리스도의 율법이든 자유의 율법이든 바울과 야고보 모두 그것을 율법이라고 불렀다. 그런데 시대마다 율법은 오직 하나뿐이다!'

여러분, 생각해보십시오! 구약시대에 하나님께서 이스라엘 백성들에게 모세의 율법 외에 다른 율법을 주신 것이 있나요? 없습니다. 그런데 신약시대에는 이와 달리 그리스도의 율법 외에 또 다른 율법을 주셨을까요? 당연히 아니지요!

구약시대는 모세의 율법 하나로 족하고, 신약시대는 그리스도의 율법 하나로 족합니다. 그런데 '그리스도의 율법'과 '자유의 율법' 둘 다 신약시대 성도들에게 주신 것입니다. 그러므로 같은 율법일 수밖에 없습니다.

저는 다음 구절도 이 사실을 뒷받침해준다고 생각합니다.

> 고린도전서 9:20-21 "유대인들에게 내가 유대인과 같이 된 것은 유대인들을 얻고자 함이요. **율법 아래에 있는 자들**에게는 내가 율법 아래에 있지 아니하나 율법 아래에 있는 자 같이 된 것은 율법 아래에 있는 자들을 얻고자 함이요. 율법 없는 자에게는 내가 하나님께는 율법 없는 자가 아니요 도리어 **그리스도의 율법 아래에 있는 자**이나 율법 없는 자와 같이 된 것은 율법 없는 자들을 얻고자 함이라."

왜냐하면 이 구절들은 하나님의 백성과 관계있는 율법은 모세의 율법과 그리스도의 율법 두 가지뿐이고, 구약시대를 위해 주어진 모세의 율법과 신약시대를 위해 주신 그리스도의 율법 두 가지 외에 다른 율법이 없다는 것을 보여주기 때문입니다.

참고로, 스캇 맥나이트도 이렇게 썼습니다.

> **"'온전한 법 곧 자유의 법'을 이해하는 데에는 세 가지 선택지가 있다.** 첫째, 이른바 헬레니즘 유대교의 관점으로 보는 것이다. 이

것은 이성에 따른 자유로운 삶을 말하며, '이성'은 모세의 율법을 기술하는 한 방식이다. 두 번째는 율법주의적 유대교의 관점이다. 이것은 순종하는 자에게 자유를 주는 것으로 모세의 율법을 가리킨다. **세 번째는 기독교적 유대교의 관점이다. 이것은 하나님과 다른 사람을 사랑하라는 이중 계명에 따라 예수님이 이해하고 해석한 모세의 율법을 가리킨다. …**[61]

'온전한 법 곧 자유의 법'에 대한 세 가지 해석 중에서 선호되는 것은 세 번째다. 다양한 관찰을 통해 우리는 야고보가 여기서 토라에 대한 기독교의 해석학을 염두에 두고 있다고 결론 내린다."[62]

한마디로, "자유롭게 하는 온전한 율법"이 곧 그리스도의 율법이라는 말이지요! 그러므로 여러분 모두 야고보가 말한 "자유의 율법"이 그리스도의 율법이라는 것을 믿으시기 바랍니다.

(2) 야고보는 왜 그리스도의 율법을 자유의 율법이라고 불렀는가?

율법을 '모세의 율법'이라고 부르는 이유는 하나님께서 모세를 통해 그것을 주셨기 때문입니다. 또, 그리스도의 율법이라는 명칭 역시 예수님께서 완전하게 하여 교회에 주셨기 때문입니다.

61 스캇 맥나이트 『NICNT 야고보서』 신윤수 옮김. 서울: 부흥과개혁사, 2023. p. 201.
62 스캇 맥나이트 『NICNT 야고보서』 신윤수 옮김. 서울: 부흥과개혁사, 2023. p. 204.

그런데, 야고보는 왜 그 율법을 자유의 율법이라고 불렀을까요?

야고보서 2:12 "너희는 **자유의 율법**대로 심판 받을 자처럼 말도 하고 행하기도 하라."

모세의 율법은 '종의 율법'입니다. 율법이 가두는 역할을 했을 뿐 아니라, 종의 위치에 있었던 구약시대 신자들이 지켜야 했던 율법이기 때문입니다.

갈라디아서 4:3-5 "이와 같이 **우리도 어렸을 때에 이 세상의 초등학문 아래에 있어서 종노릇 하였더니** 때가 차매 하나님이 그 아들을 보내사 여자에게서 나게 하시고 율법 아래에 나게 하신 것은 **율법 아래에 있는 자들을 속량하시고** 우리로 아들의 명분을 얻게 하려 하심이라."

갈라디아서 4:21-25 "내게 말하라. 율법 아래에 있고자 하는 자들아. 율법을 듣지 못하였느냐? **기록된 바 아브라함에게 두 아들이 있으니 하나는 여종에게서, 하나는 자유 있는 여자에게서 났다 하였으며 여종에게서는 육체를 따라 났고 자유 있는 여자에게서는 약속으로 말미암았느니라. 이것은 비유니 이 여자들은 두 언약이라. 하나는 시내 산으로부터 종을 낳은 자니 곧 하갈이라. 이 하갈은 아라비아에 있는 시내 산으로서 지금 있는 예루살렘과 같은 곳이니 그가 그 자녀들과 더불어 종노릇 하고**"

그러나 그리스도의 율법은 "자유의 율법"입니다. 왜냐하면 모세의 율법에서 자유롭게 된 그리스도인들이 지켜야 하는 율법이기 때문입니다.

먼저, 마태복음이 그것을 보여줍니다.

마태복음 5:17-20 "**내가 율법이나 선지자를 폐하러 온 줄로 생각하지 말라. 폐하러 온 것이 아니요 완전하게 하려 함이라.** 진실로 너희에게 이르노니 천지가 없어지기 전에는 율법의 일점일획도 결코 없어지지 아니하고 다 이루리라. 그러므로 누구든지 이 계명 중의 지극히 작은 것 하나라도 버리고 또 그같이 사람을 가르치는 자는 천국에서 지극히 작다 일컬음을 받을 것이요. 누구든지 이를 행하며 가르치는 자는 천국에서 크다 일컬음을 받으리라. **내가 너희에게 이르노니 너희 의가 서기관과 바리새인보다 더 낫지 못하면 결코 천국에 들어가지 못하리라.**"

왜냐하면 이것은 제자들이 예수님이 의식법을 성취한 복음을 믿을 뿐 아니라 그 완전한 뜻을 보여준 계명들을 지켜야 한다는 것을 보여주기 때문입니다. 그러니 율법에서 자유케 된 그리스도인들이 지켜야 할 율법이지요!

또, 고린도전서가 그것을 보여줍니다.

고린도전서 9:20-21 "유대인들에게 내가 유대인과 같이 된 것은 유대인들을 얻고자 함이요. 율법 아래에 있는 자들에게는 **내가 율법**

아래에 있지 아니하나 율법 아래에 있는 자 같이 된 것은 율법 아래에 있는 자들을 얻고자 함이요. 율법 없는 자에게는 **내가 하나님께는 율법 없는 자가 아니요 도리어 그리스도의 율법 아래에 있는 자**이나 율법 없는 자와 같이 된 것은 율법 없는 자들을 얻고자 함이라."

왜냐하면 이것은 바울이 모세의 율법에서 자유케 되었고 그것을 지킬 필요가 없었으나 그리스도의 율법을 지켜야 한다는 것을 보여주는 것이기 때문입니다.

또한, 갈라디아서가 그것을 보여줍니다.

갈라디아서 5:1 "**그리스도께서 우리를 자유롭게 하려고 자유를 주셨으니** 그러므로 굳건하게 서서 다시는 **종의 멍에**를 메지 말라."

갈라디아서 6:2 "**너희(자유롭게 된 그리스도인들)가** 짐을 서로 지라. 그리하여 **그리스도의 법을 성취하라.**"

이 중, 1절은 그리스도인이 모세의 율법에서 자유하게 된 자들이라는 것을 보여줍니다. 그런데 6장 2절에서 바울은 그들에게 "그리스도의 법(율법)을 성취하라!"고 했습니다. 이것은 참으로 그리스도의 율법이 율법에서 자유케 된 신자들이 지켜야 할 율법이라는 것을 보여줍니다. 바로 이것이 야고보가 그리스도의 율법을 자유의 율법이라고 부른 이유입니다.

또, 야고보가 그리스도의 율법을 "자유의 율법"이라고 부른 이유는 우리에게 참 자유를 주기 때문입니다.

야고보서 1:25 "**자유롭게 하는** 온전한 **율법**을 들여다보고 있는 자는 듣고 잊어버리는 자가 아니요 실천하는 자니 이 사람은 그 행하는 일에 복을 받으리라."

그리스도의 율법은 단순히 무거운 짐이 아닙니다. 우리에게 참 자유를 줍니다. 그리스도의 율법은 죄의 지배에서 우리를 자유케 합니다. 그 결과 마귀와 사망과 지옥에서 우리를 자유케 해 줍니다. 왜냐하면 그 안에 복음이 들어있고 복음을 믿을 때 우리에게 성령이 임하시기 때문입니다.

이사야 10:27 "그 날에 그의 무거운 짐이 네 어깨에서 떠나고 그의 멍에가 네 목에서 벗어지되 **기름진 까닭에 멍에가 부러지리라.**"

고린도후서 3:17-18 "주는 영이시니 **주의 영이 계신 곳에는 자유가 있느니라.** 우리가 다 수건을 벗은 얼굴로 거울을 보는 것 같이 주의 영광을 보매 그와 같은 형상으로 변화하여 영광에서 영광에 이르니 **곧 주의 영으로 말미암음이니라.**"

이것이 야고보가 그리스도의 율법을 자유의 율법이라고 부른 또 하나의 이유입니다. 참고로, 채영삼 교수님도 저와 입을 맞춘 듯 이렇게 말했습니다.

"'**자유의 율법'은 자유를 주는 율법이기도 하고 자유하게 된 자들이 따르는 율법이기도 할 것이다.**"[63]

(3) 그리스도의 율법을 뜻하는 자유의 율법의 구체적인 내용은 무엇인가?

많은 학자들이 야고보가 "**자유롭게 하는** 온전한 **율법**"이라고 말했기 때문에(1:25) 그것을 복음이라고 이해했습니다. 예를 들어, 토마스 맨톤은 이렇게 썼습니다.

"**복음,** 혹은 하나님의 말씀은 **'자유하게 하는 율법'이다.** 이 법은 온전하기 때문에 사람을 자유케 한다."[64]

또, 댄 매카트니는 이렇게 썼습니다.

"'**자유롭게 하는 온전한 율법'은** 진리의 말씀, 즉 신자를 낳고 성숙하게 하는 도구인 **복음과 같다.**"[65]

또, 크레이그 L. 블롬버그는 이렇게 썼습니다.

---

63 채영삼 『야고보서의 이해 지붕 없는 교회』 고양: 이레서원, 2020. p. 149.
64 토마스 맨톤 『야고보서 상』 이길상 옮김. 서울: 아가페, 1991. pp. 315-316.
65 댄 매카트니 『야고보서』 강대이 옮김. 서울: 부흥과개혁사, 2019. p. 173.

"'온전한 율법'이라는 말은 서너 가지를 가리킬 수 있다. 야고보는 토라를 논하고 있을 수도 있고, 토라 더하기 그리스도, 기본적인 복음 메시지, 혹은 이 세 가지의 어떤 결합이라도 논하고 있을 수 있다. 하지만 그는 또 다른 수식 어구를 추가한다. 그것은 그 율법이 어떤 것인지 밝혀내는 데 도움을 주는 '자유의'라는 서술적 소유격으로, 그 말은 이 율법이 사람에게 올가미를 놓거나, 속박하거나, 짓누르지 않으며, 그 율법의 특징이 자유라는 것을 보여준다. **우리는 이것이 아마 복음 메시지를 말할 것이라고 주장한다.**"[66]

또한, 채영삼 교수님도 이렇게 썼습니다.

"이 문구에서 '자유'는 확실히 예수님의 가르침이나 율법 해석에 연관되어 있고(참조. 마 11:28-30), **후에 이레니우스(Irenaeus)가 기독교의 복음을 '자유의 율법'(libertatis lex)으로 묘사한 맥락과 크게 다르지 않을 것이다**(Adu. baer: 4.34.4)."[67]

저도 이 사실을 알고 있었습니다. 그러나 '율법이라고 했는데 어떻게 그것을 복음으로 볼 수가 있는가?'라는 생각 때문에 심한 반감을 느꼈습니다. 그래서 오래도록 받아들이지 않았습니다. 대신, 저는 자유의 율법이 예수님이 완전하게 한 계명들을 뜻한다

---

66 크레이그 블롬버그 & 마리암 카멜 『강해로 푸는 야고보서』 정옥배 옮김. 서울: 디모데, 2018. p. 97.
67 채영삼 『공동서신의 신학』 서울: 이레서원, 2021. p. 147.

고 생각했습니다.

한마디로, 학자들은 '율법'이라는 말이 있음에도 불구하고 복음으로 이해했고, 저는 '자유롭게 하는'이라는 말이 있음에도 불구하고 계명으로 이해했습니다. 저는 자유의 율법이 예수님이 마태복음 5장 21-48절에서 여섯 가지 반제를 통해 그 의미를 온전히 드러난 계명들을 뜻한다고 보았습니다. 그래서 학자들이 엉터리라고 생각했고, 또 그들은 제가 "이상하다"고 생각했을 것입니다. 그러나 둘 다 온전한 답이 아닙니다.

아무튼, 저는 자유의 율법이 예수님이 그 뜻을 온전히 드러낸 계명들을 뜻한다고 생각했는데, 여러 해 전 문제가 발생했습니다.

> 야고보서 1:25 "**자유롭게 하는** 온전한 **율법**을 들여다보고 있는 자는 듣고 잊어버리는 자가 아니요 실천하는 자니 이 사람은 그 행하는 일에 복을 받으리라."

이 구절에 나오는 "자유롭게 하는"이라는 표현 때문이었습니다. 바울에 따르면, 모세의 율법은 사람을 가두는 역할을 합니다.

> 갈라디아서 3:23 "믿음이 오기 전에 우리는 **율법 아래에 매인 바 되고** 계시될 믿음의 때까지 **갇혔느니라.**"

야고보는 반대로 온전한 율법이 자유롭게 한다고 했습니다.

그런데 "자유롭게 하는 온전한 율법"이 단지 그리스도께서 완전하게 한 계명을 뜻한다면, 그것이 어떻게 자유롭게 할 수가 있나요? 그 계명들은 서기관과 바리새인보다 나은 의를 요구하므로 더 무거운 짐이 될 뿐입니다. 계명이 우리를 자유하게 할 수는 없습니다.

그러나 더글라스 무는 "순종에 대한 요구가 여전히 '율법'이긴 하지만 '자유롭게 하는' 것은 새 언약에 대한 예레미야의 예언(렘 31:31-34)에 따라 그것이 마음속에 기록되었기 때문(21절의 '심어진' 참조)."[68]이라고 주장합니다. 이것은 로마서 8장 2절에 대한 일부 학자들의 해석과 같은 오류입니다.

> 로마서 8:1-2 "그러므로 이제 그리스도 예수 안에 있는 자에게는 결코 정죄함이 없나니 이는 그리스도 예수 안에 있는 **생명의 성령의 법**이 **죄와 사망의 법**에서 너를 해방하였음이라."

놀랍게도, 어떤 학자들은 2절에 나오는 두 법이 다 율법을 뜻한다고 해석합니다. 그러면서 새 언약은 율법을 마음과 생각에 새기기 때문에 죄와 사망의 법에서 우리를 해방시킬 수 있다고 합니다. 하지만 이것은 불가능한 해석입니다. 왜냐하면 우리를 자유케 하는 주체는 법이 아니라 성령님이기 때문입니다. 즉, 성령님이 우리의 마음과 생각에 법을 새기는 것이기 때문입니다.

---

68 더글라스 무 『틴데일 신약 주석 시리즈 16 야고보서』 이승호 옮김. 서울 CLC, 2013. p 125.

그러므로 법이 아니라 성령이 자유케 하는 것입니다.

실제로, 계명들의 의미를 깨달으면 자유하게 되나요? 그렇지 않지요! 이것은 예수님이 그 의미를 분명히 드러낸 계명들일지라도 예외가 아닙니다. 오직 성령님만이 우리를 자유케 할 수 있습니다. 그러므로 법 자체가 우리를 자유하게 하는 것이 아닙니다.

그런데, 성령님이 언제 주어집니까? 복음을 믿을 때입니다. 그러므로 계명이 아니라 성령님을 선물로 받게 하는 복음만이 우리를 자유하게 할 수 있는 것입니다.

저는 이것을 깨달은 후, 이렇게 느꼈습니다.

'그렇다면 내가 가진 그리스도의 율법, 즉 자유의 율법에 대한 이해에 문제가 있겠구나!'

또, 이렇게 느꼈습니다.

'내가 부정했던 학자들의 주장에도 뭔가가 있다!'

그래서 야고보서 주석들을 모두 읽으며 다시 연구했습니다. 그 결과, 자유의 율법이 단지 계명이 아니라 학자들이 주장한 복음이 그 안에 들어 있다는 것을 깨달았습니다. 또, 그것을 증명할 수 있다는 것을 알게 되었습니다. 그러므로 그것을 설명해드리고자 합니다.

1) 그리스도의 율법 아래 있었던 사도 바울!

자유의 율법이 단지 계명이 아니라 그 안에 복음이 들어있다는 것의 첫 번째 증거는 고린도전서 9장 20-21절입니다.

"유대인들에게 내가 유대인과 같이 된 것은 유대인들을 얻고자 함이요. **율법 아래에 있는 자들**에게는 내가 율법 아래에 있지 아니하나 율법 아래에 있는 자 같이 된 것은 율법 아래에 있는 자들을 얻고자 함이요. 율법 없는 자에게는 내가 하나님께는 율법 없는 자가 아니요 도리어 **그리스도의 율법 아래에 있는 자**이나 율법 없는 자와 같이 된 것은 율법 없는 자들을 얻고자 함이라."

여기서 바울은 자신이 율법 아래 있는 자가 아니라고 했습니다.

그런데 율법 아래 있다는 것이 무슨 뜻입니까? 단지 도덕법인 십계명 아래 있다는 뜻입니까? 아닙니다. 그것은 의식법 아래 있는 것을 뜻하기도 합니다. 실제로, 구약시대에 율법 아래 있던 유대인들은 도덕법뿐 아니라 의식법을 지켰습니다.

하지만, 이 구절의 "율법 아래 있는 자들"은 신약시대의 사람들입니다. 이들은 정확히 누구일까요?

바울은 "유대인들에게 내가 유대인과 같이 된 것은 유대인들을 얻고자 함이요."라고 한 후에 "율법 아래에 있는 자들에게는 내가 율법 아래에 있지 아니하나 율법 아래에 있는 자 같이 된 것은 율법 아래에 있는 자들을 얻고자 함이요."라고 말했습니다. 그러나 유대인들이 곧 율법 아래 있는 자들 아닌가요? 그래서 유대인과 구분되어서 나오는 "율법 아래 있는 자들"이 누구인지 궁금할 수밖에 없습니다. 이에 대한 세 가지 견해가 있습니다.

첫째로, 우리나라 학자들을 비롯해서 많은 학자들이 '유대인들'과 '율법 아래 있는 자들'이 같은 자들이라고 주장합니다. 그러나 같은 자들을 서로 다르게 말했다는 것이 이상하지 않나요? 그 뒤, 율법 없는 자나 약한 자들도 다르게 말한 것이 없습니다. 또, 만약 같은 자들이라면 "유대인들에게는 내가 유대인과 같이 된 것은 유대인을 얻고자 함이요 즉 율법 아래에 있는 자들에게는…"이라고 말해야 하는데 그러지 않았습니다. 그러므로 이 견해는 가능성이 낮습니다.

둘째로, 제가 이에 대해 궁금해하는데 이런 생각이 들었습니다.

'혹시 유대교로 회심한 이방인까지 포함해서 율법 아래 있는 자라고 불렀기 때문에 유대인과 별개로 취급한 것 아닐까?'

저는 이 생각이 옳은지 확인하기 위해 바로 주석들을 읽어보았습니다. 그런데 여러 학자들이 실제로 이 견해를 갖고 있었습니다. 예를 들어, 찰스 하지는 "율법 아래에 있는 자들"이 누구인지에 대해 이렇게 썼습니다.

"아마도 율법 아래 있는 자들은 유대인들과 다른 개종자들, 즉

유대교를 신봉했었던 이방인들이었을 것이다."[69]

또, 크레이그 L. 블롬버그는 이렇게 썼습니다.

"'율법 아래 있는 사람들'은 아마도 하나님을 경외하는 이방인들과 인종적인 유대인들만이 아니라 유대교로 개종한 자들을 포함한다."[70]

또한, 토마스 R. 슈라이너도 이렇게 썼습니다.

"두 번째 범주는 **율법 아래에 있는 자들**이다. 이 범주는 **유대인들이 율법을 따라 살았던 사람들이기 때문에 여러 가지 면에서 처음과 동일해 보인다. 그러나 이방인의 일부도 율법을 따라 살기로 했기 때문에 첫 번째와 두 번째 범주는 완전히 일치하지 않는다**."[71]

그래서 저는 옳거니 했습니다. 그러나 먼저 '유대인들에게'라고 하고, 연이어 '율법 아래에 있는 자에게는'이라고 했습니다. 서로 별개인 것처럼 보이지요! 또, 그 뒤 나오는 '율법 없는 자에게는'이 '율법 아래에 있는 자에게는'과 별개인 것처럼, '유대인에게'와 '율법 아래 있는 자에게는'도 다른 부류로 보는 것이 자

69 찰스 하지 『고린도전서』 김영배·손종국 옮김. 서울: 아가페, 1992. p. 240.
70 크레이그 L. 블롬버그 『NIV적용주석 고린도전서』 채천석 옮김. 서울: 솔로몬, 2014. p. 210.
71 토마스 R. 슈라이너 『TNTC 고린도전서』 김명일 옮김. 서울: 기독교문서선교회, 2022. p. 257.

연스럽습니다. 그러므로 이 견해도 옳은 것 같지 않습니다.

셋째로, 저명한 신학자인 고든 피는 "율법 아래에 있는 자들"에 대해 이렇게 썼습니다.

> "두 번째 요소(**'율법 아래 있는 자'**)는 더욱 혼란스럽게 한다. **대개 단순히 유대인을 의미하지만 이것이 두 번째 요소로 '유대인들' 다음에 뒤따르도록 배치되는데도 여전히 유대인을 의미하는가? 그럴 가능성이 크다. 이 특별한 이슈가 단순히 민족적 기원 문제와 관련되어 있는 것이 아니라, 유대(종교적) 법적 요구사항의 문제와 특히 관련되어 있기 때문에 그렇게 표현되었다.**"[72]

한마디로, '유대인들'은 단지 혈통적인 유대인들을 뜻하고, '율법 아래 있는 자들'은 바리새인들과 바울처럼 율법에 열심이 있는 유대인들을 뜻한다는 것입니다. 그렇다고 그들만 뜻하진 않을 것입니다. 전체에 비하면 소수지만 유대교로 개종한 이방인들도 포함한 것일 것입니다. 저는 제가 약간 수정한 이 견해가 옳다고 생각합니다.

물론 이것도 '유대인들의 다수가 율법에 열심이었을 텐데, 따로 구분해서 뒤에서 '율법 아래 있는 자들에게는'이라고 말했을까?'라는 의문이 없지 않아 있습니다. 그러나 유대인들 중에도 신앙심이 없고 율법에 열심이지 않은 사람들이 분명히 있었을

72 고든 피 『NICNT 고린도전서』 최병필 옮김. 서울: 부흥과개혁사, 2019. p. 553.

것입니다. 때문에 '율법 아래에 있는 자들' 안에 그들과 별개로 율법에 열심인 유대인과 개종한 이방인을 묶는 것이 불가능한 것이 아닙니다. 그래서 저는 이 해석이 옳다고 생각합니다.

아무튼, 이들 "율법 아래 있는 자들"은 율법의 도덕법뿐 아니라 의식법을 지켰습니다. 또, 교회 안에 침투한 율법주의자들도 제사를 드리지는 않았지만 도덕법뿐 아니라 의식법을 지켰습니다. 사도행전 15장과 갈라디아서 4장이 그 증거입니다.

> 사도행전 15:5 "**바리새파 중에 어떤 믿는 사람들**이 일어나 말하되 **이방인에게 할례를 행하고 모세의 율법을 지키라 명하는 것이 마땅하다** 하니라."

> 갈라디아서 4:10-11 "**너희가 날과 달과 절기와 해를 삼가 지키니** 내가 너희를 위하여 수고한 것이 헛될까 두려워하노라."

그런데, 이 사실이 왜 중요할까요? 그것은 이와 대조되는 것이 그리스도의 율법 아래 있다는 표현이기 때문입니다. 서로 구조가 같습니다. 그러므로 그리스도의 율법 아래 있다는 것은 단지 주님이 그 의미를 온전히 드러낸 도덕법을 지키는 것을 뜻하는 것이 아닙니다. 십자가로 성취한 의식법, 즉 복음을 믿는 것도 포함하는 것입니다. 그러므로 자유의 율법에는 복음과 계명 둘 다 들어있다고 보아야 합니다.

2) 복음 및 계명과 겹쳐지는 자유의 율법!

야고보서를 읽어보면 1장에서는 자유의 율법이 복음과 겹쳐지고, 2장에서는 계명과 겹쳐집니다. 이것은 자유의 율법이 복음과 계명 두 가지로 구성되어 있다는 것을 보여주는 결정적인 증거입니다. 그러므로 차례로 설명해드리고자 합니다.

① 야고보의 설명에서 복음과 겹쳐지는 자유의 율법!

자유의 율법에 계명뿐 아니라 복음이 포함되어 있다는 결정적인 증거 중 하나는, 그것이 18절의 "진리의 말씀" 즉 복음과 일치한다는 것입니다. 야고보서 1장의 문맥에서 "자유롭게 하는 온전한 율법"은 먼저 21절에 나오는 "너희 영혼을 능히 구원할 바 마음에 심어진 말씀"과 일치하고, 더 거슬러 올라가면 18절의 우리를 거듭나게 한 "진리의 말씀"과도 일치한다는 것이 학자들의 중론입니다.

그런데, 댄 매카트니가 잘 말한 대로 21절의 "심어진 말씀"은 복음을 뜻합니다.

> **"'심어진 말씀'은 … 신자의 삶 속에 뿌리내렸지만 계속해서 들어야 하고 믿어야 하며 행동해야 할 복음이다."[73]**

참으로 옳은 말입니다. 복음은 계속 들어야 합니다. 그 이유는

---

73 댄 매카트니 『야고보서』 강대이 옮김. 서울: 부흥과개혁사, 2019. pp. 167-168.

21절에 대한 알렉 모티어의 설명에 잘 나타나 있습니다.

"**이것은 예수님이 이루러 오신 총체적 구원이 어떤 것인지 보여 준다. 구원은 과거의 일이라고 말할 수 있다.** 구원의 역사는 예수님이 우리를 위해 죽으셨을 때 예수님에 의해 완성되었기 때문이다. **그것은 또한 미래의 일이라고 말할 수도 있다.** 우리는 예수님이 다시 오실 때까지 구원을 온전히 경험하지 못할 것이기 때문이다. **하지만 그것은 또한 현재의 일이다. 주님이 우리를 위해 이루신 것을 우리가 날마다 점점 더 많이 경험할 수 있다는 점에서 그렇다. 야고보서의 이 본문에서 사용된 동사의 시제(부정과거)는 '심어진 말씀'이 실제로 일상적 체험에서 구원을 명확한 현실로 만들 능력이 있음을 강조한다.**"[74]

한 번 구원은 영원한 구원이 아닙니다. 그래서 우리는 버림받지 않기 위해 날마다 구원을 이루어나가야 합니다(빌 2:12). 그런데 그러려면 복음, 즉 구원론에 대한 강한 설교를 지속적으로 들어야 합니다. 그런데 제가 아는 범위에서는 구원론을 성경대로 그리고 강하게 계속 선포하는 교회는 세 교회밖에 안 떠오릅니다. 그만큼 그런 교회들이 적습니다. 그러므로 교회 선택이 얼마나 중요한지 모릅니다.

또, 18절의 '진리의 말씀'은 수신자들을 거듭나게 한 것이므로

74 알렉 모티어 『BST 야고보서 강해』 정옥배 옮김. 서울: 한국기독학생회출판부, 2018. p. 96.

당연히 복음을 뜻합니다. 그런데, 21절의 '마음에 심어진 말씀'과 같은 뜻이라는 것이 학자들의 중론입니다. 일례로, 무는 이렇게 썼습니다.

"문맥을 살펴볼 때, '자유롭게 하는 율법'을 구약성경의 율법으로 이해하기에는 어려움이 있다. **본문의 흐름 상 25절의 '온전한 율법'이 22절의 '말씀'과 동일한 의미로 사용된 것이 분명하다. 또한 22절의 '말씀'은 18절의 영적 탄생을 중재한 '진리의 말씀', 21절의 구원으로 인도하는 '마음에 심어진 말씀'과 같은 의미이다. 이런 점에서 '자유롭게 하는 온전한 율법'은 오히려 복음과 긴밀하게 연관된다고 볼 수 있다."**[75]

더 나아가, 그는 이렇게 말했습니다.

"야고보는 독자들에게 구원의 '복음'(good news)이 동시에 온전한 순종에 대한 요구를 엄중하고도 불가피하게 포함하고 있음을 강조하고자 한다. 기독교 '말씀'의 이러한 요구적인 측면을 표현하기 위해 '율법'이란 단어를 사용한 것은 야고보의 입장에서는 지극히 자연스러운 일이다."[76]

---

75 더글라스 무 『틴데일 신약 주석 시리즈 16 야고보서』 이승호 옮김. 서울 CLC, 2013. p 125.
76 더글라스 무 『틴데일 신약 주석 시리즈 16 야고보서』 이승호 옮김. 서울 CLC, 2013. p 125.

그러므로 자유의 율법은 단지 주님이 그 뜻을 온전히 드러낸 계명이 아닙니다. 복음도 자유의 율법의 한 부분이고 그것을 포함하는 것입니다.

② 야고보의 설명에서 계명과 겹쳐지는 자유의 율법!

우리는, 과거의 저처럼 자유의 율법이 단지 주님이 그 뜻을 온전히 드러낸 계명이라고 착각하지 않도록 조심해야 합니다. 동시에, 많은 학자들처럼 자유의 율법이 단지 복음이라고 착각하지 않도록 조심해야 합니다.

저는 야고보서 1장에서 자유의 율법이 복음과 겹쳐진다고 했습니다. 그것으로 자유의 율법이 단지 계명들이 아니라 복음을 포함한다는 것을 증명했습니다. 그러나 이번에는 자유의 율법이 복음뿐 아니라 계명들로 구성되어 있다는 것을 증명하고자 합니다. 이에 대한 증거는 두 가지입니다.

첫째로, 야고보가 "율법"이라고 부른 것이 그 증거입니다. 자유의 율법은 단지 복음이 아닙니다. 우리를 자유하게 하는 복음과 예수님이 그 뜻을 온전히 드러낸 계명으로 구성이 되어 있습니다. 즉, 그 안에 우리가 지켜야 할 것들이 들어있습니다. 그래서 야고보가 '율법'이라고 부른 것입니다.

둘째로, 더 결정적인 증거가 야고보서 2장에 나옵니다.

> 야고보서 2:12 "너희는 **자유의 율법**대로 심판 받을 자처럼 말도 하고 행하기도 하라."

이 구절은 1장과 반대입니다. 1장에서는 문맥 속에서 "자유롭게 하는 온전한 율법"이 주로 복음과 겹쳐졌습니다. 그러나 2장에서는 율법의 계명들과 겹쳐집니다. 즉, 1장에서는 주로 복음과 병행이 되고 2장에서는 율법과 병행이 됩니다.

물론 1장에서도 "자유롭게 하는 온전한 율법"이 복음뿐 아니라 우리가 지켜야 할 말씀들과 겹쳐집니다.

> 야고보서 1:22-25 "너희는 **말씀을 행하는 자**가 되고 듣기만 하여 자신을 속이는 자가 되지 말라. 누구든지 말씀을 듣고 **행하지** 아니하면 그는 거울로 자기의 생긴 얼굴을 보는 사람과 같아서 제 자신을 보고 가서 그 모습이 어떠했는지를 곧 잊어버리거니와 **자유롭게 하는 온전한 율법을 들여다보고 있는 자는 듣고 잊어버리는 자가 아니요 실천하는 자니 이 사람은 그 행하는 일에 복을 받으리라.**"

그래서 제가 "주로"라는 단서를 단 것입니다.

또한, 자유의 율법은 1장에 이어 2장에서도 율법의 계명들과 겹쳐지고 동일시됩니다.

> 야고보서 2:8-12 "너희가 만일 성경에 기록된 대로 **네 이웃 사랑하기를 네 몸과 같이 하라 하신 최고의 법**을 지키면 잘하는 것이거니와 만일 너희가 사람을 차별하여 대하면 죄를 짓는 것이니 **율법**이 너희를 범법자로 정죄하리라. **누구든지 온 율법을 지키다가 그 하나를 범하면 모두 범한 자가 되나니 간음하지 말라 하신 이가 또**

한 살인하지 말라 하셨은즉 네가 비록 간음하지 아니하여도 살인 하면 율법을 범한 자가 되느니라. 너희는 자유의 율법대로 심판 받을 자처럼 말도 하고 행하기도 하라."

어떻습니까? 의문의 여지가 없지요! 이것은 굉장히 중요합니다. 왜냐하면 많은 학자들이 착각한 것처럼, 자유롭게 하는 온전한 율법이 단지 복음이 아니라 우리가 지켜야 할 계명을 포함한다는 것을 보여주기 때문입니다.

한편, 알렉 모티어는 8절에 나오는 "네 이웃 사랑하기를 네 몸과 같이 하라 하신 최고의 법"에 대해 이것이 "'자유의 율법'의 일부"[77]라고 했습니다.

또, 피터 데이비스는 이렇게 썼습니다.

"야고보가 산상설교 배후에 있는 전통과 접촉했다는 것은 확실하며, 야고보가 예수님의 율법 재해석을 새로운 율법으로 이해했다는 데이비스의 주장에 동의할 수밖에 없다."[78]

또한, 더글라스 무는 이렇게 썼습니다.

"예수님의 가르침이 야고보의 교훈에 전반적으로 영향을 끼쳤

77 알렉 모티어 『야고보서 강해』 정옥배 옮김. 서울: 한국기독학생회출판부, 2018. p. 149.

78 피터 데이비스 『야고보서』 오광만 옮김. 서울: 새물결플러스, 2019. pp. 187-188.

다는 점도 이 '율법'이 특별히 예수님의 윤리적 요구와 관련되어 있음을 짐작하게 한다. 야고보는 독자들에게 구원의 '복음'(good news)이 동시에 온전한 순종에 대한 요구를 엄중하고도 불가피하게 포함하고 있음을 강조하고자 한다. 기독교 '말씀'의 이러한 요구적인 측면을 표현하기 위해 '율법'이란 단어를 사용한 것은 야고보의 입장에서는 지극히 자연스러운 일이다(그리고 그것은 어떤 면에서는 후대 신학의 '율법/복음' 구분을 미리 예견한다). 이 '율법'은 2:8-11절에서 분명하게 나타나는 것처럼 구약의 계명들을 포함하지만, 야고보가 그 율법을 '온전한 것'으로 특징짓는 것은 이 계명들을 구약의 율법에 대한 예수님의 성취의 관점(마 5:17)에서 보아야 한다는 것을 보여준다."[79]

이것들도 자유의 율법이 단지 복음이 아니라 계명으로 구성되어 있다는 사실을 뒷받침해줍니다.

정리하면, 자유의 율법은 1장에서는 주로 복음과 병행이 되고 2장에서는 율법과 병행이 됩니다. 그리고 이것은 자유의 율법이 단지 복음 혹은 율법이 아니라 둘 다 포함한다는 것을 보여주는 결정적인 증거입니다.

③ 갑작스러운 변수와 치열한 연구 끝에 도달한 결론!

지난 9월 19일 토요일, 저는 다음 날 할 설교원고의 교정을 다

79 더글라스 무 『틴데일 신약 주석 시리즈 16 야고보서』 이승호 옮김. 서울 CLC, 2013. p 125.

마치고 원고에 밑줄까지 쳐서 설교할 준비를 모두 마쳤습니다. 그 시간이 밤 9시 30분쯤이었고, 늘 그렇게 하듯이 그 후 설교 두 편을 듣고 기도하다가 귀가할 생각이었습니다.

그런데, 최근에 야고보서 2장에서 자유의 율법이 계명들과 겹쳐진다는 것에는 의문의 여지가 없는데, 1장에서 자유의 율법이 복음과 겹쳐진다는 것이 정말 확실한가? 라는 의문이 들었습니다. 마지막으로, 그것을 확인하고 싶었습니다. 그래서 야고보서 1장을 문맥에 주의하며 읽었습니다. 그리고 매우 당황했습니다. 왜냐하면 1장 25절까지의 문맥을 보면, 복음으로 보기가 굉장히 어색했기 때문입니다.

> 야고보서 1:22-25 "**너희는 말씀을 행하는 자가 되고** 듣기만 하여 자신을 속이는 자가 되지 말라. **누구든지 말씀을 듣고 행하지 아니하면** 그는 거울로 자기의 생긴 얼굴을 보는 사람과 같아서 제 자신을 보고 가서 그 모습이 어떠했는지를 곧 잊어버리거니와 자유롭게 하는 온전한 율법을 들여다보고 있는 자는 듣고 잊어버리는 자가 아니요 **실천하는 자니 이 사람은 그 행하는 일에 복을 받으리라.**"

이처럼 온통 말씀을 행하고 실천하는 것으로 포위가 되어 있고 순종과 직접적인 관계가 있습니다.

물론 이 점이 이상하다고 해도, 무가 주장한 것처럼 "자유롭게 하는 온전한 율법"(25절)이 18절의 "진리의 말씀"과 겹쳐지면 아무 문제가 없습니다. 그런데, 18절과 19절 사이에서 단락이 나누어집니다. 성경 본문은 아니지만 "여러 가지 시험"이라는 주제 아래 1-18절이 나오고, "말씀을 실천하는 자"라는 주제 아래 19-27절이 나옵니다. 그나마 접속사라도 있어야 앞 구절과 연결을 시킬 수가 있을 텐데, 19절에 그 흔한 접속사마저 없습니다. 더구나, 19절은 "내 사랑하는 형제들아 너희는 알지니"라고 앞에서 설명한 것과 다른 설명을 시작하는 투로 시작합니다. 그래서 아무리 생각해도 문맥상 18절과 19절을 연결시키는 것이 불가능해 보였습니다. 그 결과 "진리의 말씀"과 "자유롭게 하는 온전한 율법"이 서로 아무 상관이 없어 보였습니다.

순간, 저는 너무 당혹스러웠습니다. 그래서 비상이 걸렸고, 여러 목회자들과 급히 토론하고 다시 연구를 시작했습니다. 그러자 설상가상으로 꼬리에 꼬리를 물고 세 가지 의문이 떠올랐습니다. 때문에 이 의문들을 해결하기 위해 밤 11시 30분까지 연구를 해야 했고 귀가하기 전 겨우 희미한 답을 찾았습니다. 감사하게도, 다음날 아침에 기도할 때, 하나님의 은혜로 선명한 답이 깨달아졌습니다. 그리고 추석연휴 기간인 10월 8일 밤늦게 자려고 누웠는데 하나님께서 굉장히 실제적이고 중요한 설교를 한 편 주셔서 새벽 4시까지 적었습니다. 그리고 다음날 아침에는 야고보서 1장에 대한 정교한 깨달음을 주셨습니다. 그러므로 그것들을 모두 합해서 정립한 것을 여러분에게 설명해드리고자 합니다.

㉠ 우리가 첫째로 해결해야 할 의문은 18절과 19절이 연결이 되지 않는다는 것이다.

이 때문에 저는 고민하다가 18절과 19절을 직접 연결시키는 것은 문맥상 불가능하지만, 21절과 연결시키는 것은 가능하다고 생각했습니다.

> "그러므로 모든 더러운 것과 넘치는 악을 내버리고 **너희 영혼을 능히 구원할 바 마음에 심어진 말씀**을 온유함으로 받으라."

야고보는 18절에서 "진리의 말씀으로 우리를 낳으셨다"고 했습니다. 이것은 복음을 뜻합니다! 그런데, 21절에서 다시 "너희 영혼을 능히 구원할 바 마음에 심어진 말씀"이라고 말했습니다. 개역한글은 이것을 "너희 영혼을 구원할"이라고 번역해서 미래의 구원을 말하는 것처럼 보입니다. 그러나 원어는 시제와 무관합니다. 때문에 "능히"라는 단어가 보여주듯이, 단지 '너희 영혼을 능히 구원할 수 있는'이라는 뜻입니다. 그래서 과거에 나를 구원한 복음이 능히 구원할 수 있는 말씀이라서 그렇게 말한 것일 수도 있다고 생각했습니다. 그럴 경우 이 속에 복음이 포함됩니다.

또한, 이미 말한 대로 "구원할"의 헬라어가 시제와 무관하므로 야고보가 말하는 '구원'이 '구원의 서정' 전체와 관계있을 수도 있습니다. 실제로 존 맥아더는 이 구절을 그렇게 이해했습니다.

> "하나님의 말씀이 **'[우리의] 영혼을 능히 구원한다'**는 이 구절의

가르침은 **첫째로 우리가 처음에 받은 구원을 가리킨다. 이때에는 하나님 말씀을 통해 복음의 진리가 아직 구원받지 못한 이의 마음 속에 전달되며, 이를 통해 그가 구원의 길을 깨닫고 죄의 형벌에서 건짐을 받게 된다(참조, 벧전 1:23).** 그리고 **둘째로 하나님의 말씀은 그분이 베푸시는 진리의 지속적인 원천이 됨으로써 우리의 영혼을 '능히 구원하게' 된다. 성령님은 그 말씀의 진리를 사용하셔서 우리를 죄의 권세와 지배로부터 보호하시며, 이를 통해 신자들의 '영혼'이 하나님의 가족 바깥으로 떨어져 나가는 일이 없도록 지키신다.** 그리고 **마지막으로, 하나님의 말씀은 우리를 완전하고 궁극적인 구원으로 인도해 갈 수 있다. 이때 우리는 하늘에서 그리스도와 함께 영광을 누리며, 죄의 존재로부터 영원히 벗어난 상태로 살아가게 된다.** 바울이 다음의 내용을 확증하면서 선포한 것은 바로 이 진리였다. '이제 우리의 구원이 처음 믿을 때보다 가까이 왔느니라'(롬 13:11). 이처럼 성경의 진리 배후에 있는 하나님의 능력은 우리의 구원을 불러일으키는 동시에 그 구원이 계속 더 성장하며 번성하게 하고, 마침내는 우리를 온전하고 충만한 영광의 최종적인 상태 가운데로 이끌어 간다. **우리는 이미 하나님 말씀의 능력을 통해 구원을 받았다(칭의). 우리는 지금 그 말씀의 능력으로 구원을 받고 있다(성화). 그리고 우리는 그 말씀의 능력으로 마침내 영원히 구원받은 상태, 궁극적이며 완전한 구원에 이른 상태에 들어가게 될 것이다(영화).**"[80]

---

80 존 맥아더 『MNTC 야고보서』 홍병룡 옮김. 서울: 아바서원, 2020. pp. 116-117

사실 저는 이 해석이 찜찜했습니다. 그러나 "구원할"이 시제와 무관하다는 것 때문에 받아들였습니다. 그런데, 이것이 옳을 경우 21절도 18절처럼 단지 우리가 지켜야 할 계명이 아니라 복음을 포함하게 됩니다. 그래서 18절과 19절 사이의 단절이 메워진다고 생각했습니다.

그런데, 지난 주 목요일(25. 10. 9.) 아침에 이 설명이 뒤집어졌습니다. 그래서 공휴일인 그날 교회에 와서 원고의 상당 부분을 수정보완 해야 했습니다. 그렇게 다시 정리한 것을 여러분에게 설명해드리겠습니다.

첫째로, 이 구절과 병행구절이 있습니다.

다음 두 곳을 비교해보십시오.

야고보서 1:10-11, 18-21 "부한 자는 자기의 낮아짐을 자랑할지니 *이는 그가 풀의 꽃과 같이 지나감이라. 해가 돋고 뜨거운 바람이 불어 풀을 말리면 꽃이 떨어져 그 모양의 아름다움이 없어지나니 부한 자도 그 행하는 일에 이와 같이 쇠잔하리라.* … **그가 그 피조물 중에 우리로 한 첫 열매가 되게 하시려고 자기의 뜻을 따라 진리의 말씀으로 우리를 낳으셨느니라.** 내 사랑하는 형제들아 너희가 알지니 사람마다 듣기는 속히 하고 말하기는 더디 하며 성내기도 더디 하라. 사람이 성내는 것이 하나님의 의를 이루지 못함이라. **그러므로 모든 더러운 것과 넘치는 악을 내버리고 너희 영혼을 능히 구원할 바 마음에 심어진 말씀을 온유함으로 받으라.**"

베드로전서 1:23-2:2 “**너희가 거듭난 것은 썩어질 씨로 된 것이 아니요 썩지 아니할 씨로 된 것이니 살아 있고 항상 있는 하나님의 말씀으로 되었느니라.** *그러므로 모든 육체는 풀과 같고 그 모든 영광은 풀의 꽃과 같으니 풀은 마르고 꽃은 떨어지되* 오직 주의 말씀은 세세토록 있도다 하였으니 너희에게 전한 복음이 곧 이 말씀이니라. **그러므로 모든 악독과 모든 기만과 외식과 시기와 모든 비방하는 말을 버리고 갓난아기들 같이 순전하고 신령한 젖을 사모하라. 이는 그로 말미암아 너희로 구원에 이르도록 자라게 하려 함이라.**”

야고보는 “*풀을 말리면 꽃이 떨어져*”라고 말했고 베드로는 “*풀은 마르고 꽃은 떨어지되*”라고 말했습니다. 또, 야고보는 “진리의 말씀으로 우리를 낳으셨느니라.”라고 말했고, 베드로는 “너희가 거듭난 것은 … 살아 있고 항상 있는 하나님의 말씀으로 되었느니라.”라고 말했습니다. 또, 야고보는 “그러므로 모든 더러운 것과 넘치는 악을 내버리고”라고 말했고 베드로는 “그러므로 모든 악독과 모든 기만과 외식과 시기와 모든 비방하는 말을 버리고”라고 말했습니다. 그리고 야고보는 “너희 영혼을 능히 구원할 바 마음에 심어진 말씀을 온유함으로 받으라.”라고 말했고, 베드로는 “갓난아기들 같이 순전하고 신령한 젖을 사모하라. 이는 그로 말미암아 너희로 구원에 이르도록 자라게 하려 함이라.”라고 말했습니다. 정말 놀랄 정도로 일치하지요!

많은 학자들이 이 점에 주목합니다. 그러나 복음을 포함하고 있는 "능히 구원할 바 마음에 심어진 말씀"과 달리 베드로는 "순전하고 신령한 젖"이라고 했습니다. 그래서 저는, 아쉽지만 이것이 반드시 복음을 포함하고 있다고 볼 수는 없다고 생각했습니다. 때문에 확실한 증거가 될 수 없다고 여겼습니다.

그러다가, 하루는 이 말씀에 대해 다시 생각하게 되었습니다. 베드로는 "갓난아기들 같이 순전하고 신령한 젖을 사모하라."라고 했습니다. 그런데, 이 말이 단지 영의 양식을 사모하라는 뜻이 아니라는 생각이 들었습니다. 왜냐하면 베드로는 지금 갓난아이들, 즉 젖을 먹는 어린 신자들에 대해 말하고 있기 때문입니다. 그런데 그들과 젖에 대해 히브리서 기자는 이렇게 말했습니다.

> 히브리서 5:12-6:2 "때가 오래 되었으므로 너희가 마땅히 선생이 되었을 터인데 너희가 다시 하나님의 말씀의 초보에 대하여 누구에게서 가르침을 받아야 할 처지이니 단단한 음식은 못 먹고 **젖이나 먹어야 할 자**가 되었도다. 이는 **젖을 먹는 자마다 어린아이이니** 의의 말씀을 경험하지 못한 자요. 단단한 음식은 장성한 자의 것이니 그들은 지각을 사용함으로 연단을 받아 선악을 분별하는 자들이니라. 그러므로 우리가 **그리스도의 도의 초보**를 버리고 **죽은 행실을 회개함과 하나님께 대한 신앙과 세례들과 안수와 죽은 자의 부활과 영원한 심판에 관한 교훈의 터**를 다시 닦지 말고 완전한 데로 나아갈지니라."

육적인 어린아이처럼, 영적인 어린아이도 단단한 식물을 못

먹습니다. 젖만 먹을 수 있습니다.

그런데 젖이 무엇입니까? 바로 “그리스도의 도의 초보”, 즉 “죽은 행실을 회개함과 하나님께 대한 신앙과 세례들과 안수와 죽은 자의 부활과 영원한 심판에 관한 교훈”입니다. 이 중 ‘회개’와 ‘믿음’(신앙), 그리고 ‘세례’라는 단어에 주목하십시오. 그러면 젖 안에 복음이 핵심요소로 들어가 있다는 것을 알 수 있을 것입니다. 그 결과, 야고보와 베드로가 말한 것이 똑같아집니다. 그러므로 21절에 나오는 ‘마음에 심긴 말씀’은 참으로 18절에 나오는 복음을 포함하고 있는 것입니다.

둘째로, 문맥을 자세히 보면 답이 보입니다.

개역개정은 21절에서 “너희 영혼을 구원할”이라고 번역을 했고, 미래의 구원을 뜻하는 것처럼 보입니다. 제가 이처럼 시제에 관심을 갖는 이유는, 구원의 서정, 즉 칭의 성화 영화 모두 시제와 관련이 있기 때문입니다. 그래서 시제를 통해 이 구절에서 말하는 구원이 무엇인지 알 수 있다고 생각했습니다. 그러나 원어가 시제와 무관합니다. 그래서 존 맥아더는 이 구절의 ‘구원’이 ‘구원의 서정’ 전체와 관계가 있다고 주장했습니다.[81]

앞에서 이미 말했듯이, 저는 이 견해가 미덥지 않았습니다. 그러나 시제와 무관하다는 사실 때문에 받아들였습니다. 그것을 통해 18절과 19절 사이의 단절을 해결하려고 했습니다.

---

81 존 맥아더 『MNTC 야고보서』 홍병룡 옮김. 서울: 아바서원, 2020. pp. 116-117

그러나 21절의 "구원할"이 구원의 서정 중 어떤 것을 의미하는지 결정하는 것은 거의 불가능할 정도로 어렵습니다. 과거의 구원, 현재의 구원, 미래의 구원, 현재와 미래의 구원, 세 가지 다 등 모든 유형의 해석이 존재하는 것 같습니다. 또, 뚜렷한 단서가 없고 너무 복잡해서 굉장히 판단하기 어렵습니다. 그래서 저는 한동안 그것이 불가능하다고 느꼈습니다. 그러고 있는데, 이런 생각이 들었습니다.

'시제가 모든 것을 결정하는 것이 아니다. 시제 위에 문맥이 있다!'

그래서 문맥을 살펴보았습니다. 그랬더니 미래를 염두에 둔 현재시제였습니다. 이것을 통해 저는 21절의 "구원할"이 구원의 서정 중 어떤 것을 뜻하는지 비로소 정확히 분별하고 캐치할 수 있었습니다. 하지만 그때 깨달은 것을 녹취한 것이 워낙 방대해서 간단한 것부터 복잡한 순으로 세 가지로 정리를 해서 여러분에게 설명해드리겠습니다.

먼저, 가장 간단한 설명입니다.

이미 말한 대로, 21절의 "구원할"은 시제와 무관합니다. 그러나 그것이 구원의 서정을 모두 가리키는 것이 아닙니다. 이미의 구원과는 무관합니다.

그 이유는, 야고보서의 수신자는 구원받은 신자들입니다. 그들에게 구원을 잘 이루고 반드시 궁극적인 구원을 받으라고 권하고 있는 곳이 1장과 2장입니다. 그런데 이곳에 나타난 구원이 그들이 이미 받은 이미의 구원이라면 어색하지 않나요? 그러므로 이 구절의 "구원"은 과거의 받은 구원과는 무관합니다.

다음은, 중간 길이의 설명입니다.

21절의 "구원"은 구원의 서정 중 중생이 아니라 성화 및 영화와 관계가 있습니다.

먼저, 미래에 받을 궁극적인 구원과 간접적인 관계가 있습니다. 야고보는 지금 궁극적인 구원에 관심을 갖고 있으며, 그것을 받을 수 있게 하려고 가르치고 있습니다. 야고보서 1장 12절은 물론이고 2장 14절도 이것을 뒷받침해줍니다.

> "내 형제들아 만일 사람이 믿음이 있노라 하고 행함이 없으면 무슨 유익이 있으리요! **그 믿음이 능히 자기를 구원하겠느냐?**"

그러므로 미래의 구원과도 관계가 있음이 분명합니다.

다음으로, 이 구절의 구원은 현재에 방점이 찍혀 있고 현재의 구원과 직접적인 관계가 있습니다. 물론 야고보는 궁극적인 구원에 관심이 있고, 그것을 얻게 하려고 설명하고 있습니다. 그러나 상대가 누구입니까?

야고보는 2절과 19절에서 그들을 "내 형제들"이라고 불렀습니다. 또, 18절에 의하면 거듭난 신자들입니다. 이런 그들이 궁극적인 구원을 받으려면 어떻게 해야 할까요?

현재의 구원을 잘 이루어야 합니다. 때문에 야고보는 13절부터 끝까지 현재의 구원에 초점을 맞췄습니다. 15절도 직접 궁극적인 멸망을 뜻하는 것이 아니라, 죄가 장성하면 살아 있어도 구원을 상실한 영적으로 죽은 자가 되고 만다는 뜻입니다. 현재 상태에 대한 것입니다. 또, 19절부터 그들처럼 되지 말라고 설명하면서 결국 현재의 순종을 강조했습니다. 또한, 2장도 현재에 대한 것입니다. 물론 12절은 "자유의 율법대로 심판을 받을 자처럼 말도 하고 행하기도 하라"고 했으므로 궁극적인 구원을 염두에 둔 것이지만, "말도 하고 행하기로 하라"는 것 자체의 초점이 현재입니다. 또한, 13절도 궁극적인 구원에 대한 것이고 14절도 그러합니다.

> "내 형제들아 만일 사람이 믿음이 있노라 하고 행함이 없으면 무슨 유익이 있으리요! **그 믿음이 능히 자기를 구원하겠느냐?**"

그러나 그 뒤 계속 현재의 칭의를 설명했습니다. 그러므로 제가 '1장 21절의 '구원할'이 과거가 아니라 미래와 관계가 있고 현재에 방점이 찍혀있다. 미래의 궁극적인 구원과 관계있지만 현재가 초점이다.'라고 한 것이 매우 정확한 것입니다.

이와 같이, 21절의 "구원"은 현재와 미래 두 가지와 관계가 있습니다. 그래서 시제와 관계가 없는 단어를 사용했을지도 모릅니다.

그런데, 어떤 이들은 '구원할'이라는 표현 때문에 현재의 구원을 뜻하지 않는다고 생각하기 쉽습니다. 현재의 구원은 받는 것이 아니라 이루는 것이기 때문입니다(빌 2:12). 저도, 전에는 그렇게 생각했습니다. 그러나 현재와 미래의 구원 둘 다와 관계가 있다면 이런 표현이 가능하지 않을까요? 더구나, 현재의 구원도 이미 구원 받은 신자들이 계속 이루어 나가야 할 구원이고 미래의 궁극적인 구원도 받아야 할 구원입니다. 때문에 "너희를 구원할" 즉 너희를 구원할 수 있다는 표현이 아주 잘 어울립니다.

마지막으로, 가장 길고 자세한 설명입니다. 참고로, 이 설명의 끝에 18절과 19절의 단절에 대한 해법이 나옵니다. 그러므로 관심을 가지고 들어주시기 바랍니다.

먼저, 야고보서 1장 12절을 보겠습니다.

> "시험을 참는 자는 복이 있나니 이는 시련을 견디어 낸 자가 주께서 자기를 사랑하는 자들에게 약속하신 **생명의 면류관을 얻을 것**이기 때문이라."

이 구절은 궁극적인 구원에 대한 것입니다. 또, 13절은 하나님이 마귀처럼 사람을 악으로 시험하지 않는다는 것을 보여줍니다.

> "사람이 시험을 받을 때에 **내가 하나님께 시험을 받는다 하지 말지니 하나님은** 악에게 시험을 받지도 아니하시고 **친히 아무도 시험하지 아니하시느니라.**"

14절은 그러므로 사람이 시험을 당할 때 죄를 짓는 것은 하나님 책임이 아니라 오롯이 사람의 책임이라고 합니다.

"오직 각 사람이 시험을 받는 것은 자기 욕심에 끌려 미혹됨이니"

또, 15절은 그 엄중한 결과를 우리에게 보여줍니다.

"욕심이 잉태한즉 죄를 낳고 죄가 장성한즉 사망을 낳느니라."

그다음, 야고보는 16절에서 "내 사랑하는 형제들아 속지 말라"고 당부한 후 이렇게 말했습니다.

야고보서 1:17 **"온갖 좋은 은사와 온전한 선물이 다 위로부터 빛들의 아버지께로부터 내려오나니 그는 변함도 없으시고 회전하는 그림자도 없으시니라."**

그런데 이 구절에서 크게 두 가지 질문이 떠오릅니다.

'뜬금없이 왜 온갖 좋은 은사와 온전한 선물이 다 위로부터 빛들의 아버지께로부터 내려온다고 할까?'

저는 오래전부터 이것이 궁금했습니다.
먼저, 이것은 13절의 '하나님은 사람을 악으로 시험하지 않는다'는 것에 근거한 것입니다. 악은 좋은 것도 온전한 것도 아닙니다. 그러나 하나님은 그런 악이 아니라 좋고 온전한 것을 우리에게 주시는 좋으신 분입니다.

또한, 이것은 15절의 '죄가 장성한즉 사망을 낳는다'는 것의 반대입니다. 그래서 '은사'와 '선물'이라고 한 것입니다. 다음 구절들을 보면 제 말이 무슨 뜻인지 더 잘 이해가 되실 것입니다.

> 로마서 6:23 "죄의 삯은 사망이요 **하나님의 은사**는 그리스도 예수 우리 주 안에 있는 영생이니라."

> 에베소서 2:8 "너희는 그 은혜에 의하여 믿음으로 말미암아 구원을 받았으니 이것은 너희에게서 난 것이 아니요 **하나님의 선물**이라."

이처럼 둘 다 구원과 관계가 있는 표현입니다. 그 핵심 내용이 구원입니다. 다시 말해서, 하나님은 마귀처럼 악으로 유혹하여 멸망("사망")하게 하는 분이 아니라 우리를 구원하여 영생에 이르게 하시는 분이라는 것이 핵심입니다.

이것은 제가 완성한 해석입니다. 그런데 그 후 주석들을 읽어보고 저는 당황했습니다. 왜냐하면 몇몇 학자들이 온갖 좋은 은사와 온전한 선물을 하나님께서 주시는 지혜로 보았기 때문입니다. 예를 들어, 피터 데이비스는 이렇게 썼습니다.

> **"위로부터 오는(ἄνωθεν, 3:17) 가장 좋은 은사가 지혜가 아니라**

면, 하나님께서 사람이 시험을 이길 수 있게 하려고 주시는 것은 무엇일까?"[82]

또, 댄 매카트니는 이렇게 썼습니다.

"하나님이 기꺼이 주시고 '위로부터 오는' 선하고 완전하고 탁월한 선물은 지혜다. 우리가 1장 5절과 3장 15절에서 볼 수 있는 것처럼 말이다."[83]

또한, 크레이그 블롬버그와 마리암 카멜도 이렇게 썼습니다.

"야고보는 여기에서 하나님의 탁월한 선물로 여전히 지혜를 염두에 두고 있을 수도 있다. 말과 개념이 3:17-18('위로부터 난 지혜'에 대한)과 연결된 것이 이런 주장을 더 입증해준다."[84]

특히 댄 매카트니가 근거로 제시한 1장 5절과 3장 15절을 보면 상당히 그럴듯하지요. 왜냐하면 야고보가 지혜를 시험을 이기는 비결로 제시하였기 때문입니다. 그래서 저도 이것이 옳은 줄 알았습니다.

그러나 이것은 옳은 견해가 아닙니다. 그 이유는 간단합니다!

---

82 피터 데이비스 『야고보서』 오광만 옮김. 서울: 새물결플러스, 2019. p. 170.
83 댄 매카트니 『야고보서』 강대이 옮김. 서울: 부흥과개혁사, 2019. p. 155.
84 크레이그 블롬버그 & 마리암 카멜 『강해로 푸는 야고보서』 정옥배 옮김. 서울: 디모데, 2018. p. 77.

야고보는 "온갖"이라고 말했습니다. 때문에 로버트 플러머는 이렇게 썼습니다.

"그는 시를 쓰듯이 '**온갖** 좋은 은사와 온전한 선물이 다 위로부터…내려오나니'라고 쓴다. **이러한 광범위한 표현은 이생의 모든 선한 것, 아름다운 것, 탁월한 것을 모두 하나님 덕분으로 돌린다.**"[85]

여러분, "온갖"이 한 가지를 뜻할 수 있습니까? 없지요! 그러므로 지혜가 그중 하나일 수는 있어도 이것이 곧 지혜일 수는 없습니다.

그 후에, 저는 토마스 맨튼이 저와 유사한 해석을 했다는 것을 발견했습니다.

"이 은사는 일반 은총이 아니라 바울이 엡 1:3에서 표현한 바 '신령한 복'(πνευματικὰς εὐλογίας)이다."[86]

"앞부분에서 야고보는 하나님께서 죄를 만드신 분이신가란 문제를 끄집어내었던 바, 하나님께서 특별한, 그리고 구원의 은혜를 내리시는 분이라는 본 절의 설명보다 그러한 가설을 일축하기에 적합한 논리는 없다."[87]

---

85 로버트 플러머 『히브리서 야고보서』 김명희 옮김. 서울: 국제제자훈련원, 2022. pp. 434-435.
86 토마스 맨튼 『야고보서(상)』 이길상 옮김. 서울: 아가페출판사, 1991. p. 207.
87 토마스 맨튼 『야고보서(상)』 이길상 옮김. 서울: 아가페출판사, 1991. p. 208.

> “**온전한 선물. 이것은 어떤 방식으로든 우리를 온전함에 이르도록 하는 은사인데, 중생케 하시는 최초의 은혜뿐만 아니라 영적인 삶의 모든 과정, 그리고 결국 영화와 영생에 이르기까지 계속 내리시는 은혜, 이 모든 것이 하나님의 선물이다.** 비록 영원한 죽음은 삯이지만 영원한 생명은 선물인 것이다. 그러므로 사도 바울은 롬 6:23에서 사망과 영생을 비교할 때, 모두 선물(은사)이란 용어를 쓰지 않고 각각 달리 표현했다. **종합해서 말하자면 중생으로 말미암아 새 생명이 탄생하는 순간뿐 아니라 은혜로 장성해 결국 영화롭게 될 때까지의 모든 점진적인 과정이 선물로 주어지는 것이며, 또한 하나님이 기뻐하시는 뜻 가운데 베푸시는 은총의 소산이다.**”[88]

그러나 저는 구원과 구원에 필요한 은혜들이 주된 것이기는 하나 “온갖 좋은 은사와 온전한 선물”이 하나님이 주시는 모든 것을 뜻한다고 생각합니다. 왜냐하면 “온갖”이 굉장히 포괄적인 단어이기 때문입니다.

여러분, 이제 야고보가 왜 갑자기 온갖 좋은 은사와 온전한 선물이 다 위로부터 빛들의 아버지께로부터 내려온다고 했는지 이해가 되시지요!

또, 이 구절을 읽을 때 이런 의문이 떠오릅니다.

---

88 토마스 맨튼 『야고보서(상)』 이길상 옮김. 서울: 아가페출판사, 1991. p. 208.

"'변함도 없으시고 회전하는 그림자도 없으시니라.' 왜 여기서 이런 말을 할까? 이것이 도대체 무슨 뜻일까?"

저는 이것이 항상 궁금했습니다. 그러던 중 이번에 비로소 깨달았습니다. 야고보가 이 말을 한 이유는, 하나님은 온갖 좋은 은사와 온전한 선물을 주시는 분이고 변함이 없으시기 때문입니다. 때문에 절대로 악으로 우리를 시험할 분이 아니라는 뜻입니다.

이것을 깨달은 후, 저는 제가 이해한 것이 맞는지 알아보려고 이 부분에 대한 주석들을 모두 읽어보았습니다. 그런데 놀랍게도 거의 모든 학자가 저처럼 이해하고 있었습니다. 그중 몇 가지를 여러분에게 소개해드리겠습니다.

먼저, 더글라스 무는 이렇게 썼습니다.

"17절의 전반적인 의미는 분명한데, 변함없이 자비로우신 하나님이 모든 좋은 것의 근원이시라는 것이다."[89]

또, 댄 매카트니는 이렇게 썼습니다.

"하나님에게는 '변함도 없으시고 회전하는 그림자도 없으시다.' 이 표현은 무엇을 연상시키고 난해한 표현이다(1:17에 대한 네 번째 추가 주석을 보라). 그러나 요점은 분명하다. 하나님은 불변하

89 더글라스 무 『야고보서』 이승호 옮김. 서울: 기독교문서선교회, 2013. p. 109.

시고 전적으로 신뢰할 만하다(참조, 말 3:6)는 것이다."[90]

또한, 토마스 맨튼은 이렇게 썼습니다.

"행성들은 그 위치와 광도(光度)에 따라서 그 모습도 여러 가지로 보인다. 또한 해가 우리 위에 가까이 떠 있을수록 그림자는 작아지고, 멀어질수록 그림자는 커진다. 이처럼 그림자의 변화에 의해서 해의 움직임과 회전을 감지하게 된다. 그러나 영적인 빛들의 아버지께서는 물리적인 빛들의 근원인 해와 같지 않으시다. 그분께는 아무런 회전하는 그림자도 없으시다. 즉 그분은 조금도 움직이거나 변하지 않으시고, 부분적으로라도 일정하지 않은 것도 없으시며, 언제나 동일하게 계신다. … 각양 선한(좋은) 것들은 위로부터 내려온다. 즉, 하나님께서 우리에게 내려주시는 것이다. 악(惡) 자체는 위로부터 내려온 것이 아니다. '샘이 한 구멍으로 어찌 단 물과 쓴 물을 내겠느뇨'(약 3:11)."[91]

이외에도, 피터 데이비스[92], 댄 매카트니[93], 알렉 모티어[94], 스캇 맥나이트[95]도 저처럼 이해하고 있었습니다.

---

90 댄 매카트니 『야고보서』 강대이 옮김. 서울: 부흥과개혁사, 2019. p. 156.
91 토마스 맨튼 『야고보서(상)』 이길상 옮김. 서울: 아가페출판사, 1991. pp. 209-210.
92 피터 데이비스 『야고보서』 오광만 옮김. 서울: 새물결플러스, 2019. pp. 168-170.
93 댄 매카트니 『야고보서』 강대이 옮김. 서울: 부흥과개혁사, 2019. pp. 155-156.
94 알렉 모티어 『야고보서 강해』 정옥배 옮김. 서울: 한국기독학생회출판부, 2018. pp. 80-81.
95 스캇 맥나이트 『야고보서』 신윤수 옮김. 서울: 부흥과개혁사, 2023. pp. 163-164, 167-168.

그런데, 연이어 야고보는 이렇게 말했습니다.

야고보서 1:18 "그가 그 피조물 중에 우리로 한 **첫 열매가 되게 하시려고** 자기의 뜻을 따라 **진리의 말씀으로 우리를 낳으셨느니라.**"

이 구절은 무슨 뜻일까요? 하나님께서 우리에게 은혜로 주시는 것들은"온갖 좋은 은사와 온전한 선물"이라고 표현에 나타나 있는 것처럼 여러 가지입니다. 그중 가장 중요하고 대표적인 것이 구원 즉 거듭남이라는 뜻입니다. 또, 이것은 17절의 "온갖 좋은 은사와 온전한 선물"이 실제로 구원과 관계가 있다는 증거가 되기도 합니다.

한편, 구원을 말할 때 보통은 칭의를 언급합니다. 그런데 왜 칭의가 아니라 거듭남을 말했을까요? 그것은 하나님이 악으로 우리를 시험하는 분이 아니라 도리어 우리를 거듭나게 하사 악을 이기게 하시는 분이라는 것을 강조하기 위한 것일 것입니다.

그런데, 그 후에 야고보는 이렇게 말했습니다.

야고보서 1:19-20 "내 사랑하는 형제들아 너희가 알지니 **사람마다 듣기는 속히 하고** 말하기는 더디 하며 성내기도 더디 하라. 사람이 성내는 것이 하나님의 의를 이루지 못함이라."

저는 야고보가 바로 전 절의 "진리의 말씀"을 받아 "듣기는 속히 하며"라고 말했다고 봅니다. 실제로, 고든 케디는 이렇게 썼습니다.

"듣기는 속히 하십시오(1:19). 여기서의 문맥은 '진리의 말씀'입니다."[96]

또, 토마스 맨튼도 이렇게 썼습니다.

"**듣기는 속히 하고** 라는 구절에 대해서. **물론 '하나님의 말씀' 듣는 일을 속히 하라는 뜻이다.**"[97]

물론 여러 학자들의 말처럼, 이것이 단지 설교를 듣는 것이 아니라 대화에 대한 것일 수도 있습니다. 그렇더라도 저는 대화의 중요 주제가 진리의 말씀이었을 것이라고 생각합니다. 그래서 야고보가 듣기는 속히 하라고 말했다고 생각합니다. 왜냐하면 모든 말이 다 듣기를 속히 해야 할 정도로 중요하거나 가치가 있는 것은 아니기 때문입니다. 때문에 저는 19절의 "듣기는 속히 하고"가 18절의 "진리의 말씀"과 관계가 있다고 봅니다. 그러므로 18절과 19절이 단절된 것이 아니라 계속 이어지고 있다고 생각합니다.

셋째로, 1장 21절에 나오는 "심어진 말씀"이라는 표현이 결정적으로 중요합니다.

---

96 고든 케디 『야고보서』 이중수 옮김. 서울: 목회자료사, 1993. p. 72.
97 토마스 맨튼 『야고보서(상)』 이길상 옮김. 서울: 아가페출판사, 1991. p. 251.

여러분, 상식적으로 생각해보십시오. 야고보는 지금 구원받은 성도들에게 말하고 있습니다. 그런데 말씀이 심어졌다는 것이 계명만을 뜻할까요? 사도와 목회자들은 복음과 다른 계명들을 가르쳤을 것입니다. 둘 다 성도들의 마음속에 심어졌을 것이 분명합니다. 그러므로 "심어진 말씀"이 복음과 그 외에 진리 전체를 포괄한다고 보아야 합니다.

실제로, "심어진 말씀"은 복음과 불가분의 관계가 있습니다. 이것은 저 혼자의 생각이거나 추측이 아닙니다. 수많은 학자들이 그렇게 생각했습니다. 먼저, 토마스 맨튼은 이 표현에 대해 이렇게 썼습니다.

"다른 구절에서도 이와 같은 표현이 사용된다. '나는 심었고'(고전 3:6), 즉 말씀으로 그들 속에 하나님을 믿는 믿음을 심어주었다는 뜻이다. 또한 골 1:6에서도 복음의 말씀이 마음속에 심긴 후 자라나서 열매를 맺는다는 의미로 로고스 카르포포루메노스(λόγος καρποφορούμενος)란 말이 사용되었다."[98]

또, 피터 데이비스는 이렇게 썼습니다.

"이 단어는 매우 적합하다. 심긴 것이 복음 선포인 까닭이다. (여기에 사용된 이미지에 대해서는 신 30:1; 살전 1:6; 2:13: 고전

98 토마스 맨튼 『야고보서(상)』 이길상 옮김. 서울: 아가페, 1991. p. 277.

3:6; 마 13:4-15, 18-23; 1QH 4:10을 보라)."[99]

또, 페임 퍼킨스는 이렇게 썼습니다.

"'심겨진 말씀'이라는 어구는 앞에서 언급되었던 '진리의 말씀'과 대응 관계를 이루도록 표현된 것이다."[100]

또, 스캇 맥나이트는 이렇게 썼습니다.

"야고보에게 '심어진 말씀'은 '진리의 말씀'(1:18), '구원하는 말씀' (1:21), '온전한 율법, 자유의 율법'(1:25), '왕의 법'(2:8, 개역개정 '최고의 법')**이다."**[101]

또, 댄 매카트니는 이렇게 썼습니다.

"'심어진 말씀' (로고스)은 스토아 학파의 '타고난 이성'이 아니라, 신자의 삶 속에 뿌리내렸지만(참조, 바나바서 9.9) 계속해서 들어야하고 믿어야 하며 행동해야 하는 복음이다. … 이 말씀은 심어졌을 뿐 아니라 받아야만 하는 어떤 것이라고 역설적으로 묘사

99 피터 H. 데이비스 『NIGTC 야고보서』 오광만 옮김. 서울: 새물결플러스, 2019. p. 181.

100 페임 퍼킨스 『현대성서주석 베드로전·후서, 야고보서, 유다서』 박종기 옮김. 서울: 한국장로교, 2004. p. 166.

101 스캇 맥나이트 『NICNT 야고보서』 신윤수 옮김. 서울: 부흥과개혁사, 2023. p. 188.

되어 있다. 그러나 이것은 복음의 구원 사역이 가지는 '이미/아직'의 특성을 잘 묘사해 준다."[102]

또한, 크레이그 블롬버그와 마리암 카멜은 이렇게 썼습니다.

"훨씬 더 나은 해결책은 '심어진'이라는 말을 하나님에 의해 신자들 안에 심어져, '신자들 안에 거하는' 복음의 말씀을 나타낸다고 보는 것이다. 존슨은 '심어진 말씀'을 하나님이 그들을 태어나게 하신 '진리의 말씀'이라고 해석하는 것에 찬성한다. 그래서 그리스도인들에게 '그 말씀은 이제 이미 엠퓌토스(emphytos, '심어진') 것이다.' 이 견해는 '말씀'을 현재 그리스도인들에게 내재하는 것으로, 하지만 그들이 중생할 때 심어지기 전에는 내재하지 않았던 것으로 이해한다. 여기에서 '말씀'은 아마 18절에 나온 것과 같은 것을 의미할 것이다. 곧 구원의 메시지라는 것이다."[103]

마지막으로, 채영삼 교수님은 이렇게 썼습니다.

"대부분의 학자들이 인정하듯이 '심긴 말씀'에서 말씀은 18절의 '진리의 말씀'과 같은 것이며, 이는 복음의 말씀을 가리킨다."[104]

---

102 댄 매카트니 『BECNT 야고보서』 강대이 옮김. 서울: 부흥과개혁사, 2019. pp. 167-168.
103 크레이그 블롬버그 & 마리암 카멜 『강해로 푸는 야고보서』 정옥배 옮김. 서울: 디모데, 2018. p. 93.
104 채영삼 『야고보서의 이해, 지붕 없는 교회』 고양: 이레서원, 2020. p. 134.

어떻습니까? 21절의 심겨진 말씀 안에 18절에서 말한 진리의 말씀인 복음이 포함되어 있다는 것이 확실해 보이지요!

그럼에도 불구하고, 10월 9일 아침 갑자기 이에 대한 의문이 생겼습니다. 피터 데이비스는 "마음에 심어진 말씀"이 복음을 포함한다는 증거 중의 하나로 씨 뿌리는 비유를 제시했습니다. 그런데 '과연 씨 뿌리는 비유가 복음을 심은 것인가? 아니면 말씀을 심은 것인가?'라는 의문이 생겼습니다. 그래서 그것을 필두로 다른 근거구절들도 과연 심어진 것이 꼭 혹은 정확히 복음인가를 따져보았습니다. 왜냐하면 이것이 복음이냐 아니냐가 그리스도의 율법의 구성요소를 결정하는 데 결정적으로 중요하기 때문입니다.

그럼, 제가 점검해본 결과를 말씀드리겠습니다. 먼저, 마태복음 13장 10절에서 제자들은 예수님께 이렇게 질문했습니다.

"제자들이 예수께 나아와 이르되 어찌하여 그들에게 비유로 말씀하시나이까?"

이 질문에 예수님은 이렇게 대답하셨습니다.

마태복음 13:11 "대답하여 이르시되 **천국의 비밀**을 아는 것이 너희에게는 허락되었으나 그들에게는 아니되었나니"

이처럼 씨 뿌리는 비유를 통해 가르치고자 하신 것이 "천국의 비밀"이라고 했습니다. 또, 누가복음 8장 10절에 보면 "하나님 나라의 비밀"이라고 했습니다. 이것은 예수님이 뿌린 씨가 복음과 관계가 있다는 것을 보여줍니다.

또, 예수님은 마태복음 13장 14-15절에서 이사야의 예언을 인용하셨습니다. 그 안에 "돌이켜 내게 고침을 받을까 두려워함이라"는 내용이 나옵니다. 이것도 구원과 관계가 있는 표현입니다.

또, 16-17절에 보면 "많은 선지자와 의인이 너희가 보는 것들을 보고자 하여도 보지 못하였고 너희가 듣는 것들을 듣고자 하여도 듣지 못하였느니라."라고 하셨습니다. 여기서 "너희가 듣는 것"이 중요합니다. 그래서 너희가 듣는 것이 무엇일까를 생각해 보았습니다. 그런데 예수님이 가장 먼저 전한 것이 무엇입니까? 마가복음 1장 14-15절에 의하면 복음입니다.

> "요한이 잡힌 후 예수께서 갈릴리에 오셔서 **하나님의 복음을 전파**하여 이르시되 때가 찼고 하나님의 나라가 가까이 왔으니 **회개하고 복음을 믿으라** 하시더라."

또, "너희가 듣는 것들"(17절)은 예수님의 모든 설교를 뜻하지만, 13장에 나오는 비유들을 직접적으로 가리킵니다. 그런데 13장에 나오는 비유들은 모두 복음과 밀접한 관계가 있습니다. 그 증거는 바로 '씨 뿌리는 비유' 외에 다른 모든 비유들이 "천국은"으로 시작한다는 것입니다.

또, 마태복음 13장 19절은 말씀을 '천국 말씀'이라고 했습니다.

그런데 복음은 천국에 가게 하려고 전하는 것입니다.

또, 누가복음 8장 12절에 보면 "믿어 구원을 얻지 못하게 하려고"라고 했습니다. 그러니 복음이지요!

또, 13절에 보면 돌밭에 대해 "잠깐 믿다가"라고 했습니다. 이것도 예수님이 뿌린 씨가 복음이라는 것을 보여줍니다.

그다음, 고린도전서 3장 6절에서 바울은 '나는 심었고'라고 했습니다. 또, 5절에 보면 "믿게 한 사역자들"이라는 표현이 나옵니다. 그러니 결국 복음이라는 씨를 심고 자라게 했다는 뜻이 되지요!

그다음, 골로새서 1장 5-6절도 마찬가지입니다.

> "너희를 위하여 하늘에 쌓아 둔 소망으로 말미암음이니 곧 너희가 전에 **복음 진리의 말씀**을 들은 것이라. **이 복음**이 이미 너희에게 이르매 너희가 듣고 참으로 하나님의 은혜를 깨달은 날부터(이때 심어진 것이다.) 너희 중에서와 같이 또한 온 천하에서도 열매를 맺어 자라는도다."

끝으로, 베드로는 베드로전서 1장 23절에서 "너희가 거듭난 것은 썩어질 씨로 된 것이 아니요 썩지 아니할 씨로 된 것"이라고 했고, 25절에서 그 말씀이 "복음"이라고 했습니다. 이것도 마음에 심어진 말씀이 우선 복음을 뜻한다는 것을 보여줍니다. 그래서 저는 "마음에 심어진 말씀"이 무엇보다도 복음을 뜻한다는 결론을 내릴 수밖에 없었습니다.

한편, 기억력이 좋은 분들은 저에게 이렇게 질문할 것입니다.

"목사님, 목사님은 21절의 '너희 영혼을 능히 구원할 바 마음에 심어진 말씀' 중 '구원할'에 대해 과거적 구원인 이미의 구원과 무관하다고 했습니다. 그런데 '마음에 심어진 말씀' 안에 복음이 포함되어 있다고 하시면 모순 아닙니까?"

실제로 서로 충돌하는 것 같지요! 그러나 그렇지가 않습니다. 왜냐하면 제 말은 "너희 영혼을 능히 구원할"은 미래를 염두에 둔 현재의 구원을 이루는 것이 초점이라는 것입니다. 그러나 "마음에 심어진 말씀"은 과거에 심긴 것이고, 그것이 우리를 구원한 복음을 포함한 것이 맞기 때문입니다. 그래서 서로 충돌할 것 같지만 실제로는 충돌이 일어나지 않습니다. 저는 이상 설명해드린 것들을 통해, 첫 번째 의문이 깔끔하게 해결이 되었다고 믿습니다.

ⓛ 나를 당황하게 만든 둘째 의문은 첫째 의문 때문에 토론 중 발견된 번역상의 문제였다.

야고보서 1:25 "**자유롭게 하는 온전한 율법**을 들여다보고 있는 자는 듣고 잊어버리는 자가 아니요 실천하는 자니 이 사람은 그 행하는 일에 복을 받으리라."

앞에서 저는 오래도록 그리스도의 율법이 단지 예수님이 그 뜻을 완전히 드러낸 계명들이라고 생각했다고 했습니다. 그러다 "온전한 율법"을 수식하는 "자유롭게 하는"이라는 문구 때문에,

여러 학자들이 주장하는 것처럼 복음을 뜻하기도 한다는 것을 인정하게 되었다고 했습니다. 그런데 열띤 토론 중에 이동기 목사님을 통해 “자유롭게 하는 온전한 율법”의 원어가 2장 12절에 나오는 “자유의 율법”과 똑같다는 사실을 알게 되었습니다. 그런데도 다르게 번역한 것입니다. 그래서 얼마나 큰 충격을 받았는지 모릅니다.

또, “자유롭게 하는”으로 번역하는 것이 가능하기는 하나 “자유의”로 번역하는 것이 원어의 뜻에 더 가깝습니다.

또한, 문맥을 살펴보았지만 굳이 “자유롭게 하는”으로 번역해야 할 이유나 근거를 발견할 수 없었습니다. 그래서 큰 쇼크를 받았고 너무나 황당했습니다.

어떤 분들은 왜 자유롭게 하는 온전한 율법이 정확한 번역이 아니라는 것을 미리 알지 못했느냐고 할 것입니다. 그러나 설교 준비할 때마다 원어를 일일이 다 찾아볼 수는 없습니다. 무엇보다, 1장 25절에는 “자유롭게 하는 온전한 율법” 2장 12절에는 “자유의 율법”이라고 번역했기 때문에 당연히 원어가 다를 것이라고 생각했습니다. 같은 단어를 왜 다르게 번역합니까? 그래서 원어를 확인할 생각을 전혀 하지 못했습니다. 그러므로 이것은 부주의한 번역 때문에 발생한 문제입니다.

아무튼, 저는 그날 이 문제를 해결하기 위해 다음날이 주일이었지만 밤 11시 30분까지 토론과 연구를 강행했습니다. 그러나 만족할 수 있는 답을 찾지 못했습니다. 그래서 주일설교를 포기할 수밖에 없었습니다. 그러나 감사하게도 다음 날 아침 일어나서 씻기 위해 화장실로 가는데 갑자기 이에 대한 답이 깨달아졌습니다.

'자유의 율법 자체가 자유하게 한다는 뜻을 가지고 있다!'

이것이 그날 아침 깨달은 내용입니다. 여러분, 왜 그런지 아십니까? 그것은 '자유의 율법'이 종의 율법과 상반되는 표현이기 때문입니다. 모세의 율법은 종의 율법입니다. 갈라디아서 5장 1절에 보면 '종의 멍에'로 표현되어 있습니다.

> "그리스도께서 우리를 자유롭게 하려고 자유를 주셨으니 그러므로 굳건하게 서서 다시는 **종의 멍에**를 메지 말라."

또, 갈라디아서 4장에 보면 그 아래 있는 사람들이 종노릇했다고 쓰여 있습니다.

> 갈라디아서 4:1-11 "내가 또 말하노니 유업을 이을 자가 모든 것의 주인이나 어렸을 동안에는 종과 다름이 없어서 그 아버지가 정한 때까지 후견인과 청지기 아래에 있나니 이와 같이 **우리도 어렸을 때에 이 세상의 초등학문 아래에 있어서 종노릇 하였더니** 때가 차매 하나님이 그 아들을 보내사 여자에게서 나게 하시고 율법 아래에 나게 하신 것은 율법 아래에 있는 자들을 속량하시고 우리로 아들의 명분을 얻게 하려 하심이라. 너희가 아들이므로 하나님이 그

아들의 영을 우리 마음 가운데 보내사 아빠 아버지라 부르게 하셨느니라. 그러므로 네가 이 후로는 종이 아니요 아들이니 아들이면 하나님으로 말미암아 유업을 받을 자니라. 그러나 너희가 그 때에는 하나님을 알지 못하여 본질상 하나님이 아닌 자들에게 종노릇 하였더니 이제는 너희가 하나님을 알 뿐 아니라 더욱이 하나님이 아신 바 되었거늘 **어찌하여 다시 약하고 천박한 초등학문으로 돌아가서 다시 그들에게 종노릇 하려 하느냐?** 너희가 날과 달과 절기와 해를 삼가 지키니 내가 너희를 위하여 수고한 것이 헛될까 두려워하노라."

갈라디아서 4:25 "이 **하갈**은 아라비아에 있는 **시내 산**으로서 지금 있는 예루살렘과 같은 곳이니 **그가 그 자녀들과 더불어 종노릇 하고**"

그러므로 모세의 율법은 종의 율법입니다. 즉 종이 지켜야 하는 율법이고 종노릇 하게 하는 율법입니다. 야고보는 정확히 이와 반대되는 뜻으로 자유의 율법이라는 표현을 사용했습니다. 때문에 그 속에 자유롭게 한다는 개념이 자동으로 들어갑니다. 그러므로 원어에 그런 뜻이 있느냐 없느냐를 따질 필요도 없는 것입니다.

그렇다면 자유의 율법이 주는 자유는 구체적으로 무엇일까요?

처음에 저는 그것이 갈라디아서 5장 1절에 나와 있듯, 단지 율법에서 자유하게 하는 것이 아닐까? 하고 생각했습니다. 야고보서 1장의 문맥을 보면 그것이 자연스럽습니다. 왜냐하면 율법을 들여다보는 것이 실천의 비결인데, '율법이 자유롭게 한다'고 하면 어색하기 때문입니다. 그러나 자유롭게 하는 온전한 율법은 문맥상 "마음에 심긴 도"와 같은 것입니다. 또, 그것은 현재 우리를 능히 거룩하게 하는 것과 관계가 있습니다. 그래서 저는 단지 율법에서의 자유가 아니라 로마서 8장 2절에 나온 것처럼 죄와 사망의 법에서 즉 죄의 지배에서 자유케 하는 것까지 포함한다는 결론을 내릴 수밖에 없었습니다.

부수적인 것이긴 하나, 대부분의 한글 번역본들이 "자유롭게 하는"으로 번역합니다. 헬라어직역성경도 그렇게 번역했습니다. 또한, 무를 비롯한 세계적인 학자들이 1장 25절의 "자유롭게 하는"에 아무도 이의를 제기하지 않았습니다. 당연히 그런 뜻으로 받아들이고 이 구절을 설명했습니다. 이로 보건대, 실제로 자유의 율법에 '자유롭게'라는 의미가 들어있다고 볼 수 있습니다. 그러므로 자유의 율법을 '자유롭게 하는 율법'으로 보고, 그 안에 복음이 포함되어 있다고 본 패러다임의 전환이 여전히 유효한 것입니다.

마지막으로, 제가 처음에 제기한 '자유롭게 하는 온전한 율법의 전후 구절들에 왜 말씀을 실천하고 행하는 것들이 나오는가?'라는 의문에 대해 간단히 답해드리겠습니다. 그래야 이것 때문에 생기는 '자유의 율법에 복음이 들어있는 것이 아니라 단지 계명들을 뜻하는 것이 아닐까?'라는 의문이 해소가 되기 때문입니다.

그 이유는 매우 간단합니다. 여러분, 고정관념을 버리십시오. 계명에 대한 설명을 들을 때만 '우리가 반드시 말씀대로 살아야 된다!'는 생각이 드는 것이 아닙니다. 복음에 대한 설명을 들을 때도 그런 생각이 절로 강하게 듭니다. 왜냐하면 복음은 우리가 회개해야 하고, 믿음은 순종을 낳고, 거듭난 사람은 새 생명 가운데 행해야 한다는 것을 보여주기 때문입니다. 또한, 구원이 이미와 아직의 구조이기 때문입니다. 때문에 버림받을까 봐 두려워하며 죄와 싸우고 말씀대로 살아야 된다는 것을 명확히 보여주기 때문입니다. 어쩌면 바울이 그래서 다음과 같이 말했는지도 모릅니다.

> 데살로니가후서 1:7-9 "주 예수께서 자기의 능력의 천사들과 함께 하늘로부터 불꽃 가운데에 나타나실 때에 하나님을 모르는 자들과 **우리 주 예수의 복음에 복종하지 않는 자들에게 형벌을 내리시리니** 이런 자들은 주의 얼굴과 그의 힘의 영광을 떠나 영원한 멸망의 형벌을 받으리로다."

> 빌립보서 1:27 "오직 너희는 **그리스도의 복음에 합당하게 생활하라!**"

생각해보십시오. 실제로 단지 살인하지 말라, 간음하지 말라, 도적질하지 말라는 계명들이 아니라 복음에 대한 설명을 들을 때 우리에게 더 말씀대로 살아야 한다는 강한 결단이 일어납니다. 사람의 계명(교리)에 오염되지 않은 참 복음을 전하면 실제로 이런 일이 일어납니다. 때문에 자유롭게 하는 온전한 율법 주위에 말씀에 대한 실천과 행하는 것을 강조하는 말들이 포진해 있는 것이 전혀 이상한 것이 아닙니다. 여러분, 이해가 되시지요! 그러므로 참으로 자유의 율법 안에 계명뿐 아니라 복음이 들어

있다는 것을 믿으시기 바랍니다.

(4) 모세의 율법을 완성한 그리스도의 율법!

저는 이에 대한 설명을 지난 9월 19일에 떠오른 셋째 의문에 대한 설명으로 시작하고자 합니다. 그날, 이미 설명해드린 두 의문에 이어 세 번째 의문이 떠올랐습니다. '정말로 성경저자들이 그리스도의 율법 혹은 자유의 율법을 내가 주장하는 두 가지 개념으로 사용하고 있는가?'라는 것이 그것이었습니다. 근본적으로 이것까지 의심이 되었습니다. 그래서 패닉 상태가 되었습니다.

그렇더라도 안심하십시오. 설사 그리스도의 율법이 복음과 계명으로 구성되어 있는 것이 아니라 해도, 그리스도의 율법을 통해 제가 가르치고자 한 것은 성경적이고 바른 것입니다. 이상하거나 이단성이 있는 것이 아닙니다. 왜냐하면 결국 복음을 믿으라는 것과 계명을 지키라는 것으로 귀결되는데, 둘 다 완벽하게 성경적인 것이기 때문입니다.

또, 설사 그리스도의 율법이 복음과 계명으로 구성되어 있다는 제 생각이 틀렸더라도 그리스도의 율법이라는 가르침 전체가 무효가 되지는 않습니다. 일부 학자들처럼 그리스도의 율법을 단지 계명으로 이해하면 되고, 그래도 복음을 믿을 뿐 아니라 계명을 지켜야 한다는 똑같은 결론에 도달하기 때문입니다.

아무튼, 저는 그날 '참으로 성경저자들이 그리스도의 율법 혹은 자유의 율법을 내가 주장하는 두 가지 개념으로 사용하고 있는가?'를 의심하게 되었습니다. 그래서 초비상이 걸렸고, 부랴부랴 사실 확인을 위해 성경의 그리스도의 율법에 대한 4가지 본문 중 당시 씨름 중이었던 야고보서 1장과 2장을 제외한 나머지를 모두 초집중해서 살펴보았습니다.

먼저, 저는 고린도전서 9장 20-21절을 살펴보았습니다.

"유대인들에게 내가 유대인과 같이 된 것은 유대인들을 얻고자 함이요 율법 아래에 있는 자들에게는 내가 율법 아래에 있지 아니하나 율법 아래에 있는 자 같이 된 것은 율법 아래에 있는 자들을 얻고자 함이요. 율법 없는 자에게는 내가 하나님께는 율법 없는 자가 아니요 도리어 **그리스도의 율법** 아래에 있는 자이나 율법 없는 자와 같이 된 것은 율법 없는 자들을 얻고자 함이라."

그런데 이 구절들은 "1) 그리스도의 율법 아래 있었던 사도 바울!"에서 설명했듯이 제 견해와 같은 개념으로 볼 수 있으나 결정적이진 않습니다. 또, 그날 제가 볼 때는 같은 개념으로 보는 것이 불가능하진 않아도 계명 쪽으로 더 기울어보였습니다. 그래서 심히 당황했습니다.

다음으로, 저는 갈라디아서 6장 2절을 살펴보았습니다.

"너희가 짐을 서로 지라. 그리하여 **그리스도의 법**을 성취하라!"

그런데 이 구절의 "그리스도의 법"도 5장 25절에 나오는 "성령으로 살면 성령으로 행할지니"와 26절의 "헛된 영광을 구하여 서로 노엽게 하거나 서로 투기하지 말지니라."를 볼 때, 복음과 관계있다기보다는 우리가 행해야 될 계명들과 관계가 있는 것처럼 보였습니다. 또, 6장 2절의 "너희가 짐을 서로 지라. 그리하여 그리스도의 법을 성취하라."를 보아도 마찬가지였습니다.

다만, "너희가 짐을 서로 지라"는 말은 예수님이 우리의 죄 짐을 짊어진 것과 뉘앙스가 비슷합니다. 그래서 복음과 계명 둘 다를 아우른 것으로 볼 수도 있겠다는 생각이 잠시 들기도 했습니다. 그러나 빈약한 추론일 뿐이고 결정적인 증거가 못 됩니다. 그래서 저는 당황하다 못해 절망감을 느꼈습니다.

마지막으로, 마태복음 5장 17절을 살펴보았습니다.

"내가 율법이나 선지자를 폐하러 온 줄로 생각하지 말라 폐하러 온 것이 아니요 완전하게 하려 함이라."

남은 것은 이 구절뿐입니다. 그래서 초긴장해서 살펴보았습니다. 그때, 다음과 같은 생각이 들면서 머릿속에서 착착 정리가 되었습니다.

'예수님은 율법을 폐하러 오지 않으셨다. 즉 율법을 폐하지 않으셨다. 그 대신, 율법을 완전하게 하셨다. 그러므로 예수님이 완

전하게 하신 율법이 실제로 존재한다. 그리고 그것이 바로 그리스도의 율법이다.'

'또, 예수님은 단지 도덕법이 아니라 모세의 율법 전체를 완전하게 하셨다(마 5:17-48).

그 증거로, 18절의 '다 이루리라'는 예수님이 의식법을 성취한 복음을 예고한다. 예수님이 완전하게 한 율법의 첫 번째 구성요소는 바로 이 복음이다. 또, 19-48절은 우리가 지켜야 할 계명들의 의미를 분명히 드러내서 완전하게 하신 것이다. 예수님이 완전하게 한 율법의 두 번째 구성요소는 바로 이 계명들이다. 그러므로 예수님이 완전하게 한 율법 안에 복음과 계명 둘 다 들어갈 수밖에 없다.'

'또한, 우리는 이 율법을 그리스도의 율법이라고 불러야 한다. 왜냐하면 모세가 받은 율법을 모세의 율법이라고 부르는 것처럼, 예수님이 폐하지 않고 완전하게 해서 우리에게 주신 율법을 그리스도의 율법이라고 부르는 것이 가능할 뿐 아니라 당연하기 때문이다.

더구나, 둘 다 율법을 완전하게 한 것이다. 그러니 율법일 수밖에 없다! 그러므로 이 두 가지를 합해서 그리스도의 율법이라고 부르는 것이 지극히 당연한 것이다!'

여러분, 들어 보니 어떻습니까? 동의가 되시지요!

우리는 이 빛을 통해 고린도전서 9장 21절과 갈라디아서 6장 2절에 나오는 "그리스도의 율법"이 무엇인지 알 수가 있습니다. 또, 이 빛을 통해 야고보서의 "자유의 율법"이 구체적으로 무엇인지를 알 수 있습니다. 우리는 이것을 통해 "그리스도의 율법"과 "자유의 율법"이라는 단어가 각각의 장에서 무엇에 초점을 맞췄든, 즉 복음에 초점이 맞춰져 있든 계명에 초점이 맞춰져 있든 그것으로 인해 헷갈리는 일 없이 예수님이 완전하게 한 율법이 복음과 계명 두 가지를 포함한다는 것을 확실히 알 수가 있습니다. 어떻습니까? 확실히 이해가 되시지요!

한편, 우리가 모세의 율법과 그리스도의 율법 안에 각각 그 시대의 신자들이 믿어야 할 복음과 지켜야 할 계명이 들어있다는 것을 깨닫는 것은 영혼의 안전을 위해 사활적으로 중요합니다. 복음과 계명은 처음부터 단짝이고 서로 불가분리적인 것입니다. 다음 구절에도 그것이 잘 나타나 있습니다.

> 로마서 6:17-18 "하나님께 감사하리로다. 너희가 본래 죄의 종이더니 **너희에게 전하여 준 바 교훈의 본**을 마음으로 순종하여 죄로부터 해방되어 의에게 종이 되었느니라."

왜냐하면 원어를 보면, 복음은 순종해야 할 교훈(계명)에게 우리를 전달한다는 뜻이기 때문입니다.

또, 여러분 모두 믿음과 행함이 불가분리라는 것을 잘 아실 것입니다.

로마서 1:5 "그로 말미암아 우리가 은혜와 사도의 직분을 받아 그의 이름을 위하여 모든 이방인 중에서 **믿어 순종하게 하나니**"

로마서 3:31 "그런즉 **우리가 믿음으로 말미암아 율법을 파기하느냐?** 그럴 수 없느니라. **도리어 율법을 굳게 세우느니라.**"

야고보서 2:14 "내 형제들아 **만일 사람이 믿음이 있노라 하고 행함이 없으면 무슨 유익이 있으리요? 그 믿음이 능히 자기를 구원하겠느냐?**"

그런데 믿음이 무엇을 믿는 것입니까? 복음을 믿는 것입니다. 또, 행함이 무엇을 지키는 것입니까? 계명들을 지키는 것입니다. 때문에 믿음과 행함이 불가분리라면 그 대상인 복음과 계명도 불가분리일 수밖에 없습니다. 그러므로 이것을 기억하고 참으로 복음과 계명이 불가분리라는 것을 깨닫는 여러분이 되시기 바랍니다.

그런데, 많은 이들이 이 둘을 분리시켰습니다. 수많은 신학자와 목회자들이 복음과 계명, 그리고 믿음과 행함을 분리시켰고 그것이 심각한 미혹의 근원이 되었습니다. 그 결과, '오직 믿음'을 과도하게 강조하는 구원파적인 구원론과 '구원받은 사람은 절대 버림받지 않는다!'는 비성경적인 황당한 교리가 개신교를 거의 장악했습니다. 이것은 작은 문제가 아닙니다. 왜냐하면 예수님이 산상수훈에서(마 5:17-48, 7:21-27), 또 야고보가 야고보서 2장 12절에서 말한 대로, 우리는 그리스도의 율법을 기준으로 심판을 받을 것이기 때문입니다.

또한, 우리가 주목해야 할 것은 자유의 율법대로 심판을 받는다는 말씀 바로 뒤에 행함 있는 믿음을 강조하는 야고보서 2장 14-26절이 위치해 있다는 점입니다. 이것은 궁극적인 구원에 반드시 필요한 믿음에 따르는 행함이 자유의 율법을 지키는 것이라는 것을 보여줍니다.

누구든 복음을 믿으면 구원을 받습니다. 그러나 구원은 이미와 아직의 구조이기 때문에 한 번 구원은 영원한 구원이 아닙니다. 신자가 다 천국에 가는 것이 아닙니다. 그리스도의 율법인 자유의 율법을 지키는 자들만 천국에 갑니다. 한마디로, 구원은 복음을 믿음으로 받지만 궁극적인 구원은 그리스도의 율법인 자유의 율법을 지키는 자들만 받을 수 있습니다. 그러므로 반드시 그리스도의 율법의 계명들을 지켜야 합니다.

사랑하는 여러분, 그러니 왜 그리스도의 율법에 대한 설교가 중요한지 아시겠지요! 또, 왜 제가 걸핏하면 교회가 개혁되어야 한다고 하는지 이해가 되실 것입니다. 그런즉, 먼저 이 설교를 끝까지 잘 들음으로 그리스도의 율법을 온전히 이해하고 여러분 자신부터 계명을 지키는 사람이 되십시오. 그리고 하나님이 우리 교회에 주신 대 사명인 교회개혁을 위해 사소한 이유 때문에 이탈하지 말고 끝까지 하나 되고 힘을 합해서 하나님의 꿈을 온전히 이루어드리는 여러분이 다 되시기 바랍니다.

- 4 -

구약시대에는 모세의 율법,
신약시대에는 그리스도의 율법
아래서 신앙생활을 해야 한다!

지금까지 설명해드린 "그리스도의 율법"을 통해 자연스럽게 도출되는 것이 무엇입니까? 바로 모세의 율법은 구약시대의 신앙생활을 위한 시스템이고, 그리스도의 율법은 신약시대의 신앙생활을 위한 시스템이다! 라는 것입니다. 그러므로 구약시대에 모세의 율법 아래서 신앙생활 했듯이 우리는 마땅히 그리스도의 율법 아래서(고전 9:20-21) 신앙생활을 해야 합니다. 이것은 사활적으로 중요하고 무한히 중요합니다. 그러므로 세 가지로 정리해서 자세하게 설명해드리겠습니다.

(1) 구약시대와 신약시대의 신앙 시스템이 같기 때문에 한 번 구원이 영원한 구원일 리가 없다!

많은 이들이 율법과 복음이 대조된다고 생각합니다. 그것을 당연시합니다. 복음과 율법은 기능이 다르기 때문에 실제로 서로 대조됩니다. 그런데, 저는 이와 다른 관점에서 그리스도의 율법을 설명했습니다. 그래서 제가 틀렸다고 생각하실 수도 있습니다.

그러나 그렇지 않습니다. 물론 율법과 복음이 대조된다는 것은 진리입니다. 그러나 그것은 진리의 전부가 아닙니다. 만약 전부라면 "그리스도의 율법"(고전 9:21)이라는 표현을 사용할 수 없습니다. "자유의 율법"(약 2:12)이라는 표현도 마찬가지입니다. 둘 다 복음을 포함하고 있는데도 율법이라고 했기 때문입니다. 그러므로 율법과 복음은 서로 대조적이기만 한 것이 아닙니다.

사도 바울도 율법과 복음이 대조된다는 관점만 가지고 있지 않았습니다. 율법 안에 복음이 들어있다는 관점도 가지고 있었습니다. 즉, 예수님만 율법의 의식법의 완성을 복음으로 본 것이 아닙니다(마 5:17-18). 바울도 그렇게 생각했습니다.

> 로마서 3:21 "이제는 율법 외에 **하나님의 한 의**가 나타났으니 **율법과 선지자들에게 증거를 받은 것이라.**"

> 고린도전서 5:7 "너희는 누룩 없는 자인데 새 덩어리가 되기 위하여 묵은 누룩을 내버리라. **우리의 유월절 양 곧 그리스도께서 희생되셨느니라.**"

> 골로새서 2:16-17 "그러므로 **먹고 마시는 것과 절기나 초하루나 안식일**을 이유로 누구든지 너희를 비판하지 못하게 하라. **이것들은**

장래 일의 그림자이나 몸은 그리스도의 것이니라."

그러므로 실제로 율법 안에 복음이 들어 있고, 율법의 가장 중요한 것은 계명이 아니라 복음인 것입니다!

생각해보십시오. 무엇을 하거나 하지 말라는 계명은 이방종교들에도 있습니다. 또, 수준은 낮아도 모든 사람의 마음에 새겨져 있습니다(롬 2:14-16). 모세의 율법은 단지 "마음에 새긴 율법"보다 계명들을 더 자세히 말한 것이 아닙니다. 모세의 율법의 핵심은 각종 제사 때 드린 짐승의 피에 있습니다. 때문에 제사장들의 가장 중요한 임무는 율법을 가르치는 것이 아니라 짐승을 잡아 그 피로 제사를 드리는 것이었습니다. 그것은 예수님의 십자가를 예표합니다. 그러므로 계명은 이차적인 것이고 복음이 율법의 가장 핵심적인 내용입니다.

그런데, 율법에 그림자 복음인 의식법만 있었나요? 아니지요. 지켜야 할 도덕법도 있었습니다. 이것은 신약시대도 마찬가지입니다. 구약시대에 복음과 계명이 짝이 되어 모세의 율법으로 존재했듯이, 신약시대에도 복음과 계명이 짝이 되어 그리스도의 율법으로 존재합니다. 또, 구약시대의 유대인들이 율법 안에 있는 의식법이라는 그림자 복음을 믿고 계명들을 지키며 신앙생활 했듯이, 신약시대의 신자들도 그리스도의 율법 안에 있는 예수님이 의식법을 완성한 복음을 믿고 그 의미를 온전히 드러낸 계명들을 지키며 신앙생활을 해야 합니다. 그러므로 '옛 언약이냐 새 언약이냐', '그림자냐 성취냐' 또한 '계명이냐 그 의미를 온전히 드러낸 계명이냐'의 차이만 있을 뿐 두 시대의 시스템이 똑같습니다.

한편, 구약시대에 의식법만 지키면 안전했나요? 그렇지 않습니다. 하나님을 경외함으로 도덕법을 지키지 않는 모든 자에게 저주가 임했습니다. 그 죄를 회개하지 않으면 일곱 배로 재앙이 계속 증가하다가, 회개하지 않으면 결국에는 하나님의 백성에서 끊어졌습니다. 신약시대에도 마찬가지입니다. 그래서 예수님이 율법의 도덕법의 완전한 의미를 보여주시면서 그 계명을 지키는 자만 천국에 들어갈 수 있다고 선언하신 것입니다.

> 마태복음 5:17, 20 "내가 율법이나 선지자를 폐하러 온 줄로 생각하지 말라. 폐하러 온 것이 아니요 **완전하게 하려 함**이라. … 내가 너희에게 이르노니 **너희 의가 서기관과 바리새인보다 더 낫지 못하면 결코 천국에 들어가지 못하리라.**"

그러므로 우리 모두 의식법의 성취인 복음을 믿을 뿐 아니라 예수님이 그 뜻을 온전히 드러낸 도덕법, 즉 계명들을 반드시 지켜야 합니다.

그런데, 수많은 신학자와 목회자들이 이처럼 사활적으로 중요한 진리를 놓쳤습니다. 이신칭의만 과도하게 강조하고, 순종의 절대적인 필요성을 간과하고, 한 번 구원은 영원한 구원이라고 잘못 가르쳐왔습니다. 그래서 큰 미혹이 교회들 안으로 들어왔습니다.

여러분, 절대 속지 마십시오! 구약시대에 모세의 율법 안에서 복음과 계명이 불가분리였듯이, 신약시대에도 그리스도의 율법 안에서 복음과 계명이 여전히 불가분리입니다. 두 시대 다 복음을 믿고 구원받았어도 계명을 지키지 않으면 궁극적인 구원을 받을 수가 없습니다. 그래서 예수님이 단지 복음만 전하신 것이 아니라 아버지의 뜻대로 행하는 자만 천국에 들어간다고 말씀하셨고(마 7:21), 야고보는 "만일 사람이 믿음이 있노라 하고 행함이 없으면 무슨 유익이 있으리요? 그 믿음이 능히 자기를 구원하겠느냐?"(약 2:14)라고 말한 것입니다. 사도 바울도 마찬가지입니다(고전 6:9-10, 갈 5:19-21). 그러므로 절대 속지 마시고 이 진리를 굳게 붙잡으십시오. 그리하여 참 진리에 입각해서 제대로 신앙생활 하시다가 반드시 천국에 가는 여러분 되시기 바랍니다.

여러분, 들어보니 어떻습니까? 설명이 빈틈이 없고 완전히 동의가 되시지요! 그럼에도 불구하고 한 가지 해결해야 할 것이 있습니다.

저는 모세의 율법과 그리스도의 율법의 구조가 같다는 것에 근거하여 두 시대의 신앙 시스템이 같다고 했습니다. 그래서 구약시대뿐 아니라 신약시대에도 복음을 믿을 뿐 아니라 계명을 지켜야 하고, 한 번 구원은 영원한 구원이 아니라는 주장을 펼쳤습니다. 그런데 예레미야는 새 언약에 대해 이렇게 예언했습니다.

> 예레미야 31:32 "**이 언약은 내가 그들의 조상들의 손을 잡고 애굽 땅에서 인도하여 내던 날에 맺은 것과 '같지 아니할 것은'** 내가 그들의 남편이 되었어도 그들이 내 언약을 깨뜨렸음이라. 여호와의 말씀이니라."

그래서 '구약시대와 신약시대의 신앙 시스템이 같다면 왜 이렇게 쓰여 있지? 혹시 서로 다른 거 아니야?'라는 의심이 생길 수 있습니다. 그러므로 이 의문에 정직하게 대면하고 답을 해야 합니다.

제 대답은 이것입니다. 제가 두 시대가 같다고 말한 것이 구체적으로 무엇입니까? 먼저, 구약시대에는 모세의 율법이, 신약시대에는 그리스도의 율법이 존재한다는 것입니다. 또, 구약시대에는 의식법이 신약시대에는 그것을 성취한 복음이 있고, 구약시대에는 계명이 신약시대에는 그 뜻을 온전히 드러낸 계명이 있다는 것입니다. 그러므로 두 시대의 신앙 시스템이 같고 한 번 구원은 영원한 구원이 아니라는 것입니다. 이것이 제 견해입니다.

하지만, 예레미야 31장 32절은 이것이 아니라 다른 것을 다룬 것입니다. 예레미야는 구약시대에는 이스라엘 백성 중 다수가 율법을 깨트렸으나 신약시대에는 성령을 통해 우리 생각과 마음에 하나님의 법을 기록할 것이라고 예언했습니다. 그리하여 말씀대로 살게 해주신다고 했습니다. 그런데 이것은 복음과 계명이라는 신앙 시스템에 대한 것이 아닙니다. 단지 계명을 지킬 수 있는 은혜를 부어주시겠다는 내용입니다. 주제가 서로 다릅니다. 그러므로 제 견해와 모순이 아닙니다.

전에도 말했듯이, 저는 '복음'과 '계명'에 있어서 구약시대와 신약시대의 구조가 같을 뿐 아니라 구약시대에도 거듭남에 준하는 또는 비할 수 있는 마음의 할례가 있었다고 생각합니다. 그래서 두 시대가 '복음'과 '계명'이라는 구조뿐 아니라 '칭의'와 '중생'이라는 내용 면에서도 일치한다고 생각합니다.

물론 완전히 똑같은 것은 아닙니다. 성경에 새 언약이 '더 좋은 언약'이라고 쓰여 있기 때문입니다. 비근한 예로, 짐승의 피와 예수님의 피는 그 효과가 다릅니다.

히브리서 10:1-5 "율법은 장차 올 좋은 일의 그림자일 뿐이요 참 형상이 아니므로 해마다 늘 드리는 같은 제사로는 나아오는 자들을 언제나 온전하게 할 수 없느니라. 그렇지 아니하면 섬기는 자들이 단번에 정결하게 되어 다시 죄를 깨닫는 일이 없으리니 어찌 제사 드리는 일을 그치지 아니하였으리요. 그러나 이 제사들에는 해마다 죄를 기억하게 하는 것이 있나니 **이는 황소와 염소의 피가 능히 죄를 없이 하지 못함이라.** 그러므로 주께서 세상에 임하실 때에 이르시되 하나님이 제사와 예물을 원하지 아니하시고 오직 나를 위하여 한 몸을 예비하셨도다."

히브리서 10:11-14 "**제사장마다 매일 서서 섬기며 자주 같은 제사를 드리되 이 제사는 언제나 죄를 없게 하지 못하거니와** 오직 그리스도는 죄를 위하여 한 영원한 제사를 드리시고 하나님 우편에 앉으사 그 후에 자기 원수들을 자기 발등상이 되게 하실 때까지 기다리시나니 그가 거룩하게 된 자들을 한 번의 제사로 영원히 온전하게 하셨느니라."

마찬가지로 구약시대의 마음의 할례와 신약시대의 성령에 의한 거듭남에도 차이가 있습니다. 그런데 예레미야 31장 32절은 바로 이 차이에 대해서 말한 것입니다. 결코 구약시대와 신약시대의 모세의 율법과 그리스도의 율법의 내용, 즉 '복음'과 '계명'이라는 구조가 다르다는 뜻이 아닙니다. 그러므로 이 구절은 저의 견해와 모순이 아닙니다.

한 걸음 더 나아가, 두 시대의 구조가 같을 뿐 아니라 그것 때문에 절대로 한 번 구원이 영원한 구원일 수 없다는 것과도 예레미야 31장 32절이 모순이 아닐까요?

> "**이 언약은 내가 그들의 조상들의 손을 잡고 애굽 땅에서 인도하여 내던 날에 맺은 것과 같지 아니할 것은** 내가 그들의 남편이 되었어도 **그들이 내 언약을 깨뜨렸음이라.** 여호와의 말씀이니라."

제가 이런 의문을 제기하는 이유는, 현대성서주석에서 로날드 클레멘츠가 이 구절을 이렇게 설명했기 때문입니다.

> "이 단락이 선포해야 하는 내용 밑에 깔려있는 잠재적 질문은 이것이다. **만일 이스라엘의 과거 죄악들이 이스라엘 자신을 거의 멸절시킬 정도의 무서운 심판을 초래하였다면, 미래의 회복이 일어난 후에라도 똑같은 운명이 이스라엘에 닥치지 않는다는 확신을 어디서 찾을 수 있을 것인가? 이 질문에 대해 신학적으로 고려된 대답은, 하나님께서 당신 자신의 사랑의 능력으로 이스라엘 사람들의 심장 속에 언약의 법을 새겨주시겠다는 약속이다.** 이것은 근

본적으로 새로운 형태의 계약체결로 이해될 수 있다(G. von Rad의 Theology, Vol. 2, pp. 212-213 참조). 옛 계약의 법은 사멸되었다. **이제 돌비에 새겨지지 않고 이스라엘 사람들의 심비(心碑)에 새겨진 율법은 그들로 하여금 하나님의 율법에 스스로 복종하도록 이끌 것이다. 하나님의 율법에 대한 이스라엘의 복종은 이제 하나님이 공급하시는 내적인 힘과 동기에 의하여 이루어질 것이다. 비록 '영'이라는 말이 사용되지 않지만 '마음에 새겨진 율법'이라는 표현의 함의는 확실하다. 하나님의 영이 사람들의 심장을 움직여 하나님의 율법에 복종할 수 있도록 할 것이다.**"[105]

어떻습니까? 신약시대에는 한 번 구원이 영원한 구원이라는 뉘앙스가 강하지요!

하지만, 정말 성령님이 우리 마음에 하나님의 법을 새기면 이스라엘 백성들처럼 범죄하고 멸망할 위험이 없을까요? 그렇지 않습니다. 그 증거로, 로마서 8장을 보십시오. 이 장에 나오는 신자들은 성령에 의해 죄와 사망의 법에서 해방되었습니다. 달리 말해서 마음에 하나님의 법이 기록된 사람들입니다. 그래서 바울이 옛 언약하의 이스라엘 백성들과 달리 그들은 절대 안전하다고 했습니까? 아닙니다. 바울은 그들에게 이렇게 경고했습니다.

로마서 8:12-13 "그러므로 형제들아 우리가 빚진 자로되 육신에게

105 로널드 클레멘츠 『현대성서주석 예레미야』 김회권 옮김. 서울: 한국장로교출판사, 2016. p. 289.

져서 육신대로 살 것이 아니니라. **너희가 육신대로 살면 반드시 죽을 것이로되** 영으로써 몸의 행실을 죽이면 살리니"

또, 히브리서 6장 4-6절에는 이런 말씀이 기록되어 있습니다.

"한 번 빛을 받고 하늘의 은사를 맛보고 **성령에 참여한 바 되고** 하나님의 선한 말씀과 내세의 능력을 맛보고도 타락한 자들은 다시 새롭게 하여 회개하게 할 수 없나니 이는 그들이 하나님의 아들을 다시 십자가에 못 박아 드러내 놓고 욕되게 함이라."

이것을 인용하는 이유는, 이들은 회개가 불가능한 완전히 버림받은 자들인데 "성령에 참여한" 적이 있기 때문입니다. 바꾸어 말해 전에 성령에 의해 마음에 하나님의 법이 기록된 자들이기 때문입니다. 때문에 새 언약하에 성령이 임하고 마음에 하나님의 법이 기록되었다 할지라도 타락이 불가능하거나 버림받는 것이 불가능한 것이 아니라는 것을 이 구절들이 잘 보여주기 때문입니다.

더구나, 고린도전서 10장 1-12절을 읽어보십시오. 바울은 그곳에서 옛 언약하에 살았던 이스라엘 백성들이 죄로 인해 멸망했듯이, 새 언약하에 있는 그리스도인들도 죄를 짓고 멸망할 수 있음을 분명히 했습니다. 그러므로 구약시대는 물론이고 신약시대에도 결코 한 번 구원은 영원한 구원이 아닙니다.

끝으로, 저는 여러분에게 이것을 상기시켜드리고 싶습니다. 과

거에 비해 현저히 그 수가 줄었지만, 많은 신학자와 목회자들이 옛 언약과 새 언약을 비교하면서 구약시대에는 율법을 지켜야 했지만 신약시대에는 복음을 믿기만 하면 무조건 천국에 간다고 말합니다. 이것은 무율법주의 이단입니다. 제가 보기에, 그들은 새 언약의 내용이 실제로 무엇인지 충분히 주목하지 않은 것이 분명합니다.

> 예레미야 31:31-34 "여호와의 말씀이니라. 보라 날이 이르리니 내가 이스라엘 집과 유다 집에 **새 언약**을 맺으리라. 이 언약은 내가 그들의 조상들의 손을 잡고 애굽 땅에서 인도하여 내던 날에 맺은 것과 같지 아니할 것은 내가 그들의 남편이 되었어도 그들이 내 언약을 깨뜨렸음이라. 여호와의 말씀이니라. 그러나 **그 날 후에 내가 이스라엘 집과 맺을 언약은 이러하니 곧 내가 나의 법을 그들의 속에 두며 그들의 마음에 기록하여 나는 그들의 하나님이 되고 그들은 내 백성이 될 것이라.** 여호와의 말씀이니라. 그들이 다시는 각기 이웃과 형제를 가리켜 이르기를 너는 여호와를 알라 하지 아니하리니 이는 작은 자로부터 큰 자까지 다 나를 알기 때문이라. 내가 그들의 악행을 사하고 다시는 그 죄를 기억하지 아니하리라 여호와의 말씀이니라."

그들은 주로 34절의 "내가 그들의 악행을 사하고 다시는 그 죄를 기억하지 아니하리라"라는 부분만 기억합니다. 그러나 그 전의 33절에서 뭐라고 말했습니까?

"그러나 그 날 후에 **내가 이스라엘 집과 맺을 언약**은 이러하니 곧 **내가 나의 법을 그들의 속에 두며 그들의 마음에 기록하여 나는 그들의 하나님이 되고 그들은 내 백성이 될 것이라.** 여호와의 말씀이니라."

이처럼 "내가 나의 법을 그들의 속에 두며 그들의 마음에 기록하여"라고 했습니다. 바로 이것 때문에 말씀대로 살 수가 있는 것입니다. 그런데, 연이어 뭐라고 말했습니까?

"나는 그들의 하나님이 되고 그들은 내 백성이 될 것이라."

이는 이런 자들만 하나님의 백성이라는 것입니다. 즉, 이런 자들만 참 신자라는 것입니다.

또, 에스겔서에 나오는 새 언약에 대한 예언도 이와 똑같습니다.

에스겔 36:24-28 "내가 너희를 여러 나라 가운데에서 인도하여 내고 여러 민족 가운데에서 모아 데리고 고국 땅에 들어가서 맑은 물을 너희에게 뿌려서 너희로 정결하게 하되 곧 너희 모든 더러운 것에서와 모든 우상 숭배에서 너희를 정결하게 할 것이며 또 **새 영을 너희 속에 두고 새 마음을 너희에게 주되 너희 육신에서 굳은 마음을 제거하고 부드러운 마음을 줄 것이며 또 내 영을 너희 속에 두어 너희로 내 율례를 행하게 하리니 너희가 내 규례를 지켜 행할지라.** 내가 너희 조상들에게 준 땅에서 **너희가** 거주하면서 **내 백**

성이 되고 나는 너희 하나님이 되리라."

에스겔도 먼저 이렇게 말했습니다.

에스겔 36:26-27 "**또 새 영을 너희 속에 두고 새 마음을 너희에게 주되 너희 육신에서 굳은 마음을 제거하고 부드러운 마음을 줄 것이며 또 내 영을 너희 속에 두어 너희로 내 율례를 행하게 하리니 너희가 내 규례를 지켜 행할지라.**"

그 후, 그들에 대해 이렇게 말했습니다.

에스겔 36:28 "내가 너희 조상들에게 준 땅에서 **너희가** 거주하면서 **내 백성이 되고 나는 너희 하나님이 되리라.**"

이처럼 이런 자들만 하나님의 백성이라고 했습니다. 이와 같이 새 언약은 옛 언약 못지않게 아니 오히려 더욱 순종의 절대적인 필요성을 강조하고 있습니다. 그런데 이것을 놓친 것입니다!

사랑하는 여러분, 새 언약에 대한 이 예언들이 보여주듯이 순종은 하나님의 백성들이 갖춰야 할 필수적인 것입니다. 그런데 성령이 임하시고 우리 마음과 생각에 하나님의 법이 기록되면 자동으로 순종하게 되나요? 그렇지 않습니다. 바울이 말한 대로, 육신을 따르지 말고 성령을 따라 행해야 합니다(롬 8:4, 갈 5:16). 우리가 이렇게 하지 않으면 범죄할 수 있고 심지어 버림받을 수도 있습니다(롬 8:12-13). 때문에 새 언약시대라서 구약시대와 달리 한 번 구원이 영원한 구원인 것이 아닙니다. 그런데, 왜 한 번 구원은 영원한 구원이라고 합니까? 더구나, 하나님의 백성의 필수적인 요건이 순종인데, 도대체 무엇을 근거로 믿기만 하면 절대 버림받지 않고 천국에 간다고 떠들어대는 것입니까? 그것은 진리의 영이신 성령이 아니라 미혹의 영인 마귀에게서 온 거짓이고 미혹입니다! 그러므로 절대로 속지 않는 여러분 되시기 바랍니다.

(2) 구약시대와 신약시대의 구원의 구성요소가 같기 때문에 한 번 구원이 영원한 구원일 수가 없다!

저는 앞에서 '복음'과 '계명'에 있어서 두 시대의 신앙 시스템이 같기 때문에 절대로 한 번 구원은 영원한 구원일 수가 없다고 했습니다. 그런데, 단지 두 시대의 신앙 시스템뿐 아니라 구원의 구성요소도 같습니다. 이것도 한 번 구원은 영원한 구원이 아니라는 것을 잘 보여줍니다. 그래서 여러분에게 설명해드리고자 합니다.

칭의는 예수님을 믿는 자들에게 주어집니다. 그래서 성경을 잘 모르면 신약시대에만 칭의가 있다고 착각하기 쉽습니다. 하지만 바울은 로마서와 갈라디아서에서 아브라함을 칭의의 예로 들었습니다. 그러므로 구약시대에도 이신칭의가 존재했음이 분명합니다.

이것은 대부분 잘 압니다. 그러나 신약시대의 거듭남에 상응하는 것이 구약시대에도 있었다는 것에 대한 것은 금시초문일 것입니다. 대부분 구약시대에는 하나님을 믿고 경외하므로 계명을 지키면서 살았을 것이라고 생각합니다. 즉, 야고보가 "네가 하나님은 한 분이신 줄을 믿느냐? 잘하는도다! 귀신들도 믿고 떠느니라."(약 2:19)라고 말한 대로 단순히 하나님의 존재를 믿는 것이 아니라 아브라함이나 요셉처럼 하나님을 경외하므로 말씀대로 살 수 있었고 그런 자들이 궁극적인 구원을 받았을 것이라고 생각합니다.

그러나 여러분 잘 들으십시오. 구원은 단지 칭의가 아닙니다. 물론 칭의가 중생을 포함하기는 하나 칭의와 중생입니다. 게다가, 하나님의 심판은 행위심판입니다. 그런데 구약시대에 칭의는 있는데 중생은 없었을까요? 듣고 보니 아닐 것 같지요!

거두절미하고, 저는 구약시대에도 거듭남에 상응하는 것이 있었을 것이라고 생각합니다. 물론 다음 네 구절을 볼 때, 신약시대와 같은 수준의 것은 아니었을 것입니다.

- 예레미야 31:31-33 "여호와의 말씀이니라. 보라 날이 이르리니 내가 이스라엘 집과 유다 집에 새 언약을 맺으리라. **이 언약은 내가 그들의 조상들의 손을 잡고 애굽 땅에서 인도하여 내던 날에 맺은 것과 같지 아니할 것은 내가 그들의 남편이 되었어도 그들이 내 언약을 깨뜨렸음이라.** 여호와의 말씀이니라. 그러나 그 날 후에 내가 이스라엘 집과 맺을 언약은 이러하니 곧 **내가 나의 법을 그들**

의 속에 두며 그들의 마음에 기록하여 나는 그들의 하나님이 되고 그들은 내 백성이 될 것이라. 여호와의 말씀이니라."

이처럼 새 언약은 옛 언약과 그 수준이 다릅니다.

- 갈라디아서 3:13-14 "그리스도께서 우리를 위하여 저주를 받은 바 되사 율법의 저주에서 우리를 속량하셨으니 기록된 바 나무에 달린 자마다 저주 아래에 있는 자라 하였음이라. 이는 그리스도 예수 안에서 아브라함의 복이 이방인에게 미치게 하고 **또 우리로 하여금 믿음으로 말미암아 성령의 약속을 받게 하려 함이라.**"

이처럼 새 언약하에서는 구약시대의 하나님의 백성들에게 임하지 않았던 성령이 임하고 내주하십니다.

- 히브리서 8:6 "그러나 이제 그는 더 아름다운 직분을 얻으셨으니 그는 더 좋은 약속으로 세우신 **더 좋은 언약**의 중보자시라."

이처럼 새 언약은 옛 언약보다 더 좋은 언약입니다.

- 요한복음 1:11-13 "자기 땅에 오매 자기 백성이 영접하지 아니하였으나 영접하는 자 곧 그 이름을 믿는 자들에게는 **하나님의 자녀가 되는 권세를 주셨으니** 이는 혈통으로나 육정으로나 사람의 뜻으로 나지 아니하고 오직 **하나님께로부터 난 자들**이니라."

이처럼 새 언약을 믿고 거듭난 자들에게는 하나님의 자녀가 되는 권세가 주어집니다. 그러므로 구약시대에 거듭남에 상응하는 것이 신약시대의 중생과 수준이 같은 것은 아니었을 것입니다. 그렇더라도 어쨌든 그 시대에도 신약시대의 중생에 비할 수 있는 것이 있었습니다.

그렇다면 과연 그것이 무엇일까요? 저는 마음의 할례라고 생각합니다. 그런데 오늘날 마음의 할례가 신약시대에만 있다고 생각하는 사람들이 많습니다. 그러나 저는 구약시대에도 마음에 할례가 있었다는 것을 이미 1대지에서 자세히 설명했습니다.

그건 그렇고, 마음의 할례가 왜 중요한지 아십니까? 그것은 바로 그 효과 때문입니다.

신명기 30:6 "네 하나님 여호와께서 네 마음과 네 자손의 **마음에 할례를 베푸사 너로 마음을 다하며 뜻을 다하여 네 하나님 여호와를 사랑하게 하사** 너로 생명을 얻게 하실 것이며"

이처럼 마음의 할례를 받아야 "마음을 다하며 뜻을 다하여 하나님을 사랑"할 수 있습니다. 그런데, 하나님을 사랑하는 것은 율법과 선지자의 강령이고 그중에서도 으뜸입니다.

마태복음 22:37-40 "예수께서 이르시되 **네 마음을 다하고 목숨을 다하고 뜻을 다하여 주 너의 하나님을 사랑하라** 하셨으니 이것이 크고 첫째 되는 계명이요. 둘째도 그와 같으니 네 이웃을 네 자신 같이 사랑하라 하셨으니 **이 두 계명이 온 율법과 선지자의 강령이니라.**"

또, 하나님을 사랑하는 자만 계명을 지킬 수 있습니다.

요한일서 5:3 "**하나님을 사랑하는 것은 이것이니 우리가 그의 계명들을 지키는 것이라. 그의 계명들은 무거운 것이 아니로다.**"

때문에 하나님을 사랑하는 자만 아브라함과 라합처럼 행함 있는 믿음을 가지고 살아갈 수 있습니다. 이것이 그 뒤에 "너로 생명을 얻게 하실 것이며"라고 나오는 이유입니다. 이 구절의 '생명'은 궁극적인 구원을 받고 영생하게 된다는 것을 포함합니다.

이상 간단히 설명해드린 대로, 마음의 할례를 받아야 하나님을 사랑하고 그 계명대로 살 수 있습니다. 그런데 구약시대에도 신약시대의 거듭남에 비할 수 있는 마음의 할례가 존재합니다. 그런데 저는 이 마음의 할례가 신약시대의 거듭남과 비슷한 것이라고 생각합니다. 그러므로 그때도 개인적인 의지와 노력만으로 계명을 지켜야 하는 것이 아니었습니다. 결국 마음의 할례가 있었기 때문에 말씀대로 사는 것이 가능했던 것입니다.

여러분, 어떻습니까? 굉장히 생소한 내용이지요. 그래서 미심쩍고 100% 확신하기가 어려울 수 있습니다. 실은, 저도 어느 신학자나 목회자가 이렇게 말하는 것을 들어보지 못했습니다. 저에게도 매우 생소합니다. 그래서 이런 연구 결과가 나왔어도 100%

확실하다고 말하는 것이 주저되기까지 했습니다. 그런데 지난 9월 24일, 설교준비를 하다가 잠깐 쉬고 있을 때 갑자기 이런 생각이 들었습니다.

'이것은 역으로 생각해야 된다!'

동시에, 제가 이 연구 결과가 왜 옳은지를 증명해야 하는 것이 아니라, 도리어 다른 신학자들과 목회자들이 만약 이것이 옳지 않다면 그 사실을 증명해야 된다는 생각이 들었습니다. 왜냐하면 구약시대에는 사람들이 율법 아래 있었으나 의인들과 완전한 자들이 있었기 때문입니다. 즉, 성령이 그들에게 주어지지 않았지만 의인들과 완전한 자들이 있었습니다. 그런데 왜 신약시대에는 율법의 행위로는 성화가 불가능하다고 할까요? 또, 왜 신약시대에는 성령이 아니면 말씀대로 사는 것이 불가능하다고 할까요? 이것은 지극히 정당한 질문입니다.

저는 이 질문에 대해 '구약시대에는 마음의 할례가 있어서 말씀대로 사는 것이 가능했으나 신약시대에는 마음의 할례가 성령으로 되는데 믿는 자에게만 성령이 임하시기 때문'이라고 이미 대답했습니다. 또, 구약시대에 마음의 할례가 있었기 때문에 말씀대로 살 수 있었다는 것은 성경에 나와 있고 성경으로 증명 가능합니다. 우리가 이 사실을 인정하면, 그때와 달리 신약시대에는 성령이 아니면 절대 말씀대로 살 수 없다는 것이 전혀 이상하지 않습니다.

반대로, 만일 이에 대해 무지하거나 듣고도 인정하지 않는다면, 구약시대에는 성령이 주어지지 않았어도 의인이나 완전한 자가 되는 것이 가능했는데 왜 신약시대에는 성령이 아니면 불가능한지 도무지 이해할 수가 없습니다. 이상한 것이 되어 버립니다. 그러므로 이 질문에 답할 수 없으면 제 견해가 옳은 것이 될 수밖에는 없습니다.

그러므로 저는 신학자와 목회자들에게 묻고자 합니다. 여러분은 이 질문에 뭐라고 대답하시겠습니까? 여러분이 옳다면, 이 질문에 답할 수 있어야 합니다. 그러나 하실 수 없을 것입니다. 실은 이런 의문조차 갖지 않지 않았나요? 그래서 답을 찾지도 않았고 그러니 답을 모르기 때문입니다.

저는, 감히 이 의문에 답할 신학자나 목회자가 없을 것이라고 생각합니다. 그리고 이것이야말로 제 견해가 옳다는 증거라고 생각합니다. 왜냐하면 제가 아는 한 이것이 이 질문에 대한 납득할 수 있는 유일한 답이기 때문입니다.

한편, 저는 이상의 설명을 통해 힘을 얻게 된 '구약시대에도 신약시대의 거듭남과 비슷한 마음의 할례가 있었다!'는 것이 여러 가지 난제를 깔끔하게 정리해준다고 생각합니다.

첫째로, 이것은 제가 두 번째 깔딱 고개에서 설명해드린 구약시대의 '율법 아래'가 '죄 아래' 있었다는 뜻이 아니라는 것을 확증해줍니다.

모든 학자가 '율법 아래'가 '죄 아래'라는 뜻이라고 생각합니다. 그런데 구약시대의 '율법 아래'는 그런 뜻이 아닙니다. 왜냐하면 그 시대에도 마음의 할례가 존재했기 때문입니다.

둘째로, 이것은 제가 두 번째 깔딱 고개에서 설명해드린 로마서 6장 14절과 갈라디아서 5장 18절의 "율법 아래"가 구약이 아니라 신약시대의 율법주의자들에 대한 것이라는 주장이 옳다는 것을 확증해줍니다.

이것은 저만의 초유의 해석입니다. 그럼에도 불구하고 그것이 옳다는 것을 확증해줍니다.

셋째로, 이것은 우리에게 구약시대와 신약시대 모두 자력이 아니라 하나님의 은혜로 구원받았다는 것을 보여줍니다.

인류역사상 자기 힘으로 말씀대로 살 수 있었던 사람은 타락하기 전의 첫 사람 아담과 마지막 아담이신 예수님뿐입니다. 아담은 범죄했고 예수님은 모든 시험을 이기셨습니다.

이 두 분 외에는 자력으로 말씀대로 살 수 있는 사람이 없습니다. 사람은 타락했고 모두 마음이 부패했습니다. 죄를 지어서 죄인이 아니라 죄인이기 때문에 죄를 지을 수밖에 없는 가련한 존재입니다. 이것이 인류의 비극적인 실상입니다.

그런데, 구약시대의 하나님의 백성들은 어떻게 의인으로 또는 완전한 자로 살 수 있었을까요? 그것은 마음의 할례가 있었기 때문입니다. 그러므로 신약시대뿐 아니라 구약시대에도 구원은 행위가 아니라 하나님의 은혜로 받았다는 것을 믿으시기 바랍니다.

한편, 새 언약은 더 좋은 언약입니다. 그래서 신약시대에는 성령이 우리에게 주어졌고 마음의 할례보다 더 수준 높은 거듭남이 주어졌습니다. 그 결과 구약시대보다 하나님 말씀대로 사는 것이 유리해졌습니다. 그렇다면 상대적으로 불리한 구약시대에도 의인들과 완전한 자들이 있었는데, 우리가 말씀대로 살지 않으면 되겠습니까? 이것을 명심하고 우리 모두 더 의롭게 살고 더욱 완전을 추구해야만 합니다.

넷째로, 이것은 구약시대처럼 신약시대에도 한 번 구원은 영원한 구원이 아니라는 사실을 보여줍니다.

생각해보십시오. 구약시대나 신약시대나 신앙생활을 위한 시스템이 똑같습니다. 구약시대에도 모세의 율법에 나오는 그림자 복음을 믿고 계명을 지켜야 했고, 신약시대에도 그리스도의 율법의 복음을 믿고 계명들을 지켜야만 합니다. 또, 구약시대에도 믿음으로 의롭다함을 받았고 마음의 할례가 있었고 신약시대에도 칭의과 거듭남이 존재합니다.

그런데, 왜 두 시대의 심판이 다를 것이라고 생각합니까? 제 말은, 왜 구약시대와 달리 신약시대에는 구원받은 자가 버림받는 것이 없을 것이라고 생각하느냐는 것입니다.

또한, 두 시대 다 하나님의 심판은 행위심판입니다. 구원받은 후 계명을 지키고 언약 안에 거하지 않으면 결국 버림받을 수밖에 없고 멸망합니다. 그런데 어떻게 구약시대와 달리 구원받은 사람이 버림받을 수 없다는 말입니까? 도무지 말이 안 되지요!

더구나, 새 언약은 더 좋은 언약이고 성령이 우리에게 주어졌습니다. 구약시대보다 말씀대로 사는 것이 훨씬 유리해졌습니다. 그래서 예수님께서 산상수훈에서 구약시대에 허용했던 것들을 더 이상 허용하지 않고 본래의 뜻을 보여주시면서 그것을 지키라고 하신 것입니다. 그런데 상대적으로 불리한 구약시대에도 타락하면 버림받았는데, 어떻게 더 유리한 신약시대에는 버림받을 수 없다는 주장을 할 수가 있습니까? 완전히 거꾸로지요! 하나님은 공의로운 분입니다. 절대로 그렇게 불공평하지 않으십니다. 그러므로 한 번 구원은 영원한 구원이 아니라는 것을 밝히 깨닫는 여러분 되시기 바랍니다. 그리하여 바울처럼 매일 자기 몸을 쳐서 복종시키고 하나님의 말씀대로 살아가는 복된 여러분이 다 되시기를 바랍니다.

(3) 영혼들을 위험하게 만드는 최악의 사람의 계명, 한 번 구원은 영원한 구원을 반드시 척결해야 한다!

구약시대에 구원받은 사람이 버림받을 수 있었을까요? 없었을까요? 당연히 있었습니다. 그 증거는 크게 세 가지입니다.

첫째로, 하나님은 모세의 율법을 주시면서 진지하게 이렇게 말씀하셨습니다.

신명기 11:26 **“내가 오늘 복과 저주를 너희 앞에 두나니”**

신명기 30:15 **"보라 내가 오늘 생명과 복과 사망과 화를 네 앞에 두었나니"**

신명기 30:19 **"내가 생명과 사망과 복과 저주를 네 앞에 두었은즉"**

무슨 뜻입니까? 반드시 계명들을 지켜야 한다는 것입니다. 또한, 계명 준수에 따라 단순히 복과 저주가 아니라 생명과 사망이 좌우된다는 뜻입니다. 즉, 그림자 복음을 믿었어도 그 후 계명들을 지키지 않으면 멸망한다는 뜻입니다.

둘째로, 하나님은 에스겔 선지자를 통해 참 신자도 버림받을 수 있다고 친히 경고하셨습니다.

에스겔 3:20 **"또 의인이 그의 공의에서 돌이켜 악을 행할 때에는 이미 행한 그의 공의는 기억할 바 아니라. 내가 그 앞에 거치는 것을 두면 그가 죽을지니"**

에스겔 18:24 **"만일 의인이 돌이켜 그 공의에서 떠나 범죄하고 악인이 행하는 모든 가증한 일대로 행하면 살겠느냐? 그가 행한 공의로운 일은 하나도 기억함이 되지 아니하리니 그가 그 범한 허물과 그 지은 죄로 죽으리라."**

에스겔 18:26 **"만일 의인이 그 공의를 떠나 죄악을 행하고 그로 말미암아 죽으면 그 행한 죄악으로 말미암아 죽는 것이요."**

에스겔 33:12-13 "인자야 너는 네 민족에게 이르기를 **의인이 범죄하는 날에는 그 공의가 구원하지 못할 것이요.** 악인이 돌이켜 그 악에서 떠나는 날에는 그 악이 그를 엎드러뜨리지 못할 것인즉 의인이 범죄하는 날에는 그 의로 말미암아 살지 못하리라. **가령 내가 의인에게 말하기를 너는 살리라 하였다 하자. 그가 그 공의를 스스로 믿고 죄악을 행하면 그 모든 의로운 행위가 하나도 기억되지 아니하리니 그가 그 지은 죄악으로 말미암아 곧 그 안에서 죽으리라.**"

에스겔 33:18 "**만일 의인이 돌이켜 그 공의에서 떠나 죄악을 범하면 그가 그 가운데에서 죽을 것이고**"

그러므로 의문의 여지가 없지요!

셋째로, 구약성경에 실제로 버림받은 많은 사람들이 나옵니다. 그중, 가장 대표적인 사람은 사울왕입니다.

사무엘상 15:22-23 "사무엘이 이르되 여호와께서 번제와 다른 제사를 그의 목소리를 청종하는 것을 좋아하심 같이 좋아하시겠나이까? 순종이 제사보다 낫고 듣는 것이 숫양의 기름보다 나으니 이는 거역하는 것은 점치는 죄와 같고 완고한 것은 사신 우상에게 절하는 죄와 같음이라. 왕이 여호와의 말씀을 버렸으므로 **여호와께서도 왕을 버려** 왕이 되지 못하게 하셨나이다."

사무엘상 15:26 "사무엘이 사울에게 이르되 나는 왕과 함께 돌아가지 아니하리니 이는 왕이 여호와의 말씀을 버렸으므로 **여호와께서 왕을 버려** 이스라엘 왕이 되지 못하게 하셨음이니이다."

사무엘상 16:1 "여호와께서 사무엘에게 이르시되 **내가 이미 사울을 버려** 이스라엘 왕이 되지 못하게 하였거늘 네가 그를 위하여 언제까지 슬퍼하겠느냐?"

또, 요아스왕과 유다 방백들도 버림받았습니다.

역대하 24:17-20 "여호야다가 죽은 후에 유다 방백들이 와서 왕에게 절하매 왕이 그들의 말을 듣고 그의 조상들의 하나님 여호와의 전을 버리고 아세라 목상과 우상을 섬겼으므로 그 죄로 말미암아 진노가 유다와 예루살렘에 임하니라. 그러나 여호와께서 그들에게 선지자를 보내사 다시 여호와에게로 돌아오게 하려 하시매 선지자들이 그들에게 경고하였으나 듣지 아니하니라. 이에 하나님의 영이 제사장 여호야다의 아들 스가랴를 감동시키시매 그가 백성 앞에 높이 서서 그들에게 이르되 하나님이 이같이 말씀하시기를 너희가 어찌하여 여호와의 명령을 거역하여 스스로 형통하지 못하게 하느냐 하셨나니 너희가 여호와를 버렸으므로 **여호와께서도 너희를 버리셨느니라.**"

그러므로 구약시대에 구원받은 자가 버림받을 수 있었다는 것에는 의문의 여지가 없습니다.

그런데도, 칼빈과 그 추종자들은 한 번 구원은 영원한 구원이라고 주장합니다. 심지어는 위대한 복음전도자 찰스 피니도 오랫동안 착각했습니다. 피니는 다음 구절에 근거해서 구약시대와 달리 신약시대에는 절대로 버림받지 않는다고 주장했습니다.

시편 89:30-34 "**만일 그의 자손이 내 법을 버리며 내 규례대로 행하지 아니하며 내 율례를 깨뜨리며 내 계명을 지키지 아니하면** 내가 회초리로 그들의 죄를 다스리며 채찍으로 그들의 죄악을 벌하리로다. **그러나 나의 인자함을 그에게서 다 거두지는 아니하며 나의 성실함도 폐하지 아니하며 내 언약을 깨뜨리지 아니하고 내 입술에서 낸 것은 변하지 아니하리로다.**"

저는 찰스 피니를 매우 존경했습니다. 구원론을 정립할 때, 그의 책들은 저에게 큰 도움이 되었습니다. 그래서 오래전 일이고 일시적이긴 해도, 피니의 영향 때문에 한 번 구원은 영원한 구원이라고 믿기도 했습니다. 저는 무조건 자기가 옳다고 생각하는 사람이 아니기 때문입니다.

그러나 이 구절은 구원받은 자가 버림받을 수 없다는 증거가 아닙니다. 그 이유는 문맥을 잘 보면 알 수 있습니다.

시편 89:27-37 "내가 **또 그를 장자로 삼고 세상 왕들에게 지존자가 되게 하며** 그를 위하여 나의 인자함을 영원히 지키고 그와 맺은 나의 언약을 굳게 세우며 **또 그의 후손을 영구하게 하여 그의 왕위를 하늘의 날과 같게 하리로다.** 만일 그의 자손이 내 법을 버리며 내 규례대로 행하지 아니하며 내 율례를 깨뜨리며 내 계명을 지키지 아니하면 내가 회초리로 그들의 죄를 다스리며 채찍으로 그들의 죄악을 벌하리로다. 그러나 나의 인자함을 그에게서 다 거두지는 아니하며 나의 성실함도 폐하지 아니하며 내 언약을 깨뜨리지 아니하고 내 입술에서 낸 것은 변하지 아니하리로다. 내가 나의 거룩함으로 한 번 맹세하였은즉 다윗에게 거짓말을 하지 아니할 것이라. **그의 후손이 장구하고 그의 왕위는 해 같이 내 앞에 항상 있으며 또 궁창의 확실한 증인인 달 같이 영원히 견고하게 되리라** 하셨도다 (셀라)."

또, 유사구절인 사무엘하 7장 11-16절에도 같은 것이 나타나 있습니다.

"여호와가 또 네게 이르노니 여호와가 너를 위하여 집을 짓고 네 수한이 차서 네 조상들과 함께 누울 때에 내가 네 몸에서 날 네 씨를 네 뒤에 세워 그의 나라를 견고하게 하리라. 그는 내 이름을 위하여 집을 건축할 것이요. **나는 그의 나라 왕위를 영원히 견고하게 하리라.** 나는 그에게 아버지가 되고 그는 내게 아들이 되리니 그가 만일 죄를 범하면 내가 사람의 매와 인생의 채찍으로 징계하려니와 내가 네 앞에서 물러나게 한 사울에게서 내 은총을 빼앗은 것처럼 그에게서 빼앗지는 아니하리라. **네 집과 네 나라가 내 앞에**

서 영원히 보전되고 네 왕위가 영원히 견고하리라 하셨다 하라."

이처럼 이것은 다윗의 후손의 왕위에 대한 것입니다. 결코 그들 개인의 구원에 대한 것이 아닙니다. 실제로, 다윗의 후손인 남유다 왕들 중에도 많은 악한 왕들이 있었고 그들은 지옥에 갔습니다. 또한, 다윗 자신도 범죄한 후 이렇게 부르짖었습니다.

시편 51:11 "**나를 주 앞에서 쫓아내지 마시며 주의 성령을 내게서 거두지 마소서.**"

이는 다윗이 자신이 사울처럼 버림받을 수도 있다는 것을 알고 있었음을 뜻합니다. 그러므로 이 구절들은 한 번 구원은 영원한 구원과 무관한 것들입니다.

한편, 감사하게도 찰스 피니는 결국 깨닫고 돌이켰습니다. 그러나 여전히 많은 사람들이 어리석게도 구약시대와 달리 신약시대에는 버림받을 수 없다는 착각에 빠져있습니다. 그들은 옛 언약과 새 언약이 다르다는 것을 강조합니다. 그래서 복음을 믿기만 하면 된다고 생각합니다. 그러나 이미 설명해드린 대로, 두 시대의 신앙 시스템이 똑같습니다. 더구나, 결정적인 증거가 있습니다. 그것은 바로 고린도전서 10장입니다!

고린도전서 10:6 "이러한 일은 우리의 **본보기**가 되어 우리로 하여금 그들이 악을 즐겨 한 것 같이 즐겨 하는 자가 되지 않게 하려 함이니"

고린도전서 10:11 "그들에게 일어난 이런 일은 **본보기**가 되고 또한 말세를 만난 우리를 깨우치기 위하여 기록되었느니라."

이 장에서 바울은 구약시대의 이스라엘 백성이 불순종하여 버림받고 멸망한 몇 가지 예를 든 후, 우리를 위한 "본보기"라고 했습니다. 그런데 시스템이 같지 않으면 우리에게는 해당이 안 되기 때문에 본보기(거울)가 될 수 없습니다. 반드시 시스템이 같아야 합니다. 그러므로 이 구절들은 두 시대의 시스템이 같고, 구약시대는 물론이고 신약시대에도 버림받을 수 있다는 것을 보여주는 결정적인 증거입니다. 때문에 이 장에 대해 폴 가드너는 이렇게 썼습니다.

"여기서 바울의 요점은 이와 동일한 심판이 '말세를 만난' 기독교 공동체에도 일어날 수 있다는 점이다."[106]

또, 백석대 홍인규 교수님은 이렇게 썼습니다.

"**우리가 세례를 받고 정기적으로 성찬에 참여하며 많은 성령의 은사들을 경험하였다 할지라도, 죄를 고집하면 하나님의 심판을 피할 수가 없다.** 일부 고린도 교회 교인들은 … 자기들의 성례 참여와 신령한 체험들이 영원한 안전(eternal security)을 가져다준

---

106 폴 가드너 『강해로 푸는 고린도전서』 김귀탁 옮김, 서울: 도서출판 디모데, 2019. p. 475.

다는 잘못된 의식을 가지고 있었던 것 같다. **그러나 바울은, 이스라엘 백성 곧 '우리 조상들'이 많은 신령한 체험에도 불구하고 멸망한 것처럼, 그들도 넘어질 수 있다고 경고한다."**[107]

또한, 총신대 이한수 교수님도 이렇게 썼습니다.

"구약과 신약은 분리된 것이 아니다. 여전히 구약의 교훈들은 그리스도를 믿는 신약의 성도들에게 보다 분명한 의미로 다가올 수 있다. 이것이 신약 성도들이 지니는 축복이요 특권이다.

그러나 이 점을 오해해서는 안 된다. 구약의 성도들은 실패하고 범죄할 가능성이 훨씬 많았지만, 신약의 성도들은 보다 분명한 축복과 넘치는 은혜 속에서 살기 때문에 그들처럼 실패하고 범죄할 수 없다고 생각해서는 안 된다. 바울의 요점은 신약의 성도들이 구약의 교훈들을 보다 분명하게 깨달을 수 있고 구약의 사건들을 거울삼아 더욱더 경성하는 삶을 살 수 있도록 하는 일이다. **구약의 성도들이 악을 즐겨함으로 하나님의 심판을 자초했다고 한다면, 신약의 성도들은 그러한 심판을 면제받았다고 생각해서는 안 된다. 구약의 성도들에게 그들의 신분에 걸맞은 믿음과 순종이 요구된 것처럼, 신약의 성도들도 그들의 신분에 걸맞은 믿음과 순종의 삶이 요구된다. 그러한 믿음과 순종의 삶을 등한히 할 때 신약의 성도들도 구약**

107 홍인규 『우리의 자화상 고린도교회』 용인: 킹덤북스, 2013. p. 137.

의 성도들이 당했던 하나님의 심판을 결코 피할 수 없다."[108]

여러분, 편견을 버리고 이 장을 읽어보십시오. 그러면 이 말들이 옳다는 것을 불을 보듯 선명하게 보실 수 있을 것입니다.

끝으로, 앞에서도 말했지만 한 번 구원은 영원한 구원이라고 오랫동안 착각했던 찰스 피니는 결국 구원받은 자도 버림받을 수 있다는 것을 깨달았습니다. 그것이 우리 교회가 번역 출판한 『주여! 내 마음을 살피사』와 우리 성도님이 번역 출판한 『죄의 유혹을 이기는 법』이라는 피니의 책에 분명히 나타나 있습니다. 저는 여러분에게도 찰스 피니에게 일어난 이런 패러다임의 전환이 일어나게 되기를 간절히 원합니다. 그래서 그 일에 도움이 될 만한 것들을 소개해드리고자 합니다.

앞에서 말했듯이, 저도 한때는 찰스 피니의 영향을 받아 한 번 구원은 영원한 구원이라고 생각했습니다. 그 뒤 다시 제자리로 돌아오기 전까지, 오래도록 칼빈이 옳을 수도 있다는 가능성을 열어놓고 무엇이 옳은 것인지 정확히 알려고 노력했습니다. 그렇게 여러 해를 지냈습니다. 그러다가 예수님이 케네스 해긴 목사님에게 나타나 구원받은 사모님이 지옥에 던져지는 것을 보여주시며, 요한일서 5장 16절의 "사망에 이르게 하는 죄"와 히브리서 6장 4-6절의 "다시 회개할 수 없는 자들"과 히브리서 10장 26-29절의 "짐짓 죄"에 대한 말씀을 통해 그의 교리적인 잘못된

---

108 이한수 『교회의 세속화 문제들, 어떻게 극복할 것인가』 서울: 솔로몬, 2012. pp. 221-222.

생각을 고쳐주시고, 구원받은 사람도 버림받을 수 있다고 가르쳐 주신 것을 읽고 비로소 무엇이 옳은지 확정할 수 있었습니다.

그런데, 케네스 해긴 목사님이 얼마나 놀라운 하나님의 사람인지 모르는 분들은 '겨우 간증을 읽고서 마음을 정했다고?'라고 반응할 것입니다. 그렇다고 케네스 해긴 목사님이 얼마나 놀라운 분인지 자세히 설명할 생각은 없습니다. 사람들이 가진 편견은 쉽게 바뀌지 않기 때문입니다. 그 대신, 제가 2023년 3월 12일 다문화TV 인터뷰에서 대답한 것 중 일부를 여러분에게 소개해드리고 싶습니다. 왜냐하면 그 안에 짧지만 결정적인 증거가 들어 있기 때문입니다.

그날 저는 제 대표작 중 하나인 『당신의 복음은 바울의 복음인가?』라는 책에 대한 질문을 받고 이렇게 대답했습니다.

"그 책의 내용은 **칼빈이 주장한 견인의 교리가 성경적인 것이 아니라**는 것입니다. 그 책에서 저는 로마서 8장 30절의 **'영화롭게 하셨느니라**'와 31-39절에 나오는 **하나님의 사랑에서 우리를 끊을 수 없다**는 내용을 자세히 다루었습니다. 둘 다 칼빈주의자들이 한 번 구원은 영원한 구원의 근거로 내세우는 대표적인 구절들입니다.

저는 이 구절들이 그런 뜻이 아니라는 것을 감리교와 성결교의 입장에서 처음으로 성경을 가지고 완벽하게 증명했습니다. 그러나 그 설명이 길고 복잡하기 때문에 다른 구절을 통해 최대한 간단히 증명해드리고자 합니다.

히브리서 6:4-6 '한 번 빛을 받고 하늘의 은사를 맛보고 성령에 참여한 바 되고 하나님의 선한 말씀과 내세의 능력을 맛보고**도 타락한 자들은 다시 새롭게 하여 회개하게 할 수 없나니** …'

여기서 중요한 것은 **'다시 회개하게 할 수 없다'**는 것입니다. 먼저, **'다시'**라는 말은 이들이 처음 한 회개가 참 회개였고 무늬만 신자가 아니라 구원받은 자였음을 뜻합니다. 다음으로, **'회개하게 할 수 없다'**는 것은 구원받은 사람도 버림받을 수 있으며 한 번 구원이 영원한 구원이 아니라는 것을 분명히 보여줍니다. 문맥상 절대로 다른 의미일 수가 없습니다. 어떤 설명이나 해석으로도 이것을 뒤집을 수는 없습니다.

이 외에도, 성경 안에 명백한 증거가 수백 가지나 됩니다. 이와 같이 증거가 명백하기 때문에 **김세윤, 이한수, 양용의, 길성남, 권연경, 최갑종 교수님** 등 우리나라의 쟁쟁한 학자들이 구원받은 사람도 버림받을 수 있다고 그들의 책에서 이구동성으로 공개적으로 말했습니다. 이들 중 장로교 배경의 학자들이 다수임에도 불구하고 용감하게 성경 그대로 진리를 외쳤습니다."

이와 함께, 추가로 여러분에게 소개해드리고 싶은 것이 있습니다. 우리 교회 성도님들 중 한 분이 2023년 5월 22일 서빙고에서 열린 김세윤 박사님의 북 토크에 참석했습니다. 그 후 「김세윤 박사님을 뵙고 왔습니다.(북 토크 후기)」라는 제목의 글을 올렸는데 그것을 여러분에게 읽어드리고 싶습니다.

"지난 5월 22일 서빙고에서 열린 김세윤 박사님의 북 토크와 강의가 있었습니다. 북 토크는 교수님의 저서 『구원이란 무엇인가』의 개정증보판 기념으로 열린 행사였는데 … 참석은 추첨이라 접수 마지막 날 알게 되어 신청을 했기에 되지 않을 줄 알았는데 막판에 연락이 와서 기뻤습니다. 특히, 이 날은 이번 여름에 출간될 김세윤 교수님의 WBC주석 데살로니가전후서에 대한 홍보 및 강의도 열려서 데살로니가서에 대한 시대적 배경과 바울의 데살로니가 선교여정에 대해 들을 수 있어 감사했습니다. …

각설하고 김세윤 교수님의 저서와 설명은 여전히 명쾌했습니다. 현재의 구원파적인 변질된 복음에 대해 신랄하게 비판하셨습니다. 처음 믿을 때 받은 칭의와 종말론적 구원, 즉 최후의 심판에 얻을 칭의 사이에 어떤 모습으로 살 것인가, 현재적 칭의에 대해 말씀하실 때 속으로 **'나는 우리 담임목사님한테 다 배웠는데!'** 하며 혼자 어깨도 으쓱했습니다. 특히 다음의 말을 하실 때는 마음이 통쾌했습니다.

'성경에 절대주권에 의한 하나님의 사랑에 대해 말하죠. 맞습니다. 그러나 또 다른 관점도 동시에 가는 겁니다. 그게 뭐죠? 그러한 사랑에도 불구하고 계속해서 그 은혜에 등을 돌리고 불순종하고 죄를 지으면 거기서 탈락된다는 거예요. 바울은 바울서신에서 계속 그것을 강조하고 있다고요! 이스라엘이 광야에서 불순종한 것처럼, 원망한 것처럼 살지 말아라. 이것은 말세의 우리에게 거울이다라고 하잖아요. 칼빈? 칼빈도 역할이 있었겠죠. 하지만 성경이 뭐라고 하는지 객관적으로 보란 말입니다. 개혁신학? 저는 솔

직히 말해서 개혁신학이라고 해서 칼빈의 교리를 가지고 한 번 구원은 영원한 구원이라는 등, 이게 뭡니까? 바로 구원파예요. 구원파라고 말만 안 했지 사실상 지금 기독교가 그런 쪽으로 계속 가면서 마치 조선시대 주자학 종파가 나뉘어서 서로 죽이듯 칼빈신학이 아니면 죄다 이단이라고 정죄하고요. 바울이 가르치는 복음이 싸구려 4영리가 아니에요!'

곁에서 사회 보시던 목사님께서 분위기를 수습하려고 하셨지만, 지금 기독교의 윤리적 부패는 결국 이러한 하나님의 통치를 벗어나 마치 처음 세례 받을 때의 칭의가 곧 종말의 구원을 보장하는 것처럼 살면서 실제적으로는 사단의 통치로 다시 떨어져버리는, 특히 맘몬의 노예가 된 한국 교회를 강하게 비판하셔서 정말 속이 시원했습니다. …

데살로니가서 강의 후에 저자 사인회가 열려 마침 두란노서점에서 산 교수님 책들을 잔뜩 들고 사인을 받기 위해 줄을 섰습니다. 혹시나 기회가 된다면 드리기 위해 담임목사님의 『당신의 복음은 바울의 복음인가?』 책을 가져갔습니다. 바울서신을 강의하는 교수님이 꼭 우리 담임목사님의 책을 읽으시길 바랐습니다. 마침 교수님께 선물하는 분들이 계셔서 저도 함께 교수님께 담임목사님의 책을 드릴 수 있어서 감사했습니다. 어느 교회를 다니냐고 물으시기에 송파구 오금동 사랑하는교회이며 우리 담임목사님이신 변승우 목사님께서 교수님의 책을 자주 인용하신다고, 구원파적인 반쪽짜리 복음을 경계하는 신학계의 거장이 김세윤 교수님이시라면 한국 목회현장을 통틀어 변승우 목사님이 산상수훈과 칭의 설교를 통해 진정한 예수님의 복음, 바울의 복음을 가장 잘 설명하고 계신다고 말씀드렸습니다. 이후 몇몇 분들과 대화를 나누면서 깨알 교회 홍보도 했습니다.

지난날 우리나라 신학계가 신구약을 율법과 복음의 긴장관계로만 해석하고 거기서 더 나아가 복음만 강조하다 보니 되레 이제는 법도 없고 다시 '구원이란 무엇인가?'의 문제에 봉착하게 되었다는 것이 안타까웠습니다. … 변질된 복음을 다시 예수님이 주신 참 진리 되게, 바울이 가르친 복음이 되게 하는 사랑하는교회를 세우신 주님을 찬양합니다!"[109]

성도님이 보통이 아니지요! 참으로 귀한 내용입니다. 그런데, 저는 이 게시물에 나오는 김세윤 박사님의 다음과 같은 발언이 가장 마음에 와닿았습니다.

"칼빈? 칼빈도 역할이 있었겠죠. 하지만 성경이 뭐라고 하는지 객관적으로 보란 말입니다. 개혁신학? 저는 솔직히 말해서 개혁신학이라고 해서 칼빈의 교리를 가지고 한 번 구원은 영원한 구원이라는 등, 이게 뭡니까? 바로 구원파예요. 구원파라고 말만 안했지 사실상 지금 기독교가 그런 쪽으로 계속 가면서 마치 조선시대 주자학 종파가 나뉘어서 서로 죽이듯 칼빈신학이 아니면 죄다 이단이라고 정죄하고요."

109 https://cafe.daum.net/Bigchurch/7aS/8090

왜냐하면 실제로 이것이 한국 교회의 상황이고 또, 실제로 한국 교회가 한 일이고 제가 직접 겪은 일이기 때문입니다. 일례로, 수없이 들으셨겠지만 백석 교단은 저를 두 해나 조사했고 저를 조사한 교수님들이 "성경적으로 흠 잡을 데가 없다"는 보고를 총회장에게 올렸습니다. 이것은 백석의 총회장과 총무가 직접 저에게 해준 말이고, 이대위원장과 이대위원들도 모두 이 사실을 인정했습니다. 그들은 제게 이단성이 없고 단지 견인의 교리가 교단과 다르다고 말했을 뿐입니다. 그런데 그 후 조사 결과와 반대로 제명이라는 불의한 결정을 내렸습니다.

또, 통합을 위시한 다른 교단들도 몰상식하게 이것을 문제 삼았습니다. 그러나 이것은 이단사설이 아니라 교단 간 견해가 다른 이설일 뿐입니다. 더구나, 그들이 아니라 제가 성경적입니다. 그런데도 어느 교단도 거짓되고 불의한 결정을 회개하고 바꾸지 않고 있습니다. 그래서 한국 교회를 속이고 있습니다.

그 후, 통합교단은 사면위를 열어 우리 교회를 조사한 후 이단성이 없다는 것이 드러남으로 사면위와 이대위와 임원회에서 이단을 해제하고 사면한다고 모두 합법적으로 통과했습니다. 법적으로는 그것으로 종결입니다. 그러나 자신들이 스스로 한 약속을 어기고 뒤집는 만행을 저질렀습니다. 과연 이 시대의 산헤드린 같은 너무나 사악한 교단입니다.

그러나, 감사하게도 한국 교회를 대표하는 연합기관 중 하나인 한기총에서 우리 교회를 다시 조사한 후 거짓으로 음해를 당한 것일 뿐 이단성이 전혀 없다는 결정을 내리고 전격적으로 우리 교회와 교단을 한기총에 받아들여주었습니다. 정말 기적 같은 일입니다. 그 결과, 현재 우리 교회는 한기총 소속입니다. 그러므로 제발 백석과 통합과 고신과 합신을 위시한 불의한 교단들이 내린 거짓되고 악한 결정에 어리석게 속는 분이 한 분도 없기를 바랍니다.

결론을 말씀드리겠습니다. 지금까지 여러분에게 그리스도의 율법을 자세히 설명해드렸습니다. 그런데 저는 주석들을 읽다가 여러 학자들이 그리스도의 율법에 대해 말하는 것을 읽고 억장이 무너지는 것 같았습니다.

먼저, 고든 피는 이렇게 썼습니다.

> "물론 **바울이 단어 '율법'을 쓰는 이유는 '율법'이 섞여 등장하는 언어유희 때문이다.** 이것이 구체적으로 예수님의 가르침을 상당량 반영하는 로마서 12장과 갈라디아서 5-6장의 윤리적 요구를 의미하기는 하지만 **그리스도 안에 새로운 율법이 옛것을 대신했다는 말이 아니다.**"[110]

또, 폴 가드너는 이렇게 썼습니다.

110 고든 피 『NICNT 고린도전서』 최병필 옮김. 서울: 부흥과개혁사, 2019. pp. 554-555.

"'그리스도의 율법 아래에'라는 말은 다양한 사실을 의미할 수 있다. 하지만 바울이 지금 새로운 '기독교 율법'이 있다고 말하는 것이 아님을 깨닫는 것이 중요하다."[111]

또한, 토마스 슈라이너도 이렇게 썼습니다.

"예수님의 말씀들은 새 토라인가?

바울이 예수님의 말씀들과 모범을 새로운 율법, 그리스도의 토라로 이해한 것 같지는 않다. 물론 예수님의 말씀들이 바울에게 권위가 있었던 것은 확실하다(고전 7:10-11; 9:14을 보라). 그러나 그것은 반드시 **예수님의 말씀들이 새 토라를 구성하여 옛 토라를 대치했다고는 할 수 없다."**[112]

단지 계명이라는 측면에서 보면, 그리스도의 율법은 모세의 율법을 대신하는 새로운 토라가 아닙니다. 모세의 율법의 참 뜻을 보여주고 완성한 것이기 때문입니다. 그러나 두 율법 다 복음과 계명으로 구성되어 있다는 측면에서 보면, 그리스도의 율법은 분명히 모세의 율법과 대조되는 새로운 토라입니다. 그런데 이 말들은 바울과 야고보가 말한 그리스도의 율법이 실제로는 존재하지 않는다는 말처럼 들립니다. 참으로 위험하고 문제 있는 발

---

111 폴 가드너 『강해로 푸는 고린도전서』 김귀탁 옮김. 서울: 도서출판 디모데, 2019. p. 444.
112 토마스 R. 슈라이너 『바울과 율법』 배용덕 옮김. 서울: 기독교문서선교회, 2007. p. 238.

언이 아닐 수 없습니다. 그러므로 매우 잘못된 것들입니다.

그런데도 학자들이 이렇게 말하는 이유가 무엇일까요? 저는 모세의 율법은 자세히 설명한 '모세오경'이 있지만, 그리스도의 율법은 이와 대비되는 것이 없다고 생각하는 것이 그 이유 중의 하나라고 봅니다. 물론 사복음서가 있고, 마태복음에는 예수님의 다섯 가지 강화가 나옵니다. 그것을 모세오경과 견주는 학자들도 있습니다. 그러나 모세오경과 정확히 대비되는 것이 아닙니다. 이것이 학자들이 "모세의 율법에 대비되는 그리스도의 율법이 실제로 존재하는 것은 아니다. 그리스도의 율법은 단지 표현일 뿐이다."라고 말하는 이유입니다.

우리가 이런 학자들의 글을 읽으면 혼란스러울 수밖에 없습니다. 저도 그랬습니다. 그러므로 이에 대해 설명해드리길 원합니다.

앞에서도 말했듯이, 모세의 율법은 모세오경에 자세하게 기록되어 있습니다. 구약성경은 역사서와 시가서도 있지만, 크게 율법서와 선지서로 구성되어 있습니다. 때문에 모세의 율법은 모세오경에 기록되어 있고, 그리스도의 율법은 당연히 사복음서에 기록되어 있다고 생각하기 쉽습니다. 실제로 사복음서에는 예수님이 세상 죄를 지고 가는 하나님의 어린양으로서 의식법의 성취라는 것과 산상수훈에 도덕법의 의미를 제대로 드러낸 것이 나옵니다. 그래서 더욱 맞는 것 같습니다.

그러나 예수님은 사복음서에서 하고 싶은 말씀을 다 하신 것이 아닙니다.

요한복음 14:25-26 "**내가 아직 너희와 함께 있어서 이 말을 너희에게 하였거니와** 보혜사 곧 아버지께서 내 이름으로 보내실 성령 그가 너희에게 모든 것을 가르치고 **내가 너희에게 말한 모든 것을 생각나게 하리라(사복음서).**"

요한복음 16:12-14 "**내가 아직도 너희에게 이를 것이 많으나 지금은 너희가 감당하지 못하리라.** 그러나 진리의 성령이 오시면 **그가 너희를 모든 진리(서신서) 가운데로 인도하시리니** 그가 스스로 말하지 않고 오직 들은 것을 말하며 **장래 일을 너희에게 알리시리라(계시록).** 그가 내 영광을 나타내리니 내 것을 가지고 너희에게 알리시겠음이라."

그러므로 사복음서뿐 아니라 서신서와 계시록까지가 모두 예수님의 말씀이고, 신약성경 전체가 그리스도의 율법의 내용입니다.

어떤 분들은 "그러나 서신서에는 의식법의 성취인 복음과 도덕법의 의미를 온전히 드러낸 것과 부합되는 교훈과 명령뿐 아니라, 어떻게 목회를 하고 목회자와 집사들을 세우고 징계를 해야 하는지 등 여러 가지가 나오지 않는가?"라고 반문할 것입니다. 하지만 그런 것들은 모세오경에도 나옵니다. 그 안에도 제사장과 레위인들을 위한 지침들과 범죄자들을 어떻게 재판해야 하는지가 나오기 때문입니다. 그러므로 그리스도의 율법은 단지 사복음서가 아니라 신약성경 전체입니다.

많은 사람들이 모세의 율법은 613가지 계명으로 구성이 되어 있으나, 그리스도의 율법은 그 정도로 자세하지 않다고 생각합니다. 그러나 방금 설명해드린 대로, 신약성경 전체가 그리스도의 율법의 내용입니다. 때문에 모세의 율법보다 더 자세히 설명된 것이 그리스도의 율법입니다. 그러므로 그리스도의 율법은 충분히 실체가 있는 것입니다. 그런데 어떻게 그리스도의 율법이 표현일 뿐이고 실제로 존재하는 것이 아니라고 말할 수가 있습니까?

여러분, 율법은 폐해졌고 율법 아래 있지 않다는 말이 무슨 뜻입니까? 그것은 무율법주의가 아닙니다. 모세의 율법이 아니라 그리스도의 율법 아래 있게 되었다는 뜻입니다. 그런데 많은 학자들이 이것을 놓쳤습니다. 그래서 그리스도의 율법의 존재를 모호하고 흐릿하게 만드는 그런 어이없는 말들을 하는 것입니다. 그러므로 그런 말들은 결코 옳은 것이 아닙니다.

저는 그리스도의 율법이 실제로 존재한다는 증거가 이것만으로도 충분하다고 생각합니다. 하지만 더 많은 증거들이 있습니다. 그러므로 그것들도 마저 소개해드리고자 합니다.

첫째로, 예수님은 율법이나 선지자를 폐하러 온 것이 아니라 완전하게 하려고 오셨습니다.

구약시대에는 모세의 율법이 있었습니다. 의문의 여지가 없지요! 그런데 예수님께서 이 율법에 대해 뭐라고 말씀하셨습니까?

마태복음 5:17 **"내가 율법이나 선지자를 폐하러 온 줄로 생각하지 말라. 폐하러 온 것이 아니요 완전하게 하려 함이라."**

이처럼 그것을 폐한다고 하지 않고 “완전하게 하겠다”고 하셨습니다. 이 말이 율법을 없애겠다는 뜻입니까? 아니지요! 폐했으면 몰라도 완전하게 하겠다고 하셨으므로 없애겠다는 뜻이 아닙니다. 그러므로 오늘날도 여전히 율법이 존재합니다.

생각해보십시오. 만약 예수님이 율법을 없애실 것이라면, 완전하게 할 필요 자체가 없습니다. 완전하게 하는 것이 무의미합니다. 그러므로 예수님께서 완전하게 한 율법, 즉 그리스도의 율법이 지금도 존재하고 있음이 분명합니다.

한편, 그리스도의 율법은 모세의 율법을 완전하게 한 것입니다. 그래서 계명에 있어서는 완성했을지라도 모세의 율법과 같은 것으로 볼 수 있습니다. 그래서 바울이 로마서 3장 31절에서 그리스도의 율법이라고 하지 않고 “믿음으로 율법을 폐하느냐? 그럴 수 없느니라. 도리어 굳게 세우느니라”라고 말했고, 8장 4절에서는 “율법의 요구가 이루어지게 하려 함이라”라고 말한 것입니다. 이처럼 둘을 정확히 구분하지 않고 그저 율법이라고 부를 수도 있습니다. 때문에 “그리스도의 율법은 모세의 율법과 완전히 별개로 존재하는 것이 아니다. 그것을 완전하게 한 것이 그리스도의 율법이다.”라고 말하면 이해가 됩니다. 하지만 “모세의 율법과 대비가 되는 그리스도의 율법이라는 것이 실제로 존재하는 것이 아니다.”라는 말은 잘못된 것입니다. 왜냐하면 그것은 그리스도의 율법이 존재한다는 사실과 다르고 불필요한 오해를 불러일으키기 때문입니다.

둘째로, 그 후 바울과 야고보가 그리스도의 율법의 존재를 확인해주었습니다.

과연 "그리스도의 율법" 혹은 "자유의 율법"이라고 부르는 것의 실체가 없습니까? 아닙니다. 분명히 있습니다! 바울은 그것을 고린도전서 9장 20-21절에서 "그리스도의 율법"이라고 불렀고, 야고보는 그것을 야고보서 1장 25절과 2장 12절에서 "자유의 율법"이라고 불렀습니다. 특히, 바울은 같은 구절에서 모세의 율법과 그리스도의 율법을 서로 대조시켰습니다. 이것은 그리스도의 율법이 실제로 존재함을 뜻합니다. 그런데 이처럼 바울과 야고보가 인정한 그리스도의 율법의 존재를 인정하지 않으면 되겠습니까?

셋째로, 모세의 율법에 의식법, 도덕법, 민법이 있듯이 그리스도의 율법도 마찬가지입니다.

예수님은 모세의 율법을 완전하게 하러 오셨고, 그 안에 있는 의식법, 도덕법, 민법을 모두 완전하게 하셨습니다. 의식법은 십자가와 부활을 통해 이루셨습니다. 또, 산상수훈을 설교할 때 자세히 설명한 것처럼, 도덕법은 물론이고 사회법까지 동해복수법에 대한 설명을 통해 완전하게 하셨습니다. 그 결과 그리스도의 율법 안에도 완전하게 된 의식법과 도덕법과 사회법이 모두 존재합니다. 그런데도 그리스도의 율법이 모세의 율법과 달리 실제로 율법으로 존재하지 않는다고 말하면 되겠습니까?

넷째로, 중요한 것은 예수님이 친히 말씀한 "완전하게 하려 함이라"는 표현입니다.

마태복음 5:17 "내가 **율법**이나 선지자를 폐하러 온 줄로 생각하지 말라. 폐하러 온 것이 아니요 **완전하게 하려 함**이라."

이것은 율법의 구성요소 중 하나인 계명에 대한 설명이라는 것을 염두에 두고 들어주시기 바랍니다.

구약의 모세오경이나 613가지 계명과 정확히 대비되는 그리스도의 율법에 대한 그런 체계적인 설명이 신약성경에는 없습니다. 그래서 학자들은 그리스도의 율법이 모세의 율법처럼 실제로 존재하는 것이 아니라고 주장합니다. 그러나 이런 주장은 "완전하게 하려 함이라"는 표현 때문에 무색해지고 전혀 설득력이 없습니다.

왜냐하면, 모세의 율법은 처음으로 주신 율법입니다. 그래서 처음부터 끝까지 모든 것을 설명해야만 했습니다. 그러나 그리스도의 율법은 새로 율법을 주신 것이 아닙니다. 이미 존재하는 율법을 완전하게 한 것입니다. 그런즉 생각해보십시오! 완전하게 하는데 모세의 율법처럼 처음부터 끝까지 모든 것을 설명한 책이 필요할까요? 아닙니다. 단지, 문제가 있는 부분을 고치고 바로잡기만 하면 되는 것입니다.

실제로, 예수님께서 산상수훈에서 하신 일이 그것입니다. 대인계명을 다루려면 5계명부터 다뤄야 합니다. 그러나 예수님은 6

계명부터 다루셨습니다. 그 후에도 나머지 십계명을 다 다루진 않으셨습니다. 왜냐하면 율법사들이 잘못 해석한 것들과 구약시대에 허용되던 것이 더 이상 허용되지 않는 것만 다루면 되기 때문입니다. 그것을 통해 충분히 율법의 도덕법을 완전하게 할 수 있습니다. 바로 이것이 모세의 율법과 똑같은 수의 계명과 그와 같은 자세한 설명이 필요하지 않은 이유입니다.

또한, 예수님은 사회법 전체를 절묘하게 동해복수법 하나로 다루시고 완전하게 하셨습니다. 왜냐하면 사회법은 각 나라를 통해서 발전될 것이고 다르기 때문에, 그리스도의 정신으로 어떻게 지켜야하는가만 가르쳐주시면 되었기 때문입니다.

이런 사실들은 그리스도의 율법이 율법을 새로 만든 것이 아니라 모세의 율법을 완전하게 한 것이라는 것을 보여줍니다. 옳습니다. 그리스도의 율법은 율법을 새로 만든 것이 아닙니다. 이미 존재하는 율법을 완전하게 한 것입니다. 그러므로 모세의 율법처럼 그렇게 일일이 다 설명하면 그것이 오히려 이상한 것입니다. 여러분, 이해가 되시지요!

그런데, 많은 학자들이 이것을 놓쳤습니다. 그리고 두 율법에 대한 설명의 분량만 비교했습니다. 그런데 그리스도의 율법은 모세의 율법과 같은 모세오경이 없습니다. 마태복음 5장과 고린도전서 9장, 갈라디아서 6장과 야고보서 1-2장에 부분적으로 설명한 것만 보입니다. 그래서 "그리스도의 율법은 모세의 율법처럼 실제로 율법으로 존재하는 것이 아니다."라는 착각을 하게 된 것입니다. 그러나 이것은 그리스도의 율법이 율법을 새로 만든 것이 아니라 이미 존재하는 율법을 완전하게 한 것이라는 점에 주목했더라면 얼마든지 피할 수 있는 오해인 것입니다.

한편, 예수님은 왜 산상수훈에서 대인계명만 설명하셨을까요? 대신계명 중에는 다뤄야 할 것이 없었을까요? 아닙니다. 있었습니다. 그것은 바로 안식일입니다. 왜냐하면 구약시대에는 안식일을 지켰으나, 신약시대에는 주일을 지켜야 하기 때문입니다.

그런데 왜 안식일을 다루지 않으셨을까요? 그것은 안식일이 일종의 의식법이기 때문입니다. 의식법들이 예표와 그림자이듯, 안식일은 복음을 믿는 자에게 주시는 참 안식을 예표합니다.

히브리서 4:3 **"이미 믿는 우리들은 저 안식에 들어가는도다."**

그런데, 우리에게 참 안식을 주는 복음은 십자가와 부활의 복음입니다(고전 15:1-6). 또, 주일은 예수님이 부활하신 날입니다. 그런데 예수님이 산상수훈을 말씀하실 때, 제자들은 십자가와 부활에 대한 진리를 감당할 준비가 전혀 되어 있지 않았습니다. 그런데 어떻게 십자가와 부활에서 파생되는 주일에 대한 가르침을 감당할 수 있겠습니까? 시기상조입니다. 이것이 주님이 안식일에 대한 설명을 제자들을 모든 진리 가운데로 인도하실 성령님께 맡기신 이유입니다.

다섯째로, 그리스도의 율법은 삶의 규범으로 충분하고 그것을 기준으로 심판을 받습니다.

앞에서 설명했듯이, 예수님은 율법을 새로 만든 것이 아니라 완전하게 하셨습니다. 설명이나 수정이 필요한 계명들만 다루셨습니다. 그래서 우리가 어떻게 살아야 하는지 알려주기에 부족합니까? 그것을 위해 다른 계명들이 더 필요한가요? 그렇지 않습니다!

더구나, 우리는 산상수훈만 가지고 있지 않습니다. 주님이 다 설명해주시지 못한 것을 사도들을 통해 설명한 신약성경을 가지고 있습니다. 그리고 신약성경 전체가 그리스도의 율법입니다. 그런데 그 이상 무슨 설명이 더 필요할까요? 그러므로 그리스도의 율법은 우리의 삶의 규범으로 충분하고도 완전하다는 것을 믿으시기 바랍니다.

그런데, 이런 그리스도의 율법을 모세오경에 비할 수 있는 책들이 없고 613가지 계명으로 구성되어 있지 않다는 이유로 "그리스도의 율법은 모세의 율법과 대조되는 실제로 존재하는 율법이 아니다. 단지 율법으로 표현한 것뿐이다."라고 말하면 되겠습니까? 당연히 안 되지요! 그러므로 여러분 모두 그리스도의 율법이 실제로 존재한다는 것을 굳게 믿으시기 바랍니다.

또, 우리가 생각해보아야 할 것이 있습니다. 구약시대에는 모세의 율법에 의거해서 신앙생활을 해야 했고, 그것을 기준으로 심판을 받았습니다. 그런데 신약시대에는 그리스도의 율법이 심판의 기준이 아닙니까? 분명히 그리스도의 율법이 심판의 기준입니다. 그 증거로, 예수님은 그리스도의 율법을 지키는 것을 뜻하는 서기관과 바리새인보다 나은 의가 있어야만 천국에 갈 수 있다고 하셨습니다(마 5:20). 또, 6계명과 7계명을 설명하시면서 이렇게 경고하셨습니다.

마태복음 5:22 "**미련한 놈이라 하는 자는 지옥 불에 들어가게 되리라.**"

마태복음 5:29-30 "만일 네 오른 눈이 너로 실족하게 하거든 빼어 내버리라. **네 백체 중 하나가 없어지고 온 몸이 지옥에 던져지지 않는 것이 유익하며** 또한 만일 네 오른손이 너로 실족하게 하거든 찍어 내버리라. **네 백체 중 하나가 없어지고 온 몸이 지옥에 던져지지 않는 것이 유익하니라.**"

또한, 예수님의 동생 야고보는 단도직입적으로 이렇게 말했습니다.

야고보서 2:12 "**너희는 자유의 율법대로 심판 받을 자처럼 말도 하고 행하기도 하라.**"

그러므로 우리는 모두 실제로 그리스도의 율법에 의해 심판을 받게 됩니다. 그런데, 이렇듯 사활적으로 중요한 그리스도의 율법을 마치 존재하지 않는 것처럼 말하면 되겠습니까?

설교자들은 마땅히 예수님과 바울과 야고보처럼 그리스도의 율법이 존재하니 그것을 지켜야 하고 그것이 심판의 기준이라고 외쳐야 합니다. 그래서 성도님들이 불법을 행하다 지옥에 가지 않도록 해야만 합니다. 이것은 모든 신학자와 목회자들이 반드시 해야 할 중요한 의무입니다. 그런데 왜 한편으로는 그리스도의 율법을 인정하면서 이처럼 그리스도의 율법이 실제로 존재하지 않는 것처럼 말합니까? 저는 도무지 이해할 수가 없습니다. 이것은 참으로 무책임하고, 부적절하고, 위험한 것입니다. 솔직히, 저는 이것이 학자들이 자주 하는 신학적인 분탕질이라고 생각합니다. 그러므로 절대 그런 말에 현혹되지 않는 여러분 되시기 바랍니다.

사랑하는 여러분, 언약적 신율주의는 참으로 성경적인 것입니다. 구약시대의 하나님의 백성들이 계명들을 지켜야 궁극적인 구원을 받을 수 있었듯이, 신약시대의 신자들도 그리스도의 율법의 계명들을 지켜야 궁극적인 구원을 받을 수가 있습니다. 그러므로 이 사실을 깨닫고 두려워하는 여러분 되십시오. 또, 그 계명들을 지켜서 반드시 서기관과 바리새인보다 나은 의를 가진 사람이 되십시오. 그리하여 아버지의 뜻대로 행하는 자만 들어갈 수 있는 천국에 꼭 들어가는 여러분 되시기 바랍니다.

거 룩 한 진 주 의 도 서 들 1

변승우 목사의 저서

천국에 가야 풀릴 줄 알았던
삼위일체의 신비!
변승우 | 신국판 변형 | 464면 | 24,000원

위험한 신앙과 안전한 신앙!
변승우 | 신국판 변형 | 104면 | 9,000원

저자의 147번째 책이자 대표작!
"아브라함의 하나님, 이삭의 하나님,
야곱의 하나님"에 대한 계시!
원 샷~ 올 킬!
변승우 | 신국판 | 184면 | 12,000원

누구나 할 수 있는 매일 기도!
변승우 | 신4.6판 | 72면 | 6,500원
큰글씨 | 신국판 변형 | 84면 | 7,000원

하늘에서 빛이 비추고 눈이 열리니
길이 보입니다!
빛!!!
변승우 | 신국판 변형 | 108면 | 7,000원

저자의 144번째 책이자 또 하나의 대표작!
죄를 이길 수 있는 비결!
하늘에서 내려온 동아줄
변승우 | 신국판 변형 | 160면 | 10,000원

누구나 죽으면 가는 천국과 지옥!
어느 종교의 주장이 진짜일까요?
변승우 | 신국판 변형 | 68면 | 6,000원

대죄와 소죄에 대한 깨달음!
변승우 | 신4.6판 | 56면 | 6,000원

킹제임스 성경 팩트 체크!
변승우 | 신4.6판 | 76면 | 6,500원

로마서 7장 14-25절의
현재시제와 삽입구에 대한 사이다 설명
변승우 | 신국판 변형 | 136면 | 10,000원

목사님, 십자가 강도의 구원이 궁금해요!
변승우 | 신4.6판 | 52면 | 6,000원

내가 너희에게 복을 주리라!
변승우 | 신국판 변형 | 120면 | 9,000원

우리가 죽을 때까지
초점 맞춰야 할 4가지!
변승우 | 신4.6판 | 56면 | 5,500원

신앙생활 완벽 가이드
성령의 세 가지 인도!
변승우 | 신국판 | 240면 | 13,000원

더 높은 차원으로 부르시는 하나님!
변승우 | 신국판 | 168면 | 12,000원

신자들이 섬기는 세 가지 우상!
변승우 | 신국판 변형 | 80면 | 7,000원

저자가 쓴 130권 중 대표작!
개신교의 아킬레스건이 된 칭의의 교리
변승우 | 신국판 | 440면 | 23,000원

한국 교회, 개혁 외에는 답이 없다!
쇼킹! 한기총회장과 사무총장의 돈 요구!
변승우 | 신국판 | 188면 | 12,000원

특별기획
다문화TV 초대석 - 인터뷰 전문
사랑하는교회 변승우 목사
변승우 | 신국판 변형 | 64면 | 7,000원

엄선한 천국지옥 방문기!
당신의 영원을 어디서 보낼 것인가?
변승우 편저 | 신국판 | 276면 | 13,000원

영과 혼에 대한 궁금증이 풀리다!
너 자신을 알라!
변승우 | 신국판 | 496면 | 25,000원

저자가 쓴 125권 중 대표작!
당신의 복음은 바울의 복음인가?
변승우 | 신국판 | 532면 | 22,000원

사랑하는 사람을 구원하는 책!
노후준비보다 중요한 사후준비!
변승우 | 신국판 | 184면 | 12,000원
큰글씨 | 신국판 | 232면 | 13,000원

하나님 아빠 아버지!
변승우 | 신국판 변형 | 84면 | 7,000원

우리 산상수훈과 함께 다시 시작해요!(중)
나는 바리새인보다 나은 의를
가지고 있는가?
변승우 | 신국판 | 512면 | 20,000원

유대교의 전철을 밟고 있는 개신교!
변승우 | 신국판 변형 | 80면 | 6,000원

우리 산상수훈과 함께 다시 시작해요!(상)
나는 팔복의 사람인가?
변승우 | 신국판 | 524면 | 20,000원

중심이 미래를 좌우한다!
변승우 | 신국판 | 120면 | 7,000원

은사 사역 필독서!
너희는 더욱 큰 은사를 사모하라!
변승우 | 신국판 | 272면 | 12,000원

이 책 한 권이면 계시록이 보인다!
하나님의 어리석음이 사람보다
지혜롭다!!!
변승우 | 신국판 | 848면 | 33,000원

지옥에 가는 크리스천들
(수정증보판)
변승우 | 신국판 | 424면 | 12,000원

터
변승우 | 신국판 | 292면 | 9,000원

정경의 권위
변승우 | 신국판 | 160면 | 7,000원

다이아몬드 같은 진리!
변승우 | 신국판 | 488면 | 16,000원

예정론의 최고난제:
토기장이의 비유 풀이!
변승우 | 신국판 | 244면 | 12,000원

능력으로 관통되는 복음!
변승우 | 신4.6판 | 76면 | 5,000원
큰글씨 | 신국판 변형 | 84면 | 6,000원

이기는 자가 가는 나라!
변승우 | 문고판 | 48면 | 3,000원
큰글씨 | 신국판 변형 | 56면 | 4,000원

거룩한진주의 도서들 2

한 가지!
변승우 | 신국판 변형 | 112면 | 6,000원

십일조 대논쟁!
변승우 | 신국판 | 144면 | 7,000원

길
변승우 | 신국판 | 228면 | 7,000원

열방을 위한 하나님의 전략!
변승우 | 신국판 | 184면 | 9,000원

정통보다 더 성경적인 교회!
변승우 | 신국판 | 180면 | 8,000원

하나님의 집인가? 귀신의 집인가?
변승우 | 신국판 변형 | 84면 | 5,000원

당신의 자녀를
하나님의 자녀가 되게 하라!
변승우 | 신국판 변형 | 108면 | 5,000원

참으로 하나님의 은혜를
깨달은 날부터!
변승우 | 신국판 변형 | 64면 | 4,500원

사랑하는교회에 뿌리를 내려라!
변승우 | 신4.6판 | 80면 | 6,000원

제7차 아프리카 선교 보고
오늘도 살아 역사하시는 하나님!
변승우 편저 | 신국판 변형 | 92면 | 7,000원

"아이고 집사님, 아이고 권사님,
아이고 목사님이 왜 지옥에 계시나요?"
신국판 변형 | 52면 | 5,000원

아프리카 선교 현장에서
사도행전이 재현되다!
신4.6판 | 56면 | 3,500원

주님, 이 구절은 무슨 뜻인가요?
변승우 | 신4.6판 | 132면 | 6,500원

강남 사는 이작골 스타일 목사의
산소 같은 산행일기 3
변승우 | 4.6배판 변형 | 328면 | 17,000원

부에 대한 균형 잡힌 가르침!
변승우 | 신국판 | 160면 | 8,000원

사랑하는교회는 어떤 교회인가?
변승우 | 신국판 변형 | 108면 | 6,000원

강남 사는 이작골 스타일 목사의
산소 같은 산행일기 2
변승우 | 4.6배판 변형 | 292면 | 16,500원

해 아래 가장 명백한 진리
(복음전도용)
변승우 | 문고판 | 24면 | 1,000원
큰글씨 | 신국판 변형 | 24면 | 2,000원

오직 기독교가 길이요 진리요 생명이다!
변승우 | 문고판 | 40면 | 2,000원
큰글씨 | 신국판 변형 | 48면 | 3,000원

성경이 흔들리면 기독교가 무너진다!
변승우 | 신국판 | 164면 | 7,000원

평생 되새겨야 할 가장 중요한 진리!
변승우 | 신국판 변형 | 104면 | 7,000원

동성애 쓰나미!

변승우 | 신국판 | 328면 | 13,000원

믿음의 말씀 바로 알기!

변승우 | 신국판 변형 | 168면 | 8,000원

스카이(SKY)보다 크신 하나님!

변승우 | 신4.6판 | 76면 | 5,000원

하나님께 나아가자!

변승우 | 신국판 변형 | 92면 | 6,000원

하나님의 시선을 끄는 겸손!

변승우 | 신4.6판 | 48면 | 4,000원

땅에 떨어지는 예언들!

변승우 | 신국판 | 216면 | 11,000원

믿음으로 자백하라!

변승우 | 신국판 변형 | 160면 | 7,000원

전염병 경보 발령!

변승우 | 신국판 변형 | 84면 | 5,000원

사랑하는교회 (舊 큰믿음교회)
이단시비 종결되다!

변승우 편저 | 신국판 | 196면 | 6,000원

교회를 허무는 마귀의 교리
은사중지론!

변승우 | 신4.6판 | 60면 | 6,000원

당신의 고백을 점검하라!

변승우 | 신국판 변형 | 64면 | 4,000원

종말론 바로 알기!

변승우 | 신국판 변형 | 88면 | 4,500원

아~ 믿으라는 말이 이런 뜻이었구나?

변승우 | 신국판 변형 | 96면 | 5,000원

알면 사랑할 수밖에 없는 하나님

변승우 | 신4.6판 | 40면 | 2,000원

하나님이 주신 비전!

변승우 | 신4.6판 | 136면 | 4,000원

?

변승우 | 신국판 | 312면 | 11,000원

하나님의 부르심

변승우 | 신4.6판 | 60면 | 2,500원

하나님의 선물

변승우 | 신4.6판 | 128면 | 4,000원

크리스천의 문화생활

변승우 | 신4.6판 | 64면 | 2,500원

사랑받고 사랑하는 사람!

변승우 | 신4.6판 | 120면 | 4,000원

강남 사는 이작골 스타일 목사의
산소 같은 산행일기

변승우 | 4.6배판 변형 | 312면 | 16,500원

성경이 무엇을 말하느냐?

변승우 | 신국판 변형 | 168면 | 5,000원

나는 행복합니다

변승우 | 신4.6판 | 124면 | 4,000원

박해

변승우 | 신국판변형 | 140면 | 5,000원

거룩한진주의 도서들 3

과부 명부!

변승우 | 신4.6판 | 120면 | 2,500원

멍에

변승우 | 신국판 | 200면 | 5,000원

하나님이 절대주권으로 예정하셨다고요?

변승우 | 신국판 | 296면 | 8,000원

대질심문

변승우 | 신국판 | 324면 | 6,000원

천국의 가장 작은 자가 어떻게 세례 요한보다 클 수가 있나?

변승우 | 신국판 변형 | 96면 | 3,000원

계시

변승우 | 신국판 | 124면 | 4,000원

자의식 대수술!

변승우 | 신국판 | 184면 | 4,500원

종교개혁보다 나를 개혁하는 것이 더 중요하다!

변승우 | 신국판 | 348면 | 9,000원

내가 너희를 사랑한 것같이!

변승우 | 신국판 | 200면 | 4,500원

예언을 멸시하지 말라!

변승우 | 신국판 | 190면 | 5,000원

올바른 성경 읽기

변승우 | 신국판 | 120면 | 6,000원

청년이 무엇으로 그의 행실을 깨끗하게 하리이까?

변승우 | 신국판 | 104면 | 5,000원

푯대

변승우 | 신국판 | 184면 | 5,000원

용서는 나를 위한 것이다!

변승우 | 신국판 | 114면 | 4,000원

종교개혁은 아직 끝나지 않았다!

변승우 | 신국판 | 148면 | 5,500원

주께서 보여주신 선 (善)

변승우 | 신국판 | 118면 | 4,500원

할렐루야!

변승우 | 신국판 | 148면 | 4,500원

기름부음 받은 자를 존중하라!

변승우 | 신국판 | 98면 | 7,000원

미혹

변승우 | 신국판 | 136면 | 7,000원

내가 꿈꾸어온 교회

변승우 | 신국판 | 148면 | 4,000원

교회여~ 추수꾼들을 일으켜라!

변승우 | 신국판 | 142면 | 7,000원

습관적인 죄에 대한 새로운 이해!

변승우 | 신국판 | 112면 | 7,000원

예수님이 전부입니다!

변승우 | 신국판 | 114면 | 7,000원

하나님은 용기 있는 사람을 쓰신다!

변승우 | 신국판 | 128면 | 5,000원

주의 음성을 네가 들으니!

변승우 | 신국판 | 128면 | 8,000원

실전 영분별

변승우 | 신국판 | 172면 | 9,000원

여호와의 산, 그 거룩한 곳!

변승우 | 신국판 | 112면 | 4,000원

1세기의 사도와 오늘날의 사도

변승우 | 신국판 | 161면 | 5,000원

장로 그리고 당회는 과연 성경적인가?
(수정증보판)

변승우 | 신국판 | 112면 | 5,000원

패러다임의 전환이 필요한
전통적인 계시관

변승우 | 신국판 | 176면 | 5,000원

날 사랑하심! 날 사랑하심~

변승우 | 신국판 | 176면 | 9,000원

교회가 변하면 세상이 변한다!

변승우 | 신국판 | 250면 | 7,000원

월드컵보다 더 중요한 경기

변승우 | 신국판 변형 | 130면 | 3,500원

말씀 말씀 하지만
성경에서 벗어난 제자 훈련

변승우 | 신국판 변형 | 183면 | 5,000원

긴급수혈

변승우 | 신국판 변형 | 73면 | 5,000원

그 시에 주시는 그 말을 하라!
즉흥 설교 시리즈 제5권

변승우 | 신국판 변형 | 264면 | 7,000원

그 시에 주시는 그 말을 하라!
즉흥 설교 시리즈 제4권

변승우 | 신국판 변형 | 292면 | 7,000원

그 시에 주시는 그 말을 하라!
즉흥 설교 시리즈 제3권

변승우 | 신국판 변형 | 293면 | 7,000원

그 시에 주시는 그 말을 하라!
즉흥 설교 시리즈 제2권

변승우 | 신국판 변형 | 305면 | 7,000원

그 시에 주시는 그 말을 하라!
즉흥 설교 시리즈 제1권

변승우 | 신국판 변형 | 304면 | 7,000원

양신역사

변승우 | 신국판 변형 | 147면 | 7,000원

명목상의 교인인가? 미성숙한 신자인가?

변승우 | 신국판 변형 | 84면 | 5,000원

정통의 탈을 쓴 짝퉁 기독교

변승우 | 신국판 변형 | 295면 | 5,500원

예수빵 (개정판)

변승우 | 신국판 변형 | 116면 | 7,000원

거룩한진주의 도서들 4

가짜는 진짜를 핍박한다!

변승우 | 신국판 변형 | 163면 | 5,500원

구원에 이르는 지혜

변승우 | 신국판 변형 | 104면 | 4,500원

꺼져가는 등불, 양심

변승우 | 신4.6판 | 87면 | 2,500원

열방이 너희를 복되다 하리라!

변승우 | 신4.6판 | 77면 | 4,000원

하나님의 인자와 엄위 그 가운데
생명의 좁은 길이 있습니다!

변승우 | 신4.6판 | 156면 | 4,000원

여호와의 입에서 나오는 말씀

변승우 | 신국판 | 268면 | 10,000원

특별히 예언을 하려고 하라!

변승우 | 신국판 | 314면 | 9,000원

목사님, 어떻게 해야
마음이 청결한 자가 될 수 있나요?

변승우 | 문고판 | 90면 | 2,000원

좋은 씨와 맑은 물

변승우 편저 | 신국판 | 300면 | 5,000원

진짜 구원받은 사람도
진짜 버림받을 수 있다!

변승우 | 신국판 | 360면 | 13,500원

Am I a Person of the Beatitudes?
나는 팔복의 사람인가? [영문]

변승우 | 신국판 | 528면

A Book That Will Save The Ones We love
An Afterlife Plan More Important Than
One's Retirement Plan!
노후준비보다 중요한 사후준비! [영문]

변승우 | 신국판 | 164면

The Book of Acts Reenacted
: Missions in Africa!
아프리카 선교 현장에서 사도행전이 재현되다! [영문]

신4.6판 | 60면 | 3,500원

A Selection of Testimonies on Heaven and Hell!
Where Will You Spend Your Eternity?
당신의 영원을 어디서 보낼 것인가? [영문]

변승우 편저 | 신국판 | 236면

Christians Going to Hell
지옥에 가는 크리스천들 [영문]

변승우 | 신국판 변형 | 300면

The Foundation
터 [영문]

변승우 | 신국판 | 256면

根基
터 [중문]

변승우 | 신국판 변형 | 188면

Truth Like a Diamond!
다이아몬드 같은 진리! [영문]

변승우 | 신국판 | 495면

The Gospel Pervaded by Power
능력으로 관통되는 복음! [영문]

변승우 | 신국판 변형 | 41면

大能贯通的福音
능력으로 관통되는 복음! [중문]
변승우 | 신국판 변형 | 44면

The Kingdom of Overcomers
이기는 자가 가는 나라! [영문]
변승우 | 신국판 변형 | 52면

得胜者所进的国
이기는 자가 가는 나라! [중문]
변승우 | 신국판 변형 | 36면

When the Church Changes, the World Changes!
교회가 변하면 세상이 변한다! [영문]
변승우 | 신국판 | 220면

教会改变世界就会改变
교회가 변하면 세상이 변한다! [중문]
변승우 | 신국판 | 212면

The Clearest Truth Under the Sun
해 아래 가장 명백한 진리 [영문]
변승우 | 신국판 변형 | 44면

Christianity Alone Is the Way, and the Truth, and the Life!
오직 기독교가 길이요 진리요 생명이다! [영문]
변승우 | 신국판 변형 | 52면

唯独基督教是道路、真理、生命!
오직 기독교가 길이요 진리요 생명이다! [중문]
변승우 | 신국판 변형 | 32면

救いに至る知恵
구원에 이르는 지혜 [일본어]
변승우 | 문고판 | 102면

得救的智慧
구원에 이르는 지혜 [중문]
변승우 | 신국판 변형 | 96면

동역자 도서

영광에서 영광으로
김옥경 | 신국판 | 360면 | 16,000원

From Glory to Glory
영광에서 영광으로 [영문]
김옥경 | 신국판 변형 | 336면

荣上加荣
영광에서 영광으로 [중문]
김옥경 | 신국판 변형 | 336면

치유에 대한 성경적인 3가지 원리
치유티칭
진성원 | 신4.6판 | 96면 | 6,000원

김동욱 목사 명설교 모음
김동욱 | 신국판 | 232면 | 15,000원

물러서지 않는 것이 신앙이다!
이윤석 | 신4.6판 | 80면 | 3,000원

거룩한진주의 도서들 5

문맥 안에서 다시 보는 로마서 난해구
이동기 | 신국판 | 296면 | 15,000원

믿음의 순종
이동기 | 신4.6판 변형 | 72면 | 4,500원

팩트 체크!
"변승우 목사가 신사도 운동을 한다?"
이동기 외 2인 | 신4.6판 | 72면 | 4,000원

'주께서' (약 5:15)
이 안에 치유의 비결이 있다!
이길용 | 신4.6판 | 116면 | 3,500원

하나님이 창안하신 부부질서
김원호 | 신국판 변형 | 273면 | 8,000원

읽는 자는 깨달을 찐저!
강순방 | 신국판 | 184면 | 5,000원

Let the Readers Understand!
읽는 자는 깨달을 찐저! [영문]
강순방 | 신국판 | 184면

번역서

그 발 앞에 엎디어
썬다 싱 | 신국판 변형 | 152면 | 10,000원

아주사 부흥 그 놀라운 간증
토미 웰첼 | 신국판 변형 | 200면 | 12,000원

가브리엘 천사를 만나다
롤랜드 벅 | 찰스 & 프랜시스 헌터 엮음 |
신국판 | 288면 | 15,000원

주여! 내 마음을 살피사
찰스 G. 피니 | 신국판 | 376면 | 8,500원

가브리엘 천사를 만난 사람
롤랜드 벅·샤론 화이트 | 신국판 | 246면 | 7,700원

마귀들에 대한 놀라운 계시
하워드 O. 피트만 | 신국판 | 196면 | 12,000원

40년 만에 완성된 인생설교

그리스도의 율법

발행일 2025년 12월 16일 초판 1쇄

지은이 변승우

발행인 변승우

발행처 도서출판 거룩한진주

주 소 서울 송파구 위례성대로22길 27-22 (우) 05655

전 화 02-586-3079

팩 스 02-523-3079

Website http://www.belovedc.com

http://cafe.daum.net/Bigchurch (B 대문자)

https://www.youtube.com/@belovedch

ISBN 979-11-6890-075-2 03230